本书为

2017 年度中国博士后科学基金第 61 批面上一等资助项目

（资助编号：2017M610661）

2021 年度中国敦煌石窟保护研究基金会出版资助项目

榆林窟

壁画乐舞图像研究

RESEARCH ON THE MUSIC AND
DANCE IMAGES IN THE MURALS OF YULIN GROTTOES

朱晓峰 —— 著

文物出版社

图书在版编目（CIP）数据

　　榆林窟壁画乐舞图像研究 / 朱晓峰著. —— 北京：
文物出版社，2023.6（2024.4重印）
　　ISBN 978-7-5010-8026-7

　　Ⅰ.①榆… Ⅱ.①朱… Ⅲ.①石窟—壁画—研究—榆
林 Ⅳ.①K879.414

　　中国国家版本馆CIP数据核字（2023）第067196号

榆林窟壁画乐舞图像研究

著　　者：朱晓峰

摄　　影：余生吉

图片遴选：李小玲

责任编辑：许海意

责任印制：张道奇

出版发行：文物出版社

社　　址：北京市东城区东直门内北小街2号楼

邮　　编：100007

网　　址：http://www.wenwu.com

经　　销：新华书店

制　　版：天津图文方嘉印刷有限公司

印　　刷：文物出版社印刷厂有限公司

开　　本：889mm×1194mm　1/16

印　　张：27.75

版　　次：2023年6月第1版

印　　次：2024年4月第2次印刷

书　　号：ISBN 978-7-5010-8026-7

定　　价：480.00元

● 榆林窟外景

"敦煌研究院学术文库" 总序

　　敦煌学从研究对象来说，主要包括三个方面：一是从藏经洞出土的古代文献（也称为敦煌文献、敦煌遗书）及其他文物；二是敦煌石窟文物；三是敦煌及丝绸之路的历史文化。1900年敦煌藏经洞被发现，其中所藏的数万卷古代文献及纸本绢本绘画品逐步公诸于世，这是人类文化史上的重大发现。由于当时清政府的腐败，未能采取有效的保护措施，致使这些珍贵的文化遗产大部分流落海外。在其后的数十年里，敦煌文献受到世界汉学研究者的关注，很多学者投身于敦煌文献及艺术品的研究中。敦煌文献包罗万象，涉及古代政治、经济、文学、语言学、科学技术等领域，一百余年来，敦煌文献的研究成果可以说汗牛充栋。而随着对敦煌文献研究的深入，必然需要对敦煌本地历史、地理及相关遗迹进行调查研究。敦煌位于丝绸之路中西文化交流的要道，敦煌的历史又与中国西部发展，特别是丝绸之路发展的历史相关联，因而，对敦煌与丝绸之路历史文化的研究，也成为敦煌学的一个重要方面。对敦煌石窟的研究相对较晚，由于敦煌远在中国西北，过去交通十分不便，到敦煌石窟进行实地考察很难。1944年，国立敦煌艺术研究所成立，以常书鸿先生为代表的一批研究人员在极其艰苦的条件下，开始对敦煌石窟进行系统的保护和研究工作。1950年，敦煌艺术研究所更名为敦煌文物研究所，除了美术临摹与研究外，还加强了石窟保护工程的建设，并开展了石窟考古等领域的研究工作。1984年，敦煌文物研究所扩建为敦煌研究院，增加了研究人员，并在石窟的科学保护、石窟考古、石窟艺术以及敦煌文献研究方面形成了较为集中的研究力量，取得了很多重要的成果。

进入21世纪以来，敦煌学的发展面临着新的机遇与挑战。敦煌莫高窟作为世界文化遗产地，其石窟文物的保护与研究工作受到国内外学术界的普遍关注。国家不断投入资金，支持敦煌学研究事业，国内外友好人士也给予广泛的援助，敦煌研究院与国内外学术机构的合作与交流也不断发展。2016年甘肃省政府决定将麦积山石窟艺术研究所、炳灵寺文物保护研究所和北石窟寺文物保护研究所划归敦煌研究院管理，这样，敦煌研究院管辖了甘肃省六处石窟，其中莫高窟、麦积山石窟、炳灵寺石窟均为世界文化遗产，榆林窟、西千佛洞、北石窟寺均为全国重点文物保护单位。

2019年8月19日，习近平总书记考察敦煌研究院，并在敦煌研究院主持召开座谈会，发表了重要讲话，明确指示："要努力把研究院建设成为世界文化遗产保护的典范和敦煌学研究的高地。"总书记的指示为敦煌研究院的研究事业发展指明了目标和方向，极大地鼓舞了敦煌研究院工作人员的热情。

敦煌研究院正以更大的努力，在老一辈专家学者开创的道路上继续奋进，把文物保护和研究工作向前推进，在敦煌学的各个领域不断取得令人振奋的研究成果。本院的研究人员陆续获得国家社会科学基金项目、国家自然科学基金项目等国家和省部级学术研究项目的立项，敦煌研究院也设立了院级学术研究项目，加强了对学术研究资助的力度。

为了让新的研究成果尽快出版，以推动敦煌学研究事业，从2006年起，敦煌研究院确立了编辑"敦煌研究院学术文库"计划，出版了一大批优秀成果。今天我们将进一步加大支持力度，遴选出能代表本院学术研究成果的著作，陆续出版。"敦煌研究院学术文库"以推动敦煌学研究为宗旨，要求所收的著作在敦煌学及相关领域的研究上具有创新性、开拓性，在研究方法上具有启发性，对敦煌学研究能产生积极的影响。

敦煌研究院将继续营造良好的学术环境，努力推动世界范围内的敦煌学研究持续向前发展。

目录

绪论 012

一　研究概述 012

　　1.研究目标　013

　　2.研究内容　014

二　研究史综述　014

三　研究意义　016

四　研究思路、框架与方法　017

　　1.研究思路　017

　　2.研究框架　018

　　3.研究方法　018

五　研究创新点　019

I　榆林窟壁画乐舞图像內容总录 021

第 2 窟　022　　　　第 23 窟　119

第 3 窟　023　　　　第 24 窟　120

第 4 窟　039　　　　第 25 窟　121

第 6 窟　043　　　　第 26 窟　124

第 10 窟　046　　　　第 28 窟　126

第 11 窟　049　　　　第 29 窟　128

第 12 窟　051　　　　第 31 窟　131

第 13 窟　066　　　　第 32 窟　133

第 14 窟　068　　　　第 33 窟　140

第 15 窟　074　　　　第 34 窟　152

第 16 窟　081　　　　第 35 窟　165

第 17 窟　096　　　　第 36 窟　172

第 19 窟　099　　　　第 38 窟　182

第 20 窟　110　　　　第 39 窟　193

第 21 窟　113　　　　第 40 窟　196

第 22 窟　116

II　榆林窟壁画乐舞图像內容
**　　分类统计** 199

榆林窟壁画乐伎分类统计表　200

榆林窟壁画舞伎分类统计表　202

榆林窟经变画乐舞组合统计表　203

榆林窟壁画弦乐器分类统计表　205

榆林窟壁画打击乐器分类统计表　206

榆林窟壁画吹奏乐器分类统计表　208

III　榆林窟壁画乐舞图像研究 211

第一章　榆林窟壁画乐舞图像概述　212

　　第一节　榆林窟壁画乐舞图像分类　215

　　第二节　榆林窟壁画乐舞图像位置　218

　　第三节　榆林窟壁画乐器分类　220

　　第四节　榆林窟经变画乐舞图像　223

　　小结　225

第二章　唐代榆林窟壁画乐舞图像　226

　　第一节　榆林窟第 15 窟乐舞图像　228

　　第二节　榆林窟第 25 窟乐舞图像　247

　　小结　266

第三章　五代榆林窟壁画乐舞图像　270

　　第一节　榆林窟第 16 窟乐舞图像　273

　　第二节　榆林窟第 33 窟乐舞图像　324

　　小结　342

第四章　宋代榆林窟壁画乐舞图像　344

　　第一节　榆林窟第 14 窟乐舞图像　346

　　第二节　榆林窟第 17 窟乐舞图像　359

　　小结　363

第五章　西夏榆林窟壁画乐舞图像　364

　　第一节　榆林窟第 3 窟乐舞图像　367

　　第二节　榆林窟第 10 窟乐舞图像　420

　　小结　429

结论　431

图版目录　436

参考文献　440

一 研究概述

　　榆林窟又称万佛峡，位于甘肃省瓜州县（旧称安西县）县城西南约70公里处的踏实河两岸，是敦煌石窟中规模仅次于莫高窟的石窟群落。榆林窟现存洞窟42个，分别位于踏实河东、西两侧崖面上，东侧崖面分为两层，上层有20个洞窟，下层有11个洞窟，共计31个洞窟；西侧崖面现存11个洞窟。由于缺乏相关的文字记载，榆林窟具体始建年代已不可考。根据敦煌研究院编定、霍熙亮整理的《安西榆林窟内容总录》的分期断代，榆林窟开凿时代从唐代（具体为中唐）一直持续至清代。[1] 段文杰《榆林窟的壁画艺术》一文认为榆林窟开创于初唐，盛于吐蕃时期，终于元代。[2] 上述观点中，关于榆林窟始建时代的基本相近，学术界也基本认同榆林窟始于唐代。

　　榆林窟壁画中保存有丰富的乐舞图像，它们分布在壁面的经变画、说法图、出行图以及表现世俗场景和装饰性的画面中，内容以乐器、乐伎和舞伎为主，形式主要包括乐器演奏，舞蹈和乐舞组合。这些乐舞图像，不仅真实地再现了古代乐器的外观、形制、材质、演奏方式和乐队编制以及乐舞组合的方式，而且也承载着古代音乐制度、机构、系统以及音乐传播的信息，为中国乐舞史研究提供了大量珍贵而翔实的资料。另外，相对莫高窟壁画乐舞图像，榆林窟除具有敦煌乐舞的普遍性

---

❶ 参见霍熙亮整理《安西榆林窟内容总录》，敦煌研究院编《敦煌石窟内容总录》，北京：文物出版社，1996年，第204~222页。
❷ 参见段文杰《榆林窟的壁画艺术》，敦煌研究院编《中国石窟·安西榆林窟》，北京：文物出版社，1989年，第162页。

外，还表现出部分不同于莫高窟的特征，如壁画中所绘箜篌、扁鼓等乐器图像均未在莫高窟壁画出现，而且密教题材乐舞图像的数量和规模明显超过莫高窟。这些都是本课题需要着重研究的。

本书旨在敦煌学和图像学的交叉研究，拟将"壁画"和"乐舞"二者并置于榆林窟这一空间中，研究课题"榆林窟壁画乐舞图像研究"便由此而生。本课题主要包括榆林窟壁画乐舞图像的调查与研究两个部分。相对而言，对乐舞图像的全面调查、统计和分类是课题进行的基础，对乐舞图像的专题研究则是本课题的重点。

1. 研究目标

本书首先对榆林窟壁画乐舞图像进行全面、系统地调查统计，并按洞窟编号以文字形式对统计结果进行详细描述，按时代、壁画、乐伎、舞伎、乐器以图表形式进行分类统计。在此基础上，从瓜州与榆林窟历史变迁的宏观视角，以古代乐舞文献记载、敦煌文献、壁画题记以及相关学术成果为依据，对榆林窟乐舞进行系统考证与研究。所要完成的目标主要有以下几个：

（1）前期的调查工作，对榆林窟现存42个洞窟乐舞内容进行逐一排查，全面和准确获取乐舞图像的相关信息，避免疏忽与遗漏。充分借助文献记载和相关研究成果，对乐舞图像进行识别、分类和统计，确保乐舞图像描述和时代确定、每件乐器图像描述以及每身乐伎、舞伎图像定名的合理与准确。

（2）本书前半部分为乐舞图像相关信息的分窟梳理和统计，此部分属于内容总录。关于体例，参考《敦煌石窟内容总录》❶文字式和《敦煌壁画乐史资料总录与研究》❷图表式两者优点，选择制定出一种适合壁画乐舞图像表述的体例，以便能条理明晰、一目了然。另外，分别以时代、壁画、乐伎、舞伎、乐器为内容制作统计表格，把文字性横向陈述与图表式纵向对比结合起来。

（3）在统计结果的基础上的分类研究，为本书的后半部分。综合文献研究结果，设计合理的研究框架，将图像资料与文献资料有机结合，最终的研究结论重点关注文献记载与壁画表现是否统一、音乐审美与壁画审美是否统一、音乐内容与壁画内容是否统一、音乐功能与佛教思想是否统一。本书旨在通过调查统计和系统研

❶ 敦煌研究院编《敦煌石窟内容总录》，北京：文物出版社，1996年。
❷ 牛龙菲《敦煌壁画乐史资料总录与研究》，兰州：敦煌文艺出版社，1996年。

究，将榆林窟壁画乐舞图像纳入敦煌乐舞研究之中，以此作为敦煌石窟乐舞史研究的分支和中国古代乐舞史研究的补充。另外，与莫高窟、西千佛洞壁画乐舞图像和丝绸之路乐舞最新成果间的对比与补充也是在研究过程中需要着力体现的。

2. 研究内容

本书主要围绕榆林窟壁画乐舞图像进行。根据先前的研究成果，榆林窟包含乐舞图像的洞窟仅有 10 余个，包括唐代第 15 窟、第 25 窟，五代第 12 窟、第 16 窟、第 19 窟、第 33 窟、第 34 窟、第 36 窟，宋代第 20 窟、第 38 窟以及西夏第 3 窟、第 10 窟等。[1]根据笔者实地调查，榆林窟绘有乐舞内容的洞窟实际共计 31 个，占榆林窟洞窟总量的七成以上，洞窟编号及具体乐舞图像内容将在总录部分中详细呈现。在这些洞窟壁面的经变画、说法图以及表现世俗场景和装饰性的画面中以乐器、乐伎和舞伎为内容的图像，即为本书的研究对象。上述图像按照壁画乐舞图像特点又可分为两大类，即伎乐与天乐。榆林窟壁画中的伎乐包括菩萨伎乐、飞天伎乐、化生伎乐、迦陵频伽伎乐和世俗伎乐六种（由于舞伎通常在经变画中与乐伎在同一区域出现，此处将舞伎一同并入伎乐）。天乐，即乐器不鼓自鸣而产生音乐，天乐图像最明显特征是仅将单纯乐器绘于经变画或窟顶四披，乐器器身系有飘带，飘带呈飘逸状，以象征乐器发声的动态。

二 研究史综述

从已有研究成果看，目前敦煌学与音乐史学界对于榆林窟壁画乐舞图像研究着墨不多，主要以介绍性为主，且大多为莫高窟壁画乐舞图像研究的分支和旁证。

1985 年，庄壮率先对榆林窟壁画乐舞图像进行研究，所撰文章《榆林窟壁画中的音乐形象》[2]为该研究领域的开山之作。庄壮通过调查统计，首次提出榆林窟绘有音乐图像的洞窟共计 12 个，并做了简单分期。另外，文章分别讨论了出现的乐器种类、配置与组合，乐队排列形式等问题。1988 年，庄壮的《榆林窟壁画伎乐》[3]一文又将榆林窟绘有乐舞图像的洞窟增加为 16 个，并且重新细化乐器种类与乐队排

[1] 参见庄壮《榆林窟壁画中的音乐形象》，《中国音乐》1985 年第 3 期，第 63~65 页；庄壮《榆林窟壁画伎乐》，《交响：西安音乐学院学报》1988 年第 2 期，第 40~46 页。
[2] 庄壮《榆林窟壁画中的音乐形象》，《中国音乐》1985 年第 3 期，第 63~65 页。
[3] 庄壮《榆林窟壁画伎乐》，《交响：西安音乐学院学报》1988 年第 2 期，第 40~46 页。

列形式，以图示的方式分析了壁画中出现的各类伎乐乐队，提出榆林窟壁画乐舞由"中原音乐成分占主导"的观点。此外，在榆林窟壁画中发现拉弦乐器图像，受到学界普遍关注。

1990年，郑汝中撰写《榆林第3窟千手观音经变乐器图》[1]一文，确定榆林窟壁画所绘拉弦乐器图像的时间为西夏晚期。1997年，孙星群《西夏辽金音乐史稿》对嵇琴的历史做了简单梳理，并提出嵇琴存在于西夏的观点。[2]1997年和2004年，庄壮先后发表《西夏的胡琴和花盆鼓》《榆林窟、东千佛洞壁画上的拉弦乐器》，[3]在先前的基础上再次深入研究乐器图像，指出此图像的出现与西夏时期音乐发展具有直接关系。之后，笔者与博士生导师郑炳林共同发表《榆林窟和东千佛洞壁画上的拉弦乐器研究》[4]和《壁画音乐图像与社会文化变迁——榆林窟和东千佛洞壁画上的拉弦乐器再研究》[5]两文，重点讨论拉弦乐器图像仅在榆林窟和东千佛洞壁画中出现却未在莫高窟出现的原因，并结合已有文献记载和研究成果，将这类乐器定名为嵇琴。2018年，沙武田撰文考证了榆林窟第15窟前室甬道南、北壁西部所绘唐代世俗乐伎，对图像绘制时代和乐伎性质及意义等几个方面进行了深入研究。[6]

以上论文著作就是目前榆林窟壁画乐舞图像研究仅有的成果，其他涉及该领域的研究大多散见于莫高窟壁画乐舞图像研究的专著之中，如庄壮《敦煌石窟音乐》[7]、牛龙菲《敦煌壁画乐史资料总录与研究》[8]、郑汝中《敦煌壁画乐舞研究》[9]以及高德祥《敦煌古代乐舞》[10]等均少量提及了榆林窟壁画乐舞图像。以莫高窟壁画舞蹈图像为主要研究对象的专著中也涉及榆林窟壁画，同样是只言片语的罗列和部分线描图像的加入，未加以针对性研究，如阴法鲁主编《敦煌舞姿》[11]、董锡玖主

---

❶ 郑汝中《榆林窟三窟千手观音经变乐器图》，《敦煌壁画乐舞研究》，兰州：甘肃教育出版社，2002年，第131页。
❷ 孙星群《西夏辽金音乐史稿》，北京：中国青年出版社，1997年，第106～107页。
❸ 庄壮《西夏的胡琴和花盆鼓》，《敦煌研究》1997年第4期，第45～48页；庄壮《榆林窟、东千佛洞壁画上的拉弦乐器》，《交响：西安音乐学院学报》2004年第2期，第10～12页。
❹ 郑炳林、朱晓峰《榆林窟和东千佛洞壁画上的拉弦乐器研究》，《敦煌学辑刊》2014年第2期，第48～59页。
❺ 郑炳林、朱晓峰《壁画音乐图像与社会文化变迁——榆林窟和东千佛洞壁画上的拉弦乐器再研究》，《东北师大学报：哲学社会科学版》2016年第1期，第1～6页。
❻ 沙武田《瓜州榆林窟第15窟吐蕃装唐装组合供养伎乐考》，四川大学中国藏学研究所编《藏学学刊》第18辑，北京：中国藏学出版社，2018年，第1～16页。
❼ 庄壮《敦煌石窟音乐》，兰州：甘肃人民出版社，1984年。
❽ 牛龙菲《敦煌壁画乐史资料总录与研究》，兰州：敦煌文艺出版社，1991年。
❾ 郑汝中《敦煌壁画乐舞研究》，兰州：甘肃教育出版社，2002年。
❿ 高德祥《敦煌古代乐舞》，北京：人民音乐出版社，2008年。
⓫ 阴法鲁主编《敦煌舞姿》，上海：上海文艺出版社，1981年。

编《敦煌舞蹈》❶、高金荣的《敦煌石窟舞乐艺术》❷和王克芬、柴剑虹合著的《箫管霓裳——敦煌乐舞》❸。另外，在敦煌壁画图录中，《敦煌石窟全集》的《音乐画卷》❹和《舞蹈画卷》❺也分别收入少量榆林窟壁画乐舞图像，如榆林窟第25窟南壁《观无量寿经变》菩萨伎乐乐队和腰鼓舞，第16窟前室西壁的化生乐伎以及第19窟南壁《天请问经变》中的双人巾舞等。

综上，对于榆林窟壁画乐舞图像这一专题，学术界至今未进行过系统、完整地调查统计与分类研究，该研究的内容、时代特征等基本情况至今未形成和确定。如榆林窟包含乐舞图像的洞窟数量这一基础问题，仅庄壮做过调查统计，但1985年和1988年的两次统计就存在出入，第一次统计的石窟数量为12个，第二次增加为16个，❻之后的研究均未再涉及这些问题。

其次，缺少榆林窟壁画乐舞图像内容的分洞窟陈述。如前述，关于榆林窟音乐图像，只有庄壮在1985年和1988年的两次调查，两次调查均以摘要的方式对音乐图像做了总体概括，未涉及每个洞窟乐舞图像的具体数量、类别、所在位置以及乐伎和乐器的分类。

第三，缺乏对榆林窟壁画乐舞图像具体和深入的研究。目前仅筚篥和扁鼓图像受到关注外，其余乐舞图像均未受到重视，如同时期莫高窟与榆林窟壁画乐舞图像的对比、密教题材乐舞图像的分析和研究、特异型乐器图像的考证等问题均未提及。

三 研究意义

第一，本书首要解决的问题，是在庄壮统计结果的基础上，重新对榆林窟壁画乐舞图像做深入、细致的调查与统计，最终形成科学完整的乐舞内容分期与梳理。这不仅是对之前研究成果的阶段性归纳和总结，而且也能够为后续研究提供可资参考的资料。这是本课题研究的首要意义。

❶ 董锡玖主编《敦煌舞蹈》，乌鲁木齐：新疆美术摄影出版社，1992年。
❷ 高金荣《敦煌石窟舞乐艺术》，兰州：甘肃人民出版社，2000年。
❸ 王克芬、柴剑虹《箫管霓裳：敦煌乐舞》，兰州：甘肃教育出版社，2007年。
❹ 郑汝中《敦煌石窟全集·音乐画卷》，敦煌研究院编《敦煌石窟全集》，香港：商务印书馆，2002年。
❺ 王克芬《敦煌石窟全集·舞蹈画卷》，敦煌研究院编《敦煌石窟全集》，香港：商务印书馆，2001年。
❻ 参见庄壮《榆林窟壁画中的音乐形象》，《中国音乐》1985年第3期，第63～65页；庄壮《榆林窟壁画伎乐》，《交响：西安音乐学院学报》1988年第2期，第40～46页。

第二，对榆林窟壁画乐舞图像的调查和研究，是敦煌乐舞研究不可或缺的部分。尽管莫高窟是敦煌石窟壁画乐舞的重中之重，但也不能体现敦煌乐舞之全貌，要想通过图像窥视河西走廊乐舞文化的变迁，榆林窟、西千佛洞、东千佛洞等石窟乐舞图像是不能被忽视的，因为其中所绘拉弦乐器图像，密教题材乐舞图像，都是莫高窟不具备的，也是敦煌乐舞研究的重要内容。

第三，考证榆林窟壁画乐器图像，理清部分古代乐器发展和演变的脉络，搞清壁画中乐器组合形式和乐舞编制规律，为研究古代乐舞使用提供证据，这对于中国乐舞史研究能起到一定的补充和佐证。

第四，榆林窟所处的瓜州地区与莫高窟所在的沙州地区在历史上就有千丝万缕的联系，通过榆林窟乐舞图像反映的瓜州地区乐舞史，有助于我们进一步了解河西地区乐舞发展的实际状况，了解外来乐舞文化与内地乐舞文化的融合程度以及音乐、舞蹈审美在壁画中的真实反映。

四　研究思路、框架与方法

1. 研究思路

本书分壁画乐舞图像内容调查统计和壁画乐舞图像专题研究两个部分。第一部分主要完成壁画乐舞图像调查、分洞窟陈述和分类统计，对榆林窟现存42个洞窟做全面调查，采用音乐考古学方法获取完备、准确的各类乐舞图像，对获取的图像资料以乐舞图像类型进行系统归类。由于历史或自然环境因素的影响，部分壁画出现剥落、脱色等现实问题，这将对图像识别和采集带来困难，实地调查中要结合现有图录资料和研究成果，保证获取乐舞图像的全面和翔实，避免疏忽与遗漏。之后，对收集的图像资料开展识别与统计，采用文字描述和图表相结合的方式予以呈现。

第二部分榆林窟壁画乐舞图像专题研究，以时代分期，以洞窟为单元，按乐舞图像类别对乐器形制和源流、乐队规模和编制、伎乐图像的出现规律、乐舞组合的方式等问题进行详细探讨。另外，综合文献记载的研究结果，突出对乐舞图像功能和意义的考察。对榆林窟之外壁画中未曾出现或存在差异的乐舞图像，详细考证其源流和成因；对与莫高窟相同类型和题材的乐舞图像进行对比研究，综合多处石窟乐舞图像的普遍性和榆林窟壁画乐舞图像的特殊性，形成最终的研究结论。具体研究思路如图：

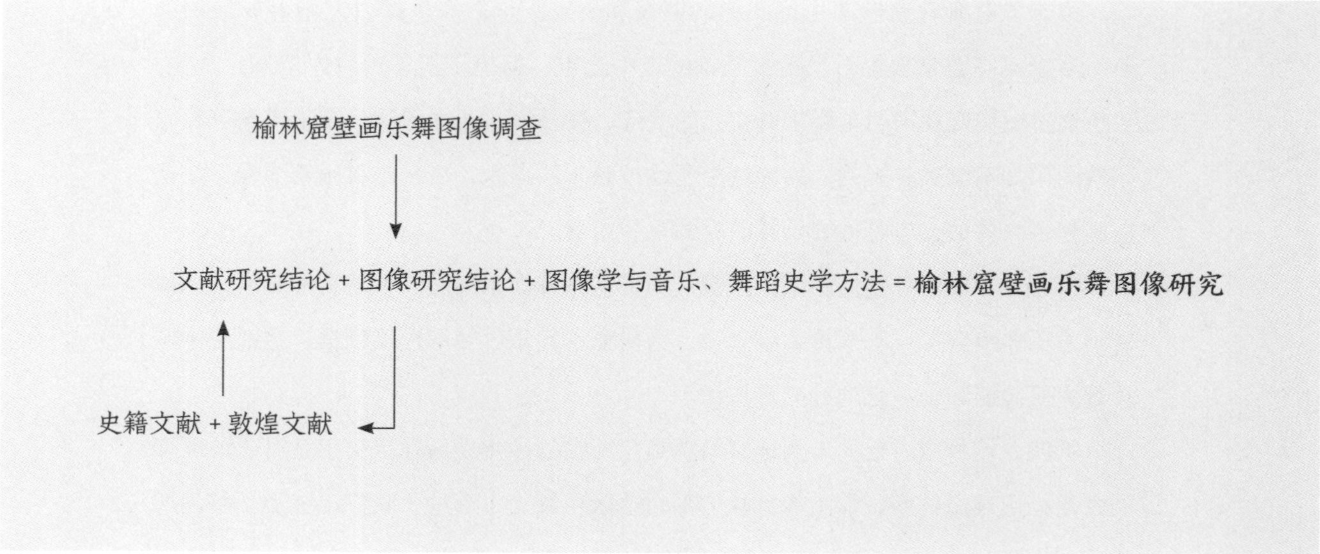

榆林窟壁画乐舞图像调查

↓

史籍文献 + 敦煌文献 → 文献研究结论 + 图像研究结论 + 图像学与音乐、舞蹈史学方法 = 榆林窟壁画乐舞图像研究

[图1]

研究思路示意图

2. 研究框架

本书框架具体可以细化为以下几个部分：

上篇为榆林窟壁画乐舞图像内容总录。包括榆林窟壁画乐舞内容总录和乐舞内容统计，总录以洞窟为单位进行文字性记述，统计洞窟、时代、乐舞内容、乐器类型进行表格式数据统计。

下篇为榆林窟壁画乐舞图像专题研究。包括榆林窟壁画乐舞图像概述和分时代石窟壁画乐舞图像研究。其中，乐舞图像概述部分包括乐舞图像的界定与分类，涉及乐器的分类、乐舞图像在石窟中的位置等。时代拟分为唐、五代、宋和西夏，重点解决各个时代壁画中乐舞图像的种类、乐器的分类、经变画以及其他壁画中的乐舞图像、乐舞图像的功能和意义等问题。此外，为配合总录的文字性陈述，拟将榆林窟乐舞图像按洞窟全部附于文中，使总录以图文并茂的方式呈现，以达到榆林窟乐舞资料的完整性，便于后续研究的参考和拓展。

3. 研究方法

本书主要依据与音乐、舞蹈相关的文献记载和敦煌文献，通过历史文献学、音乐史学以及图像学的相关研究方法，在对榆林窟壁画乐舞图像进行音乐学和图像学分类的基础上做系统考证与研究，在乐器、排列与组合形式、乐队编制、乐舞组合以及壁画乐舞图像功能等方面有独到见解。在图像与文献互证的前提下，对历史上榆林窟所涉及地区在音乐机构、乐器使用和乐舞配置等方面的问题做补充研究。

就乐舞图像而言，既没有机械地将其看做是与佛经文本的严格对应，也没有泛化为是壁画中对佛的供养、佛法的赞颂、佛国世界的装饰，而是辩证地视作现实乐舞的图像式转化，认为其中既有现实音乐的基础，也有佛教图像化、模式化的处理。乐舞是多重组合的复杂体，对它的研究，既没有局限于看图说话，也没有只侧重佛经文本和历史记载，而是针对不同种类的图像选择了不同的介入与解读方式。

五　研究创新点

本书围绕乐舞中心，重点进行乐器的识别与考证，乐伎排列、组合形式以及编制的分析归类。尽管乐舞图像的首要功能是对佛教思想的表达，但作为乐舞图像本身，其形式无论单件乐器还是乐舞组合，其种类无论官方乐舞还是民间俗乐，终归是乐舞审美的体现。本书创新之处，在于对佛教思想与壁画乐舞审美统一的坚持。具体如下：

（1）不同与以往石窟壁画乐舞图像研究仅关注乐舞图像的方式，本书把乐舞图像放入石窟整体中进行研究，不论统计结果还是专题研究，均以石窟为基础，将"从石窟中来，到石窟中去"作为壁画乐舞图像研究的指导思想。

（2）本书是针对榆林窟壁画乐舞图像进行的首次全面、系统的调查研究，力求对涉及乐舞图像的洞窟和壁画中乐器、乐伎、乐队图像的数量做详细统计和分类，最终统计结果的体例将采用文字和图表结合的方式。

（3）除对榆林窟壁画乐舞图像以时代为线索做横向研究外，还对同时代不同地区石窟壁画乐舞图像做纵向对比，从而阐明不同时代特点的榆林窟壁画乐舞图像规律和风格。

（4）结合榆林窟独特的艺术风格，重点总结密教题材乐舞图像特征，并阐明其功能和意义。

（5）利用最新的音乐史和考古研究成果，深入研究榆林窟壁画出现的如凤首弯琴、嵇琴、尺八、凤头笛、扁鼓等特殊乐器，填补中国乐器史研究的空白。

I

榆林窟壁画
乐舞图像
内容总录

GENERAL RECORD OF
MUSIC AND DANCE IMAGES
OF MURALS IN YULIN
GROTTOES

第 2 窟

位置： 东侧崖面第一层

方向： 西偏南 40°

时代： 西夏（元、清代重修）

窟形： 覆斗形顶，设中心佛坛

内容：

● 主室四披下沿及四壁上沿垂幔下
端绘铃[图1]。

[图1]
主室北披下沿及北壁上沿垂幔

第 3 窟

位置：东侧崖面第一层

方向：西偏南 18°

时代：西夏（元、清代重修）

窟形：浅穹隆顶形，设八角形中心佛坛

内容：

● 主室窟顶下沿垂幔下端绘铃[图1]。窟顶所绘金刚界曼荼罗南侧绘一供养物宝螺[图2]。

● 东壁，南部西夏绘《五十一面千手观音经变》一铺。其中主尊观音手持法器中包含乐器三件，为左、右各一布局，包括钟二、金刚铃一（金刚铃绘于右侧，其对应左侧为金刚杵）。不鼓自鸣乐器二十六件，以对称形式沿纵向轴线依次自上而下排列，分别为筝二、拍板二、笙二、铜钹二、方响二、曲项琵琶二、排箫二、竖箜篌二、秸琴二、鼗鼓二（一柄叠三鼓）、阮咸二、扁鼓二、腰鼓二。观音头部正上方七重宝塔左、右两侧各绘有三身男性世俗舞伎[图3]。 ❶

北部西夏绘《十一面千手观音经变》一铺，其中观音手持法器中包含乐器十一件，均为左、右各一对称布局，包括钟二、金刚铃一（金刚铃绘于右侧，其对应左侧为金刚杵）、拍板二、曲项琵琶二、铜钹二、鼗鼓二（一柄叠三鼓）[图4]。

---

❶ 为乐舞内容表述准确，便于对照，本书洞窟内位置主要使用东、南、西、北等方位名词，壁画内则主要使用左、右、上、下、内、外等方位名词。

[图1]
主室窟顶西坡北部下沿垂幔

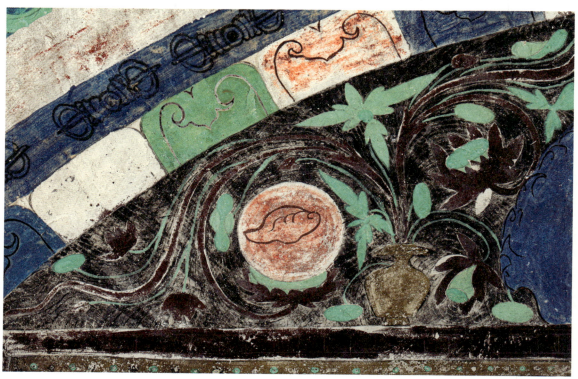

[图2]
窟顶《曼荼罗》南部供养物宝螺

　　榆林窟壁画乐舞图像研究

［图3］
主室东壁南部《五十一面千手观音经变》

［图4］
主室东壁北部《十一面千手观音经变》

● 南壁，东部西夏绘《曼荼罗》一铺[图5]。坛城下部绘四身密教乐伎和一身密教舞伎，乐伎从左至右依次演奏曲项琵琶、不明、拍板、腰鼓，中间一身舞伎持剑起舞[图6]。

中部西夏绘《观无量寿经变》一铺[图7]。主体宫殿前左、右方亭的内侧，各绘一身迦陵频伽，未持乐器[图8]。方亭前部又各绘一重檐式楼阁于水池上。方亭与楼阁间呈"X"形的区域，其中下部左、右各九身的两组法众，左内侧有两身持乐器，分别为竖箜篌和曲项琵琶，右内侧有三身法众持乐器，分别为竖箜篌、曲项琵琶和拍板，均呈非演奏状态[图9]。

画面下部三间门屋内共绘菩萨乐伎十二身和舞伎三身，分三组绘于左、中、右门屋内，乐舞组合形式均为"2+1+2"。乐舞组合Ⅰ为四身菩萨乐伎和一身舞伎，乐伎从左至右依次演奏拍板、铜钹、埙、鼗鼓（双手各播一鼓，其形制为一柄叠三鼓），中间舞伎持巾起舞。乐舞组合Ⅱ为四身菩萨乐伎和一身舞伎，乐伎从左至右依次演奏曲项琵琶、贝、尺八、拍板，中间舞伎持巾起舞。乐舞组合Ⅲ为四身菩萨乐伎和一身舞伎，乐伎从左至右依次演奏阮咸（持椒拨奏）、琴、腰鼓（鼓面向上）、拍板，中间舞伎持巾起舞[图10]。

● 北壁，东部西夏绘《曼荼罗》一铺[图11]。坛城下部绘持供养物密教舞伎五身[图12]，其中从左至右第二身手持宝螺。

中部西夏绘《净土变》一铺[图13]。上部主体宫殿顶部两侧绘不鼓自鸣乐器两件，左侧为琴，右侧为曲项琵琶[图14]。主体宫殿两侧廊庑前部，左、右各绘一重檐攒尖方亭，两方亭内侧各绘一身迦陵频伽，未持乐器[图15]。方亭前部又各绘一重檐式楼阁于水池上，方亭与楼阁间呈"X"形的区域，其中下部左、右各九身的两组法众内侧各有三身持乐器[图16]，左边法众所持乐器为竖箜篌、曲项琵琶和拍板，右边法众所持乐器同样为为竖箜篌、曲项琵琶和拍板，均为非演奏状态。

画面下部中间绘单层重檐歇山顶式宫殿。两侧为重檐攒尖方亭，方亭内各绘一组"2+1+2"的乐舞组合[图17]。乐舞组合Ⅰ为四身菩萨乐伎和一身舞伎，乐伎从左至右依次演奏为不明、不明、笙、琴；中间舞伎持巾起舞。中部宫殿平桥上及右方亭内菩萨乐伎与舞伎分别为乐舞组合Ⅱ、乐舞组合Ⅲ，所持乐器因壁画漫漶严重无法辨识，舞伎似同为持巾起舞。

西部西夏绘《曼荼罗》一铺[图18]，坛城下方左、右圆形区域内，绘密教舞伎两身，均呈"S"形姿态[图19]。

[图5]
主室南壁东部《曼荼罗》

[图6]

主室南壁东部《曼荼罗》下方密教乐、舞伎

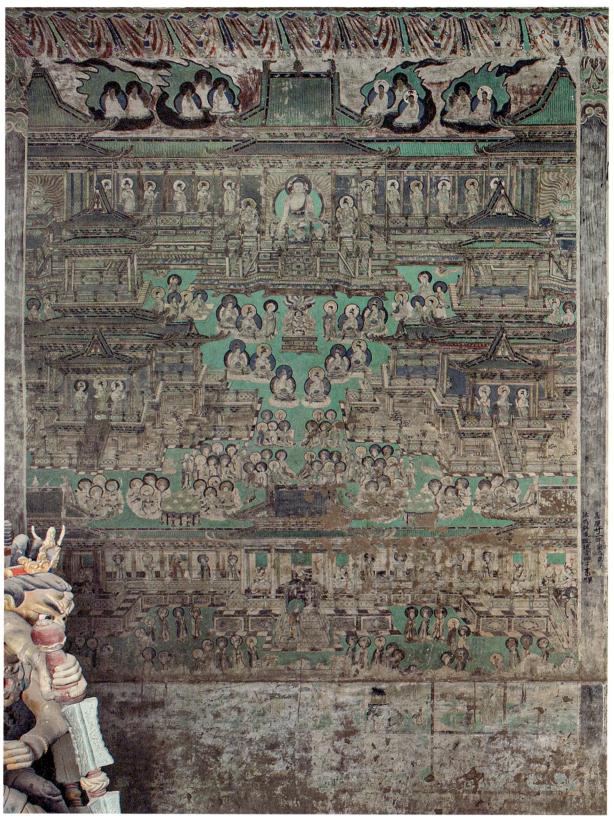

［图7］

主室南壁中部《观无量寿经变》

[图8]
主室南壁中部《观无量寿经变》中的迦陵频伽

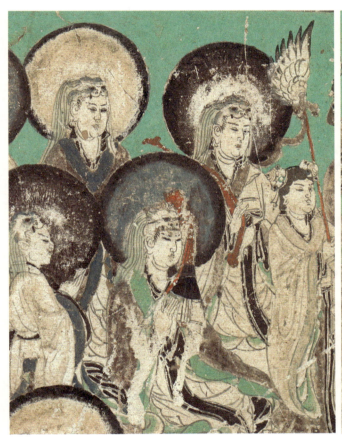

[图9]
主室南壁中部《观无量寿经变》中持乐器的法众

[图10]

主室南壁中部《观无量寿经变》

乐舞组合Ⅰ、Ⅱ、Ⅲ

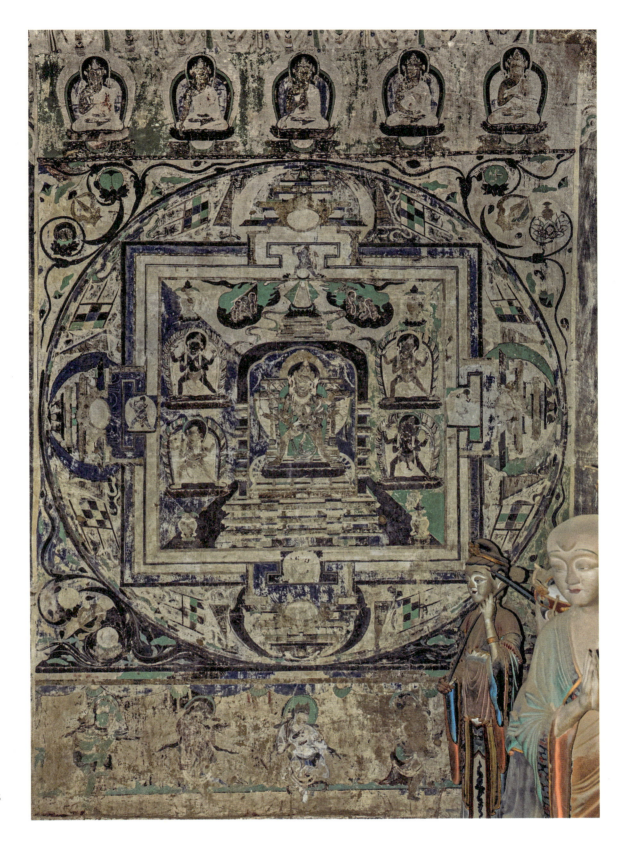

[图11]
主室北壁东部
《曼荼罗》

[图12]

主室北壁东部《曼荼罗》下方密教舞伎

［图13］

主室北壁中部《净土变》

[图14]
主室北壁中部
《净土变》中的
不鼓自鸣乐器

[图15]
主室北壁中部
《净土变》中的
迦陵频伽

[图16]
主室北壁中
部《净土变》
中持乐器的
法众

[图17]
主室北壁中部《净土变》
乐舞组合Ⅰ、Ⅱ、Ⅲ

第 **4** 窟

位置：东侧崖面第一层

方向：西偏南 25°

时代：元代（清代重修）

窟形：覆斗形顶，设中心佛坛

内容：

● 主室四壁上沿垂幔下端绘铃[图1]。

　主室佛坛南部清塑天王手持一金刚铃[图2]。

● 东壁，南部元代绘《说法图》一铺，下部壁画脱落严重，似为密教舞伎三身，均左手持金刚铃、右手持金刚杵起舞（最北一身右手处壁画已不存，推测所持为金刚杵），其余内容不明[图3]。

● 南壁，东部元代绘《白度母》。左右外侧自上而下各绘密教舞伎三身，立于莲花台之上，舞姿呈"S"形[图4]。西部元代绘《说法图》，壁画上部两边各绘飞天一身（飞天未持乐器）[图5]。下部绘密教舞伎五身，其中中间一身左手持金刚铃、右手持金刚杵起舞，西部两身舞伎之间绘铜钹，非手持，其余内容不明[图6]。

● 北壁，东部元代绘《灵鹫山说法图》，主尊为两身并坐菩萨，典型菩萨装造型，主尊外侧左右自上而下各绘密教舞伎三身，立于莲花台之上，舞姿呈"S"形[图7]。中部元代绘《曼荼罗》一铺，其中坛城右下方菩萨手持宝螺[图8]。

[图1]
主室东壁上沿垂幔

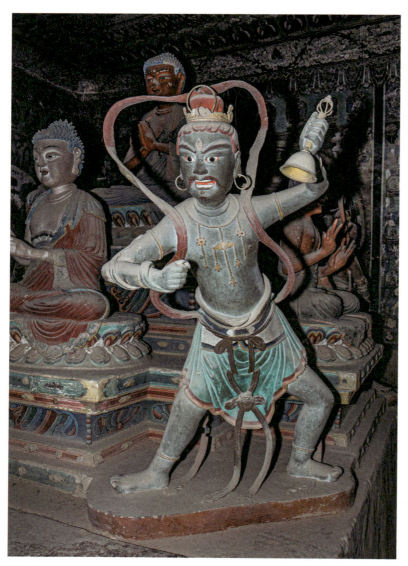

[图2]
主室中心佛坛南部天王手持金刚铃

[图3]
主室东壁南边下部密教舞伎

[图4]
主室南壁《白度母》两侧密教舞伎

[图5]
主室南壁西部
《说法图》中的
飞天

[图6]
主室南壁西边
下部

[图7]
主室北壁东部
《灵鹫山说法
图》中的舞伎

[图8]
主室北壁中部《曼荼罗》右下方菩萨

第 **6** 窟

位置：东侧崖面第二层

方向：西偏南 20°

时代：唐代（五代、宋、西夏、元、清、民国初及近期重修）

窟形：穹隆顶形大佛窟

内容：

● 明窗前室四壁垂幔下沿绘铃。南壁宋代绘《净土变》一铺，壁面受沙尘遮盖严重。上部绘不鼓自鸣乐器七件，由东至西依次为笙、竖箜篌、筝、拍板、琵琶、腰鼓、横笛[图1]。

● 主室窟顶垂幔下端绘铃。垂幔下方宋代绘飞天乐伎五身，体形硕大。南部两身飞天乐伎演奏乐器由东至西依次为铜钹和曲项琵琶，此处壁面有崩毁，演奏铜钹的乐伎身体不存，演奏曲项琵琶的乐伎头部不存[图2]。北部三身飞天乐伎演奏乐器由东至西依次为拍板、贝和尺八[图3]。

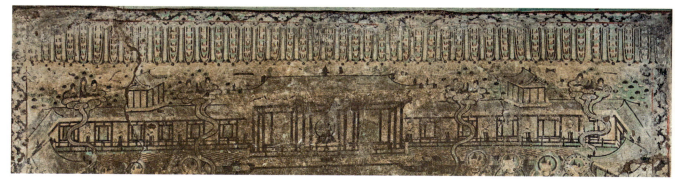

[图1]
明窗前室南壁《净土变》中的不鼓自鸣乐器

[图2]
主室窟顶垂幔下方南部飞天乐伎

[图3]
主室窟顶垂幔下方北部飞天乐伎

第 10 窟

位置：东侧崖面第一层

方向：西偏南 20°

时代：西夏（元、清代重修）

窟形：覆斗形顶，设中心佛坛

内容：

● 主室窟顶东披下沿垂幔下方西夏绘不鼓自鸣乐器十九件，乐器由北向南依次为
铜钹、手鼓、笙、嵇琴、曲项琵琶、凤头笛、铜角、筝、拍板、铜钹、腰鼓、笛、
铜角、排箫、鼗鼓、贝、铜钹、铜钹、手鼓[图1]。

窟顶南披下沿东部西夏绘迦陵频伽一身，未持乐器。

窟顶北披下沿东部西夏绘迦陵频伽一身，未持乐器[图2]。

窟顶四披下沿垂幔下端绘铃，西披垂幔下方西夏绘飞天乐伎九身，演奏乐器由
南向北依次为凤头笛、拍板、笙、腰鼓、手鼓、笛、嵇琴、筝、曲项琵琶（四弦，
持拨，竖抱拨奏）[图3]。

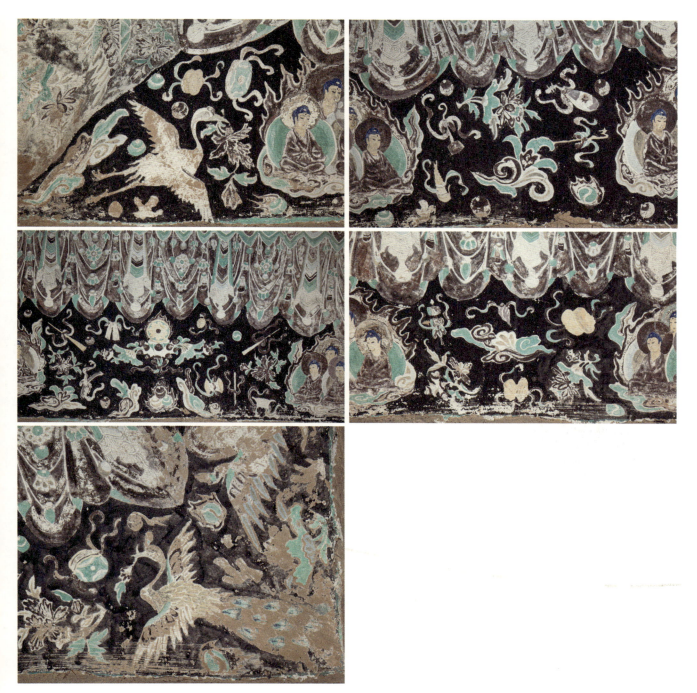

[图1]
主室窟顶东披下沿的不鼓自鸣乐器

[图2]
主室窟顶南披下沿西部和北披下沿东部的迦陵频伽

[图3]
主室西披下沿的飞天乐伎

第 11 窟

位置：东侧崖面第一层

方向：西偏南 10°

时代：清代

窟形：纵向人字披形顶

内容：

● 主室窟顶浮塑檩，南边檩上清代绘人物画三幅，由西向东依次为不明、蓝采和与曹国舅、张果老与吕洞宾，其中曹国舅击奏阴阳板[图1]。

北边檩上清代绘人物画三幅，由西向东依次为不明、铁拐李与何仙姑、汉钟离与韩湘子，其中韩湘子吹奏横笛[图2]。

窟顶南披西部清代绘供养物，其中有一磬，悬于磬架之上[图3]。

南披东部清代绘供养物，其中有一横笛以及壶内竖置若干类似笛的管乐器[图4]。

[图1]

窟顶南边檩中部的蓝采和与曹国舅

[图2]

窟顶北边檩东端的汉钟离与韩湘子

[图3]

窟顶南披西部的供养物

[图4]

窟顶南披东部的供养物

第 **12** 窟

位置： 东侧崖面第二层

方向： 正西

时代： 五代（清代重修）

窟形： 前室一面披形顶，主室覆斗形顶

內容：

● 前室，西壁门南侧五代绘《梵天赴会》一铺。其中上部绘化生乐（舞）伎三身，其中左边一身化生乐伎演奏拍板，右边一身乐伎演奏笙箫，中间一身化生舞伎长袖起舞[图1]。

西壁门上红底墨书题名四行和题记十行，其中题记第八行写有"乐营石田奴三十余人□□年每载于榆林窟上烧香燃灯"的记载[图2]。笔者按：该题记部分字迹已漫漶，上述内容参考了谢稚柳《敦煌艺术叙录》❶、张伯元《安西榆林窟》❷录文。此外，张伯元称该题记为《粜粮记》，李正宇则称《斋粮记》❸，经笔者核对壁面，该字在题记中出现两次，应同为"斋"字。谢稚柳《敦煌艺术叙录》未定名，但录文中前字作"粜"字，后字作"斋"字❹。

---

❶ 谢稚柳《敦煌艺术叙录》，上海：上海古籍出版社，1996年，第449页。
❷ 张伯元《安西榆林窟》，成都：四川教育出版社，1995年，第198页。
❸ 李正宇《归义军乐营的结构与配置》，《敦煌研究》，2000年第3期，第73页。
❹ 谢稚柳《敦煌艺术叙录》，上海：上海古籍出版社，1996年，第449页。

[图1]
前室西壁门南部
《梵天赴会》中的化
生乐（舞）伎

[图2]
榆林窟第12窟前
室西壁门题名与
题记

- 主室，窟顶四披及四角垂幔下端堆塑铃，下方五代绘飞天乐伎十二身，推测每披各绘三身。现存完整十身。

  东披，仅存一身乐伎，演奏乐器不明[图3]。

  南披，三身乐伎演奏乐器由西向东依次为竖箜篌、腰鼓、琵琶（背向）[图4]。

  北披，三身乐伎演奏乐器由东向西依次为不明、筚篥、排箫[图5]。

  西披，三身乐伎演奏乐器由北向南依次为横笛、筚篥、拍板[图6]。

- 南壁，西部五代绘《药师经变》一铺[图7]。主尊说法场景前水池廊台中间绘化生舞伎一身，持巾起舞[图8]。经变画下部水池廊台上绘八身一组菩萨伎乐乐队与一身舞伎，乐舞组合形式为"4+1+4"。左边菩萨乐伎由内而外演奏乐器依次为拍板、横笛、琵琶、筚篥；右边由内而外分别演奏拍板、横笛、筚篥、笙。中间舞伎持巾起舞。

- 北壁，西部五代绘《西方净土变》一铺[图9]。上部绘不鼓自鸣乐器，由西向东依次为筝、筚篥、筚篥、排箫、笙、拍板、阮咸（琴轴二）、琵琶（直颈，琴轴二）[图10]。经变画下部水池廊台上绘十身一组菩萨伎乐乐队与一身舞伎，乐舞组合形式为"5+1+5"[图11]。左边菩萨乐伎由内而外演奏乐器依次为横笛、拍板、横笛、筚篥、琵琶，右边由内而外分别演奏排箫、拍板、横笛、笙、筚篥，中间舞伎拍击腰鼓起舞。

- 西壁，门南侧五代绘《文殊变》一铺[图12]。其中绘六身一组菩萨伎乐乐队，菩萨乐伎自上而下演奏乐器依次为琵琶、排箫、拍板、筚篥、笙、横笛[图13]。

  西壁，门北侧五代绘《普贤变》一铺[图14]。其中绘六身一组菩萨伎乐乐队，菩萨乐伎自上而下演奏乐器依次为拍板、琵琶、横笛、排箫、笙、筚篥[图15]。

- 南壁及西壁门南下部五代绘《慕容氏出行图》[图16、17]，北壁及西壁门北下部绘《慕容夫人曹氏出行图》[图18、19]。根据莫高窟晚唐第156窟、五代第100窟所绘《出行图》均有乐舞入画的情形判断，本窟《出行图》应该有乐舞出现，但壁画脱落严重，情况不明，此处附图以作参考。

[图3]
主室窟顶东披
的飞天乐伎

[图4]
主室窟顶南披
的飞天乐伎

[图5]
主室窟顶北披
的飞天乐伎

[图6]
主室窟顶西披
的飞天乐伎

[图7]
主室南壁西部《药师经变》

[图8]

主室南壁西部《药师经变》中的乐舞组合

[图9]
主室北壁西部《西方净土变》

[图10]
主室北壁西部《西方净土变》中的不鼓自鸣乐器

[图11]
主室北壁西部《西方净土变》中的乐舞组合

[图12]
主室西壁门南侧《文殊变》

[图13]
主室西壁门南侧《文殊变》中的菩萨伎乐乐队

[图14]
主室西壁门北侧《普贤变》

[图15]

主室西壁门北侧《普贤变》中的菩萨伎乐乐队

[图16]
主室南壁西边下部慕容氏出行图

[图17]
主室西壁门南下部慕容氏出行图

[图18]
主室北壁西边下部慕容夫人曹氏出行图

[图19]
主室西壁门北下部慕容夫人曹氏出行图

第 13 窟

位置： 东侧崖面第一层

方向： 正西

时代： 五代（宋、清代重修）

窟形： 主室覆斗形顶

内容：

- 前室四壁上沿，主室窟顶四披及四角垂幔下端绘铃[图1、2]。

［图1］
前室西壁北部上沿垂幔

［图2］
主室窟顶西披垂幔

第 14 窟

位置： 东侧崖面第一层

方向： 西偏北 5°

时代： 宋代（清代、民国初重修）

窟形： 前室一面披形顶，主室覆斗形顶

内容：

- 主室，窟顶四披绘垂幔，垂幔下宋代绘飞天九身，现存完整八身，其中飞天乐伎五身。

  东披，存飞天乐伎两身，其中一身演奏拍板，另一身仅残存双手，演奏乐器为铜钹[图1]。

  南披，存飞天两身，其中飞天乐伎一身，演奏横笛。另一身飞天持鲜花供养[图2]。

  北披，存飞天两身，均持鲜花供养[图3]。

  西披，存飞天三身，其中飞天乐伎两身，分别演奏扁鼓（双槌敲击）与鼗鼓（一柄叠一鼓，单槌敲击）。另一身飞天持鲜花供养[图4]。

[图1]
主室窟顶东披的飞天乐伎

[图2]
主室窟顶南披的飞天乐伎

[图3]
主室窟顶北披的飞天

● 四壁中除主尊身后的东壁中间上绘华盖，下绘火焰纹背光外，东壁其余部分及南、北、西壁上沿同样绘垂幔，垂幔下端绘铃[图5、6]。

南壁西部宋代绘《净土变》一铺[图7]，其中主尊身前绘两身化生童子，其中一身持宝螺[图8]。

[图4]
主室窟顶西披
的飞天乐伎及
飞天

[图5]
主室窟顶东披及东壁上部垂幔

[图6]
主室窟顶东披华盖垂幔

［图7］
主室南壁西部《净土变》

［图8］
主室南壁西部《净土变》中
的化生童子

第 **15** 窟

位置：东侧崖面第一层

方向：西偏南 5°

时代：唐代（宋、西夏、元、清代重修）

窟形：前室一面披形顶，主室覆斗形顶，设中心佛坛。

内容：

● 前室甬道，《安西榆林窟内容总录》记载南壁西部和北壁西部唐代各绘吐蕃装乐伎（男性）三身[1]，共计六身。经详细辨认，南壁西部第一身演奏拍板，第二身演奏笙簧，第三身演奏琵琶（疑似）[图1]，北壁西部第一身乐伎演奏笙[图2]，其余不明。

● 前室，顶部唐代绘飞天乐伎两身，南部一身演奏横笛（管体有枝节），北部一身演奏凤首弯琴（弦数一）[图3]。

北壁，唐代绘《天王像》一铺[图4]，天王头光两侧绘两身迦陵频伽乐伎，左侧一身演奏拍板，右侧一身演奏横笛（管体有枝节）[图5]。

---

❶ 参见霍熙亮整理《安西榆林窟内容总录》，敦煌研究院编《敦煌石窟内容总录》，北京：文物出版社，1996年，第208页。

[图1]
前室甬道南壁西部乐伎

[图2]
前室甬道北壁西部乐伎

[图3]
前室顶部南、北的飞天乐伎

[图4]
前室北壁《天
王像》

[图5]
前室北壁《天
王像》中的迦
陵频伽乐伎

榆林窟壁画乐舞图像研究

- 主室，窟顶四披绘边饰垂幔，垂幔下宋代绘飞天，现存完整八身，其中飞天乐伎四身。

东披，存飞天乐伎一身，演奏拍板[图6]。

南披，存飞天一身，持鲜花供养。

北披，存飞天两身，其中飞天乐伎一身，演奏曲项琵琶[图7]，另一身飞天持鲜花供养。

西披，存飞天四身，其中飞天乐伎两身，分别演奏鼗鼓（一柄叠二鼓，鼓体硕大，乐伎双手持）和扁鼓（双槌）[图8]，另两身飞天持鲜花供养。

- 四壁中除主尊身后的东壁中间上绘华盖，下绘火焰纹背光外，东壁其余部分及南、北、西壁上沿同样绘垂幔，垂幔下端绘铃[图9]。

[图6]
主室窟顶东披的
飞天乐伎

[图7]
主室窟顶北披的
飞天乐伎

第 16 窟

位置： 东侧崖面第二层

方向： 西偏北 15°

时代： 五代（民国初重修）

窟形： 前室一面披形顶，主室覆斗形顶，设中心佛坛。

内容：

- 前室，西壁门南五代绘《梵天赴会》一铺，梵天头光东侧绘化生乐伎三身，"品"字形构图，演奏乐器依次为拍板、横笛、笙篥[图1]。

  西壁门北五代绘《帝释天赴会》一铺，帝释天头光西侧绘化生乐伎三身，"品"字形构图，演奏乐器依次为笙、拍板、横笛[图2]。

- 主室甬道，南壁边饰垂幔下绘曹议金及两身武人侍从像，北壁边饰垂幔下绘曹议金夫人及三身侍女像，其中立于前部、着汉装的侍女抱持一琴，该琴由织物包裹或置于琴袋中[图3]。

- 主室，窟顶南、北披垂幔下端绘铃。窟顶南、北披下沿垂幔下方五代绘飞天乐伎，现存完整六身。

  东、西披崩毁，壁画不存。

  南披，存飞天乐伎三身，演奏乐器由西向东依次为竖箜篌、腰鼓、曲项琵琶（背向）[图4]。

  北披，存飞天乐伎三身，演奏乐器由东向西依次为筝、排箫、羯鼓与鸡娄鼓[图5]。

[图1]
前室西壁门南侧《梵天赴会》中的化生乐伎

[图2]
前室西壁门北侧《帝释天赴会》中的化生乐伎

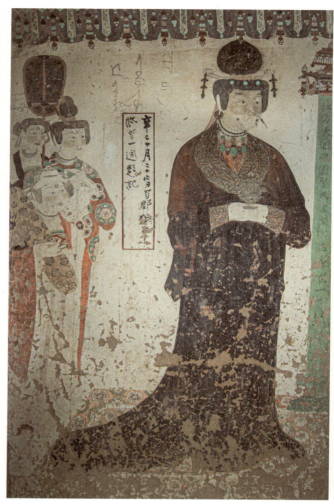

[图3]
主室甬道北壁供养人

- 东壁，通壁五代绘《劳度叉斗圣变》一铺[图6]，经变画左绘外道击鼓（有鼓架），右绘比丘敲钟（有钟架）[图7]。

- 南壁，东部五代绘《报恩经变》一铺[图8]，主尊说法场景前水池廊台绘六身一组菩萨伎乐乐队和两身舞伎，乐舞组合形式为"3+2+3"。左侧菩萨乐伎由内而外演奏乐器依次为拍板、筚篥、筝。右侧由内而外分别演奏拍板、贝（仅手持未演奏）、筚篥。中间舞伎一身双手合掌起舞，另一身反弹琵琶（曲项）起舞[图9]。

- 南壁，西部五代绘《药师经变》一铺[图10]，主体宫殿右侧廊庑顶部有一六角攒尖式钟楼，内悬一钟[图11]。

[图4]
主室窟顶南披的飞天乐伎

　　主尊说法场景前水池廊台绘两组菩萨伎乐乐队，乐舞组合形式分别为"3+1+4"和"5+1+5"。

　　乐舞组合Ⅰ，为七身一组菩萨伎乐乐队和一身舞伎。左侧菩萨乐伎由内而外演奏乐器依次为拍板、竽篥、筝。右侧由内而外分别演奏拍板、横笛、排箫、竽篥。

[图5]
主室窟顶北披的飞天乐伎

中间舞伎持巾起舞[图12]。

　　乐舞组合Ⅱ，为十身一组菩萨伎乐乐队和一身舞伎。左侧菩萨乐伎由内而外演奏乐器依次为笙、竽篥、横笛、竽篥、羯鼓；右侧由内而外分别演奏笙、拍板、竽篥、横笛、曲项琵琶（持槟拨奏）；中间舞伎持巾起舞[图13]。

[图6]
主室东壁《劳度叉斗圣变》

[图7]
主室东壁《劳度叉斗圣变》中的外道击鼓和比丘敲钟

● 北壁，东部五代绘《天请问经变》一铺[图14]，主尊说法场景前水池廊台绘
十四身一组菩萨伎乐乐队和一身舞伎，乐舞组合形式为"7+1+7"；左侧菩萨乐伎由
内而外演奏乐器依次为排箫、琵琶、笙、筝、拍板、横笛、竽篥；右侧乐伎分别演
奏排箫、竽篥、笙、竖箜篌、拍板、横笛、竽篥；中间舞伎拍击腰鼓起舞[图15]。

[图8]
主室南壁东部
《报恩经变》

[图9]
主室南壁东部
《报恩经变》乐
舞组合

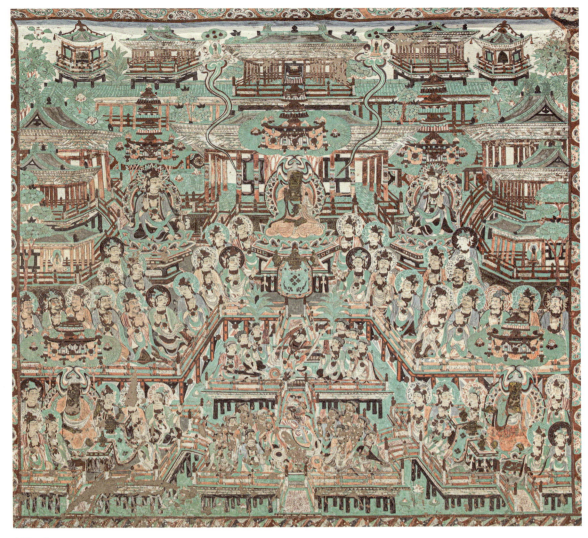

[图10]
主室南壁西部《药师经变》

[图11]
主室南壁西部《药师经变》中的经楼与钟楼

[图12]
主室南壁西部
《药师经变》乐
舞组合Ⅰ

[图13]
主室南壁西部
《药师经变》乐
舞组合Ⅱ

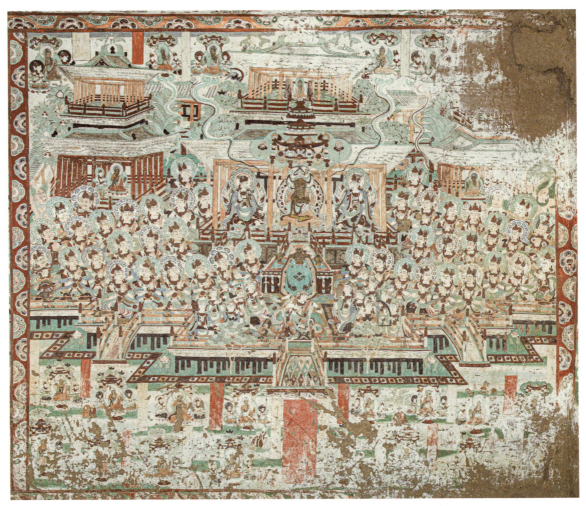

[图14]
主室北壁东部
《天请问经变》

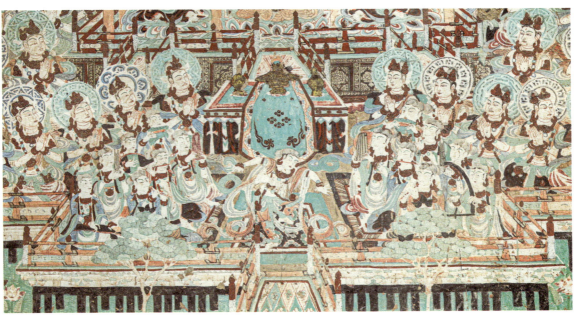

[图15]
主室北壁东部
《天请问经变》
乐舞组合

- 北壁，西部五代绘《西方净土变》一铺[图16]，上部绘不鼓自鸣乐器九件，由西至东依次为腰鼓、阮咸、拍板、排箫、横笛、笙、琵琶、横笛、筚篥[图17]。

　　主体宫殿右侧廊庑顶部有一圆形顶攒尖式钟楼，内悬一钟[图18]。

　　主尊说法场景前水池廊台绘八身一组菩萨伎乐乐队和两身舞伎，乐舞组合形式为"4+2+4"。左侧菩萨乐伎由内而外演奏乐器依次为拍板、横笛、筚篥、筝；右侧乐伎分别演奏拍板、横笛、笙、筚篥；中间舞伎一身拍击腰鼓起舞，一身反弹琵琶（曲项）起舞[图19]。

- 西壁，门南侧五代绘《文殊变》一铺[图20]，其中绘六身一组菩萨伎乐乐队，自上而下演奏乐器依次为拍板、排箫、笙、横笛、琵琶、筚篥[图21]。

　　西壁，门北侧五代绘《普贤变》一铺[图22]，其中绘六身一组菩萨伎乐乐队，自上而下演奏乐器依次为拍板、排箫、琵琶、笙、横笛、筚篥[图23]。

［图16］
主室北壁西侧
《西方净土变》

[图17]
主室北壁西部《西方净土变》中的不鼓自鸣乐器

[图18]
主室北壁《西方净土变》中的钟楼

［图19］
主室北壁《西方净土变》乐舞组合

[图20]

主室西壁门南侧《文殊变》

榆林窟壁画乐舞图像内容总录　　　093

［图21］
主室西壁门南侧《文殊变》中的菩萨伎乐乐队

［图22］
主室西壁门北侧《普贤变》

[图23]

主室西壁门北侧《普贤变》中的菩萨伎乐乐队

第 **17** 窟

位置： 东侧崖面第二层

方向： 正西

时代： 唐代（五代、宋、回鹘、清代重修）

窟形： 前室一面披形顶，主室前部人字披形顶，后部平顶，设中心柱。

内容：

● 　前室，四壁上沿垂幔下端绘铃^[图1]。

● 　主室，四壁上沿与中心柱四面龛内主尊华盖垂幔下端绘铃^[图2、3]。

　　中心柱西向面龛下南部漫漶，不明^[图4]。北向面壶门内宋代绘壶门乐伎三身

^[图5]，其中最北侧一身演奏笙，其余乐伎、乐器均已漫漶，无法辨认。

[图1]
前室南壁上沿
垂幔

096　榆林窟壁画乐舞图像研究

[图2]
主室南壁上沿垂幔

[图3]
主室中心柱西向面龛内华盖垂幔

[图4]
主室中心柱西向面龛下南侧

[图5]
主室中心柱西向面龛下北侧

第 19 窟

位置： 东侧崖面第二层

方向： 西偏南 25°

时代： 五代（清代重修）

窟形： 前室一面披形顶，主室覆斗形顶，设中心佛坛。

内容：

● 前室，西壁门北《说法图》下方绘男供养人及两身侍女像，其中立于前部的侍女抱持一琴，该琴由织物包裹或置于琴袋中[图1]。

● 主室，窟顶南、北披垂幔下端绘铃。窟顶四披下沿垂幔下方五代绘飞天乐伎，现存完整两身[图2]。

东披，完全崩毁，壁画不存。

南披，部分崩毁，存飞天乐伎一身，演奏竖箜篌。

北披，部分崩毁，存飞天乐伎一身，演奏笙。

[图1]
前室西壁门北《说法图》下方供养人

[图2]
主室窟顶南、北坡的飞天乐伎

西披，部分崩毁，未见飞天乐伎。

● 南壁，东部五代绘《天请问经变》一铺[图3]，主体宫殿左侧廊庑顶部有一圆形顶攒尖式钟楼，内悬一钟。

上部绘不鼓自鸣乐器五件，由东向西依次为腰鼓、横笛、横笛、拍板、铜钹[图4]。

主尊说法场景前水池廊台绘十四身一组菩萨伎乐乐队和两身舞伎，乐舞组合形式为"7+2+7"。左侧菩萨乐伎由内而外演奏乐器依次为铜钹（未见乐器，仅以乐伎手姿判断）、竖箜篌、笙、筝、琵琶、筚篥、拍板。右侧由内而外分别演奏槃鞞（持槌）、阮咸、筚篥、排箫、筚篥、横笛、拍板。中间两身舞伎一身空手起舞（按姿态判断，舞伎腰部应有腰鼓，但经变画未见），另一身持巾起舞[图5]。

● 南壁，西部五代绘《西方净土变》一铺[图6]，上部绘不鼓自鸣乐器两件，分别为拍板和筝[图7]。

主尊说法场景前水池廊台绘两组菩萨伎乐乐队，乐舞组合形式为"7+2+7"和"5+1+5"。

乐舞组合Ⅰ，为十四身一组菩萨伎乐乐队和两身舞伎，左侧菩萨乐伎由内而外演奏乐器依次为笙、排箫、筚篥、筝、拍板、筚篥、琵琶；右侧由内而外分别演奏筚篥、铜钹、不明（被其他乐伎遮挡，未见乐器）、排箫、拍板、阮咸（持椒拨奏）、横笛；中间两身舞伎一身双手合掌起舞，另一身持巾起舞[图8]。

乐舞组合Ⅱ，为十身一组菩萨伎乐乐队和一身舞伎。左侧菩萨乐伎由内而外演奏乐器依次为竖箜篌、筚篥、琵琶、排箫、拍板；右侧由内而外分别演奏铜钹、筝、阮咸（弦数三）、横笛、拍板；中间一身舞伎持巾起舞（背向观者）[图9]。

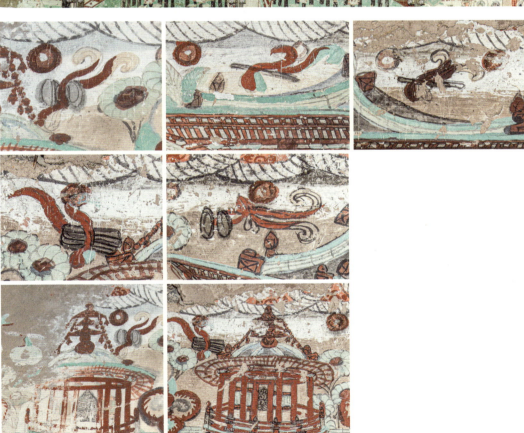

[图5]
主室南壁东部《天请问经变》乐舞组合

[图6]
主室南壁西部《西方净土变》

[图7]
主室南壁西部《西方净土变》中的不鼓自鸣乐器

[图8]
主室南壁西部《西方净土变》乐舞组合Ⅰ

[图9]
主室南壁西部《西方净土变》乐舞组合Ⅱ

- 北壁，东部五代绘《报恩经变》一铺，整铺经变画所在壁面崩毁近一半，上部不鼓自鸣乐器仅存筝[图10、图11]。

主尊说法场景前水池廊台绘一组菩萨伎乐乐队，菩萨乐伎存左侧完整四身，另一身仅存右手，乐伎由内而外演奏乐器依次为笙、曲项琵琶（持拨）、铜钹、羯鼓、横笛（据乐伎手姿判断）。其余不明。

- 北壁，西部五代绘《药师经变》一铺[图12]，主体宫殿左侧廊庑顶部有一圆形顶攒尖式钟楼，内悬一钟[图13]。

上部绘不鼓自鸣乐器四件，由西向东依次为筝、横笛（管体有枝节）、腰鼓、拍板[图14]。

主尊说法场景前水池廊台绘两组菩萨伎乐乐队，乐舞组合形式为"4+1+4"和"5+2+5"[图15]。

乐舞组合Ⅰ，为八身一组菩萨伎乐乐队和一身舞伎，左侧菩萨乐伎由内而外演奏乐器依次为竖箜篌、横笛、排箫、拍板；右侧由内而外分别演奏方响、竽篥、琵琶、拍板；中间一身舞伎空手起舞（按姿态判断，舞伎腰部应有腰鼓，但经变画中未见）。

乐舞组合Ⅱ，为十身一组菩萨伎乐乐队和两身舞伎。左侧菩萨乐伎由内而外演奏乐器依次为竽篥、筝、贝、排箫、拍板，右侧由内而外分别演奏竽篥、桨鞞（持槌）、琵琶、铜钹、拍板。中间两身舞伎一身长袖起舞，另一身持琵琶起舞[图16]。

- 西壁，门南侧五代绘《文殊变》一铺，其中绘三身一组菩萨伎乐乐队，菩萨乐伎从右至左演奏乐器依次为拍板、铜钹、横笛[图17]。

西壁，门北侧五代绘《普贤变》一铺，其中绘六身一组菩萨伎乐乐队，菩萨乐伎自上而下演奏乐器依次为竖箜篌、横笛、竽篥、拍板、排箫、琵琶（持拨）。主尊普贤菩萨手持铃[图18]。

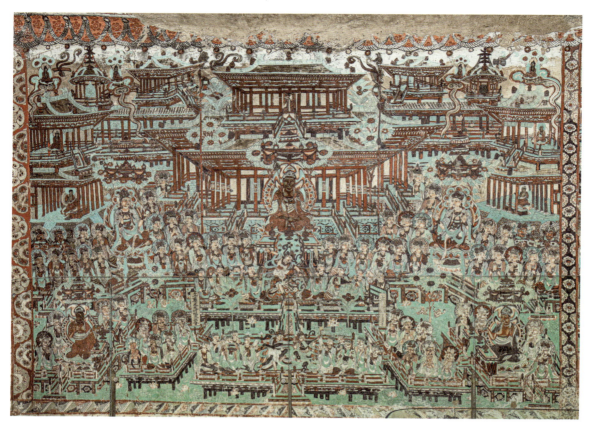

［图12］
主室北壁西部《药师经变》

［图13］
主室北壁西部《药师经变》中的钟楼

［图14］
主室北壁西部《药师经变》中的不鼓自鸣乐器

[图15]
主室北壁西部《药师经变》乐舞组合 I

[图16]
主室北壁西部《药师经变》中乐舞组合 II

[图17]

主室西壁南部《文殊变》中的菩萨伎乐乐队

[图18]
主室西壁北部《普贤变》中的菩萨伎乐乐队

第 20 窟

位置： 东侧崖面第二层

方向： 西偏南 30°

时代： 唐代（五代、宋、清代重修）

窟形： 前室一面披形顶，主室覆斗形顶，设中心佛坛。

内容：

● 主室，东壁南部五代绘《卢舍那佛》一铺。其中主尊右侧从上至下第三身菩萨手持宝螺，题名为"南无甘露供养菩萨"[图1]。

东壁北部五代绘《毗卢遮那佛》一铺。其中主尊右侧从上至下第二身菩萨演奏琵琶，题名为"南无金光语菩萨"[图2]。

东壁下部壶门内五代绘壶门乐伎七身，从北至南演奏乐器依次为筚篥、贝、笙、排箫、不明（壁画脱落严重）、不明（壁画脱落严重）、腰鼓[图3]。

南壁，东部五代绘《五方佛》一铺。下部壶门绘壶门乐伎四身，由东向西演奏乐器依次为铜钹、琵琶（持槟）、拍板（壁画脱落严重）、羯鼓（壁画脱落严重，疑似）[图4]。

北壁，东部五代绘《五方佛》一铺。下部壶门绘壶门乐伎四身，由东向西演奏乐器依次为横笛、筝、扁鼓（壁画脱落严重，疑似）、不明（壁画脱落严重）[图5]。

[图1]
主室东壁南部《卢舍那佛》中的甘露供养菩萨

[图2]
主室东壁北部《毗卢遮那佛》中的金光语菩萨

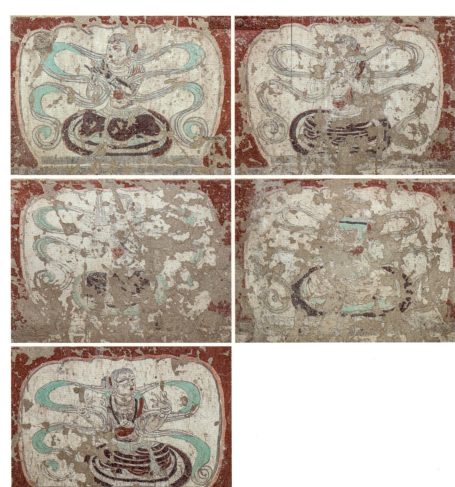

[图3]
主室东壁下部壸门中的壸门乐伎

[图4]
主室南壁东部下部壶门中的壶门乐伎

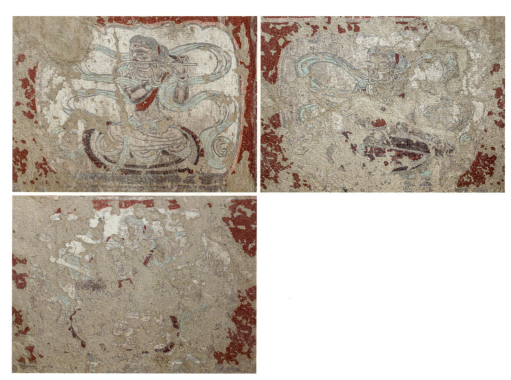

[图5]
主室北壁东部下部壶门中的壶门乐伎

第 21 窟

位置： 东侧崖面第二层

方向： 西偏南 20°

时代： 唐代（宋、回鹘、清代重修）

窟形： 前室一面披形顶，主室覆斗形顶，设中心佛坛。

内容：

- 主室，东、南、北壁上沿垂幔下端绘铃[图1]。

  窟顶四披下沿垂幔下方宋代绘飞天乐伎，现存完整七身。

  东披，完全崩毁，壁画不存。

  南披，部分崩毁，存飞天乐伎两身，分别演奏排箫和铜钹[图2]。

  北披，存飞天乐伎四身，由西向东演奏乐器依次为腰鼓、筝、笙、凤首弯琴[图3]。

  西披，部分崩毁，存飞天乐伎一身，演奏筚篥[图4]。

[图1]
主室北壁上沿
垂幔

[图2]
主室窟顶南披
的飞天乐伎

第 22 窟

位置： 东侧崖面第一层

方向： 西偏南 10°

时代： 唐代（宋、西夏、清代重修）

窟形： 前室一面披形顶，主室覆斗形顶。

内容：

- 主室，南、北、西壁上沿垂幔下端绘铃[图1]。

  窟顶四披下沿垂幔下方宋代绘飞天乐伎，现存五身。

  东披，完全崩毁，壁画不存。

  南披，完全崩毁，壁画不存。

  北披，存飞天乐伎三身，完整一身，演奏竖箜篌，另两身仅存半身且乐器所在壁面已毁[图2]。

  西披，存飞天乐伎两身，分别演奏筝和贝[图3]。

[图1]
主室北壁上沿垂幔

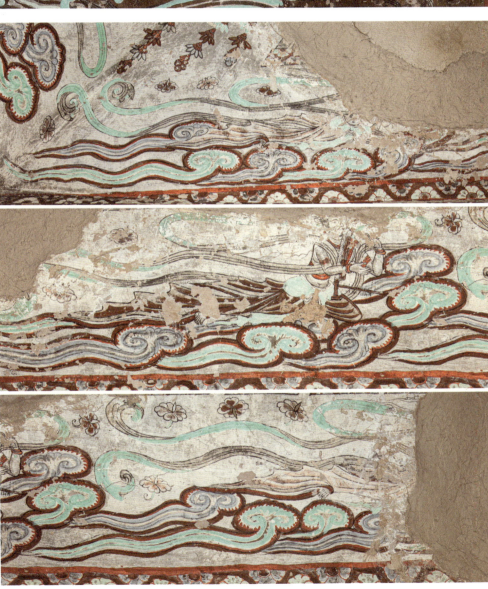

[图2]
主室窟顶北披的飞天乐伎

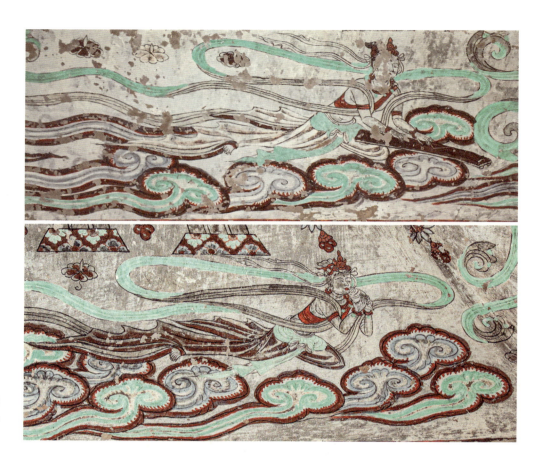

[图3]
主室窟顶西
披的飞天乐
伎

榆林窟壁画乐舞图像研究

第 23 窟

位置：东侧崖面第一层

方向：西偏南 10°

时代：唐代（宋、清代重修）

窟形：主室窟顶塌毁，现呈浅拱形。

内容：

- 主室，窟顶四周清代绘贴纸画八仙图像，东南角绘韩湘子吹奏横笛[图1]，东北角绘曹国舅击奏阴阳板[图2]。

[图1]
主室窟顶东南角的韩湘子

[图2]
主室窟顶东北角的曹国舅

第 **24** 窟

位置：东侧崖面第一层

方向：北偏西 25°

时代：唐代

窟形：主室覆斗形顶

内容：

● 主室窟顶西披垂幔下端绘铃[图1]。

[图1]
主室窟顶西披垂幔

第 25 窟

位置：东侧崖面第二层

方向：西偏南 22°

时代：唐代（五代、宋、清代重修）

窟形：前室一面披形顶，主室覆斗形顶，设中心佛坛。

内容：

- 主室，窟顶崩毁，仅有南披存少量唐代（中唐）绘千佛，其余壁画不存。

  南壁，唐代通壁绘《观无量寿经变》一铺[图1]，主体宫殿右侧廊庑顶部有一圆形顶攒尖式钟楼，内悬一钟[图2]。

  上部存不鼓自鸣乐器四件（根据经变画对称构图，左上位置应绘有两件不鼓自鸣乐器，但现已不存），由东向西依次为琵琶（四弦、直颈）、腰鼓、竽篥、排箫[图2]。

  经变画主体宫殿两侧配殿前平台位置绘众鸟。左侧绘鹤与迦陵频伽乐伎各一身，迦陵频伽乐伎演奏拍板；右侧绘共命鸟与孔雀各一身，共命鸟演奏凤首弯琴（弦数一）[图3]。

  主尊说法场景前八功德水平台绘八身一组菩萨伎乐乐队和一身舞伎外加一身迦陵频伽乐伎，乐舞组合形式为"4+1+1+4"。左侧菩萨乐伎由内而外演奏乐器依次为贝、竽篥、笙、琵琶（四弦、直颈、持椒拨奏）；右侧由内而外分别演奏尺八、横笛、排箫、拍板；中间一身舞伎拍击腰鼓，其右侧迦陵频伽乐伎演奏曲项琵琶（持椒拨奏）[图4]。

[图1]
主室南壁《观无量寿经变》

[图2]
主室南壁《观无量寿经变》中的不鼓自鸣乐器和钟楼

[图3]
主室南壁《观无量寿经变》中的迦陵频伽乐伎

[图4]
主室南壁《观无量寿经变》乐舞组合

第 26 窟

位置：东侧崖面第二层

方向：西偏南 32°

时代：唐代（五代、宋、回鹘、清代重修）

窟形：前室一面披形顶，主室覆斗形顶，设中心佛坛。

内容：

● 前室，窟顶西部内沿向下位置，即西壁门南侧上方，存五代绘飞天乐伎两身，其中完整一身演奏笙箫，另一身仅存部分，乐器所在壁面不存[图1、2]。

西壁门北侧上方存五代绘一身飞天乐伎部分，乐器所在壁面不存[图3]。

前室四壁上沿垂幔下端绘铃[图4]。

主室四壁上沿垂幔下端绘铃[图5]。

[图1]
前室西壁门
南侧上方的
飞天乐伎

第 28 窟

位置：东侧崖面第二层

方向：南偏西 30°

时代：唐代（宋、西夏、清代重修）

窟形：主室前部崩毁，后部券形顶，有中心柱。

内容：

● 主室窟顶东、北、西壁上部垂幔下端绘铃 [图1]。

西壁北部宋代绘坐佛三身，其中北侧坐佛的左侧绘宝螺于莲花之上 [图2]，右下方供养菩萨手持宝螺 [图3]。

[图1]
主室东壁北上部垂幔与铃

[图2]
主室西壁北侧坐佛左侧的供养物宝螺

[图3]
主室西壁北部坐佛右下方供养菩萨

第29窟

位置：东侧崖面第二层

方向：南偏东 4°

时代：西夏（元、清代重修）

窟形：主室覆斗形顶，设中心佛坛。

内容：

● 　主室，东壁北部西夏绘《药师经变》一铺[图1]，主尊说法场景前平台绘迦陵频伽乐伎一身[图2]，演奏排箫（壁面模糊，或为拍板）。

　　东壁中部西夏绘《文殊变》一铺[图3]，上部（即通常经变画不鼓自鸣乐器所在位置）圆形区域左绘一钟，右绘一铃[图4]。

[图1]
主室东壁《药师经变》

[图2]
主室东壁《药师经变》中的迦陵频伽乐伎

[图3]
主室东壁中部
的《文殊变》

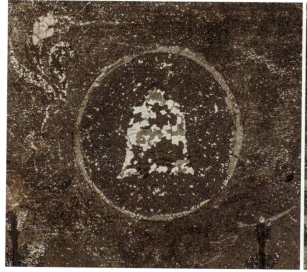

[图4]
主室东壁中部
《文殊变》中的
钟和铃

第 **31** 窟

位置： 西侧崖面第二层

方向： 正东

时代： 五代（清代重修）

窟形： 前室一面披形顶，主室覆斗形顶，设中心佛坛。

内容：

● 主室，窟顶四披中西、南披皆崩毁，壁画不存，其余披面残存垂幔下端绘铃、推测西、南披垂幔下端同绘铃。

东披，南部垂幔下部仅存五代绘飞天乐伎一身，演奏琵琶^[图1]。

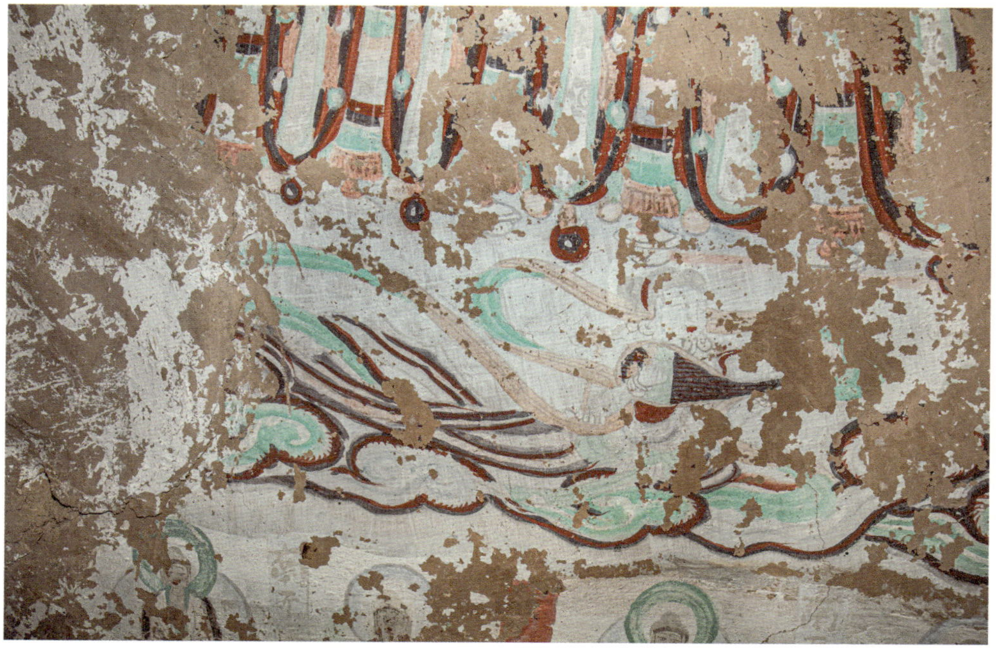

[图 1]
主室窟顶东披垂幔及飞天乐伎

第 32 窟

位置： 西侧崖面第二层

方向： 东偏南 5°

时代： 五代（清代重修）

窟形： 主室覆斗形顶，设中心佛坛。

内容：

- 主室，窟顶东、北披垂幔下端绘铃[图1]。南、西披壁面漫漶，推测垂幔下端同绘铃。
  四披垂幔下方五代绘飞天，现存完整五身。

  西披，壁面完全漫漶。

  南披，大部分壁面漫漶，仅存半身飞天乐伎，演奏排箫[图2]。

  北披，部分壁面漫漶，存两身飞天，其中一身演奏筝，另一身演奏笙篥[图3、4]。

  东披，部分壁面漫漶，存三身飞天，其中一身持鲜花供养。另两身似飞天乐伎，手持乐器演奏，但乐器不明[图5]。

- 南壁，五代通壁绘《劳度叉斗圣变》一铺（舍利弗与外道所处位置与通常敦煌石窟中《劳度叉斗圣变》相反）[图6]。经变画左部绘比丘敲钟（有钟架），右部绘外道击鼓（有鼓架）[图7]。

- 北壁，五代通壁绘《维摩诘经变》一铺[图8]，其中画面中心佛左下方绘一身世俗乐伎（女性），演奏拍板[图9]。右部绘毗沙门天王演奏琵琶（持槟拨奏）[图10]。

［图1］
主室窟顶东披
垂幛

［图2］
主室窟顶南披
的飞天乐伎

［图3］
主室窟顶北披
的飞天乐伎

［图4］
主室窟顶北披
的飞天乐伎

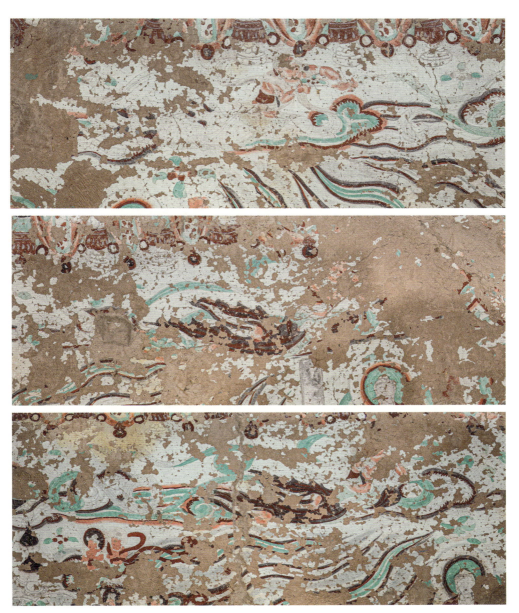

［图5］
主室窟顶东披的飞天乐伎

[图6]
主室南壁《劳度叉斗圣变》(局部)

[图7]
主室南壁《劳度叉斗圣变》中的比丘敲钟和外道击鼓

● 东壁，门南侧五代绘《文殊变》一铺[图11]，其中文殊菩萨左、右两侧共绘六身菩萨乐伎，左侧乐伎由内而外演奏乐器依次为拍板、横笛、竽簧[图12]，右侧乐伎演奏乐器依次为笙、横笛、曲项琵琶[图13]。

东壁，门北侧五代绘《普贤变》一铺[图14]，其中普贤菩萨左、右两侧共绘六身菩萨乐伎，左侧乐伎由内而外演奏乐器依次为拍板、横笛、竽簧[图15]，右侧乐伎演奏乐器依次为笙、曲项琵琶、竽簧[图16]。

[图8]
主室北壁《维摩诘经变》(局部)

[图9]
主室北壁《维摩诘经变》中的世俗乐伎

[图10]
主室北壁《维摩诘经变》中的毗沙门天王

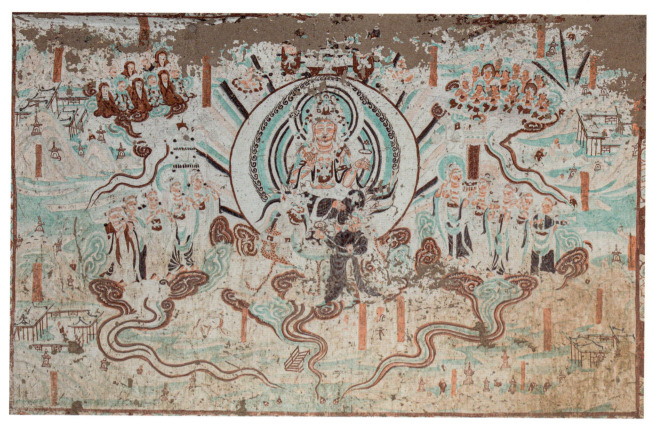

[图11]
主室东壁门南侧《文殊变》

[图12]
主室东壁门南侧《文殊变》中左侧菩萨乐伎

[图13]
主室东壁门南侧《文殊变》中右侧菩萨乐伎

[图14]
主室东壁门北侧《普贤变》

[图15]
主室东壁门北侧《普贤变》中左侧菩萨乐伎

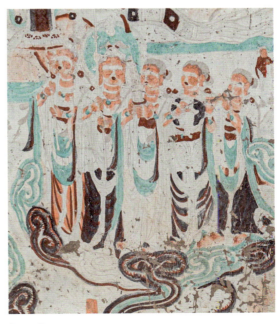

[图16]
主室东壁门北侧《普贤变》中右侧菩萨乐伎

第 **33** 窟

位置：西侧崖面第二层

方向：东偏北 10°

时代：五代（清代重修）

窟形：前室一面披形顶，主室覆斗形顶，设中心佛坛。

[图1]
主室甬道北壁
供养人

内容：

● 主室，甬道北壁垂幔下方绘曹元忠夫人翟氏、长女及三身侍女像，其中一身侍女抱持一琴，该琴由织物包裹或置于琴袋中[图1]。

窟顶四披、四角垂幔下端绘铃。窟顶垂幔下方五代绘十二身飞天乐伎，现存完整十一身。

西披，绘飞天乐伎三身，演奏乐器从北至南依次为铃、拍板、横笛[图2]。

南披，存飞天乐伎两身，分别演奏铜钹和排箫[图3]。

北披，绘飞天乐伎三身，演奏乐器由西向东依次为腰鼓、筝、琵琶（持椒拨奏）[图4]。

[图4]
主室窟顶北
披垂幔及飞
天乐伎

　　东披，绘飞天乐伎三身，其中左侧一身存半身。演奏乐器从北至南依次为竖箜篌、笙、拍板[图5]。

● 　西壁，五代通壁绘《说法图》一铺。最左从上至下第二身天王，题名为"南无乾达婆□□（□）"，演奏琵琶（持槟拨奏），最右从上至下第二身天王（题名漫漶）演奏琵琶（持槟拨奏）[图6]。

［图5］
主室窟顶东披垂
幔及飞天乐伎

［图6］
主室西壁《说法
图》中的天王

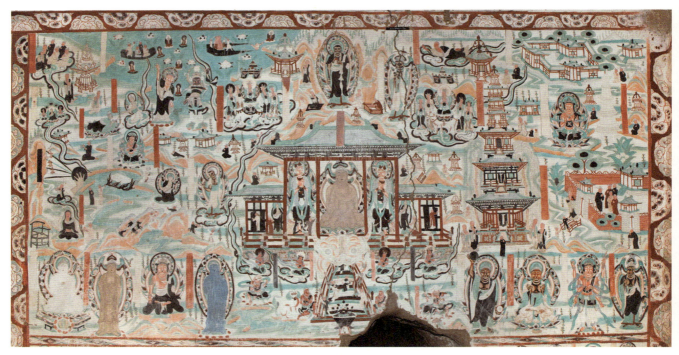

[图7]
主室南壁西部《佛教史迹画》

[图8]
主室南壁西部《佛教史迹画》中的世俗乐、舞伎

[图9]
主室南壁西部《佛教史迹画》中的世俗乐伎

● 南壁西部五代绘《佛教史迹画》一铺[图7]。主体宫殿左侧胁侍菩萨身前绘两身世俗乐（舞）伎，男性乐伎演奏笙篥，男性舞伎长袖起舞[图8]；主体宫殿右侧胁侍菩萨身前绘两身世俗乐伎，左侧女性乐伎演奏琵琶，右侧男性乐伎演奏拍板[图9]。

牛头山天梯上绘五身世俗乐伎（四男一女），上方三身乐伎从左至右所持乐器依次为琵琶、腰鼓、竖篌篌（女性）。下方两身乐伎中，左身拍掌击节，右身不明[图10]。

[图10]
主室南壁西侧《佛教史迹画》中的世俗乐伎

[图11]
主室南壁东部《药师经变》

• 南壁东部五代绘《药师经变》一铺[图11]，上部绘不鼓自鸣乐器七件，从东至西依次为竽篥、拍板、竽篥、横笛、横笛、铜钹、筝[图12]。

主尊说法场景前水池廊台绘八身一组菩萨伎乐乐队和两身舞伎，乐舞组合形式为"4+2+4"。

左侧菩萨乐伎从左至右演奏乐器依次为拍板、竖箜篌、排箫、竽篥；右侧从右至左分别演奏笙、横笛、琵琶（持槟拨奏）、拍板；中间两身舞伎一身拍击腰鼓起舞，另一身反弹琵琶起舞[图13]。

[图12]

主室南壁东部《药师经变》中的不鼓自鸣乐器

[图13]

主室南壁东侧《药师经变》乐舞组合

[图14]
主室北壁西部《佛传故事画》

- 　北壁西部五代绘《佛传故事画》一铺[图14]，主尊左上部绘一身雷公击鼓，一身牛首魔众背负大鼓，左下部绘魔女三身，从左至右演奏乐器依次为琵琶、筚篥（疑似）、拍板[图15、16]。

- 　北壁东部五代绘《西方净土变》一铺[图17]，主体宫殿右侧廊庑顶部有一圆形顶攒尖式钟楼，内悬一钟[图18]。

　上部绘不鼓自鸣乐器五件，从西至东依次为筝、铜钹、筚篥、横笛、拍板[图19]。

　主尊说法场景前水池廊台绘两组菩萨伎乐乐队，乐舞组合形式分别为"3+1+3""5+1+5"。

　乐舞组合Ⅰ，为六身一组菩萨伎乐乐队和一身舞伎。左侧菩萨乐伎由内而外演奏乐器依次为拍板、琵琶、筝。右侧由内而外分别演奏拍板、横笛、竖箜篌。中间一身舞伎拍击腰鼓起舞[图20]。

　乐舞组合Ⅱ，为十身一组菩萨伎乐乐队和一身舞伎。左侧菩萨乐伎由内而外演奏乐器依次为横笛、横笛、尺八、拍板、排箫。右侧由内而外分别演奏筚篥、筚篥、琵琶、拍板、铜钹。中间一身舞伎长袖起舞[图21]。

　乐舞组合Ⅱ所在廊台左、右两侧廊道上各绘一身化生童子，是否演奏乐器，不明。

［图15］
主室北壁西部《佛传故事画》中的
雷公与魔众

［图16］
主室北壁西部《佛传故事画》中的
魔女

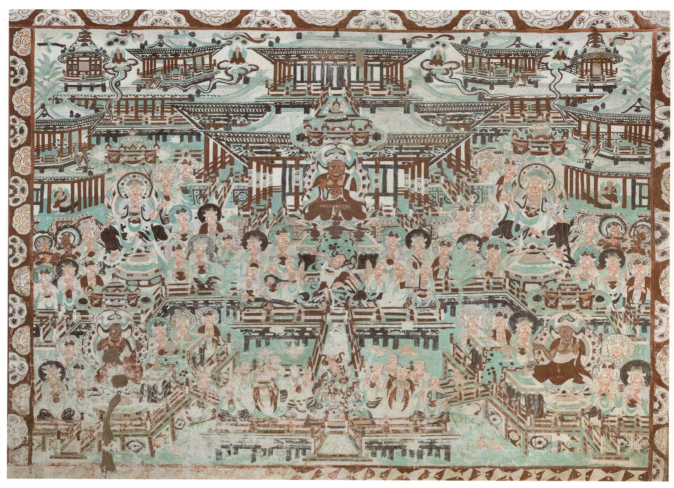

[图17]
主室北壁东部《西方净土变》

[图18]
主室北壁东部《西方净土变》
中的钟楼

［图19］
主室北壁东部《西方净土变》中的不鼓自鸣乐器

［图20］
主室北壁东部
《西方净土变》
乐舞组合Ⅰ

［图21］
主室北壁东部
《西方净土变》
乐舞组合Ⅱ

第 **34** 窟

位置：西侧崖面第二层

方向：东偏北 25°

时代：唐代（五代、宋、清代重修）

窟形：前室一面披形顶，主室覆斗形顶，设中心佛坛。

内容：

- 前室四壁上沿垂幔下端绘铃[图1]。

- 甬道北壁绘曹元忠夫人翟氏及三身侍女像，其中一身侍女抱持一琴，该琴由织物包裹或置于琴袋中[图2]。

- 主室窟顶四披五代绘飞天，现存七身。

  西披，壁面不存。

  南披，存飞天两身，一身飞天乐伎似演奏腰鼓，另一身不明[图3]。

  北披，存飞天两身，一身飞天乐伎演奏竽箫，另一身不明[图4]。

  东披，中间五代绘《说法图》一铺。其右下方存飞天乐伎三身，右侧第一身演奏竽箫，第二身仅存半身，演奏拍板，下方乐伎演奏横笛[图5]。

- 西壁，五代通壁绘《说法图》一铺。下排从右至左第二身天王（题名漫漶）演奏琵琶（持拨拨奏）[图6]，下部十一幅壸门供宝图像中，左侧第二幅为金刚铃[图7]。

- 南壁西部五代绘《思益梵天所问经变》一铺，主尊说法场景前水池廊台绘十身一组菩萨伎乐乐队和一身舞伎，乐舞组合形式为"5+1+5"[图8]。

[图1]
前室西壁上沿垂幔

[图2]
甬道北壁供养人

[图3]
主室窟顶南披的飞天乐伎

[图4]
主室窟顶北披的飞天乐伎

左侧菩萨乐伎由内而外演奏乐器依次为竽篥、拍板、钹、横笛、竖箜篌；右侧由内而外分别演奏拍板、琵琶、笙、排箫、筝；中间一身舞伎拍击腰鼓起舞[图9]。

● 南壁东部五代绘《药师经变》一铺[图10]，主体宫殿左侧廊庑顶部有一圆形顶攒尖式钟楼，内悬一钟[图11]。

上部绘不鼓自鸣乐器四件，从东至西依次为横笛、拍板、竽篥、笙[图12]。三尊说法场景前水池廊台绘两组菩萨伎乐乐队，乐舞组合形式分别为"4+1+5"和"4+2+4"。

[图5]
主室窟顶东披的飞天乐伎

　　乐舞组合Ⅰ，为九身一组菩萨伎乐乐队和一身舞伎。左侧菩萨乐伎从左至右演奏乐器依次为琵琶（持槟拨奏）、筚篥、排箫、拍板；右侧从右至左分别演奏方响、横笛、铜钹、竖箜篌、拍板；中间一身舞伎反弹琵琶起舞[图13]。

　　乐舞组合Ⅱ，为八身一组菩萨伎乐乐队和两身舞伎。左侧菩萨乐伎由内而外演奏乐器依次为拍板、排箫、笙、筝；右侧由内而外分别演奏拍板、筚篥、桨鞞（右手持槌）、横笛；中间两身舞伎一身拍击腰鼓起舞，另一身长袖起舞[图14]。

● 　北壁西部五代绘《天请问经变》一铺^{［图15］}，主尊说法场景前水池廊台绘十四身
一组菩萨伎乐乐队和一身舞伎，乐舞组合形式分别为"7+1+7"。

　　左侧菩萨乐伎由内而外演奏乐器依次为不明、竖箜篌、笙、拍板、筚篥、横笛、
琵琶；右侧由内而外分别演奏槃鞞（右手持槌）、琵琶、铜钹、拍板、排箫、横笛、
筚篥；中间一身舞伎拍击腰鼓起舞^{［图16］}。

[图8]
主室南壁西部
《思益梵天所问
经变》

[图9]
主室南壁西部
《思益梵天所问
经变》乐舞组合

［图10］
主室南壁东部《药师经变》

［图11］
主室南壁东部《药师经变》
中的钟楼

[图12]
主室南壁东部
《药师经变》中的
不鼓自鸣乐器

[图13]
主室南壁东部
《药师经变》乐
舞组合 I

[图14]
主室南壁东部
《药师经变》乐
舞组合Ⅱ

[图17]
主室北壁东部《阿弥陀经变》

● 北壁东部绘《阿弥陀经变》一铺[图17]。上部绘不鼓自鸣乐器五件，从西至东依次为竿篌、竿篌、笙、铜钹、拍板。主体宫殿左侧廊庑顶部有一六角攒尖式钟楼，内悬一钟[图18]。

主尊说法场景前水池廊台绘两组菩萨伎乐乐队，乐舞组合形式分别为"4+1+4"和"4+2+4"。

乐舞组合Ⅰ，为八身一组菩萨伎乐乐队和一身舞伎。左侧菩萨乐伎从左至右演奏乐器依次为琵琶、竿篌、铜钹、拍板；右铜从右至左分别演奏竖箜篌、排箫、横笛、拍板；中间一身舞伎拍击腰鼓起舞[图19]。

[图18]
主室北壁东部
《阿弥陀经变》
中的钟楼与不
鼓自鸣乐器

[图19]
主室北壁东部
《阿弥陀经变》
乐舞组合 I

  乐舞组合 Ⅱ：为八身一组菩萨伎乐乐队和两身舞伎。左侧菩萨乐伎由内而外演奏乐器依次为拍板、排箫、笙、筝；右侧由内而外分别演奏拍板、竽篥、觱篥（疑似，根据乐伎手形判断）、横笛；中间两身舞伎一身拍击腰鼓起舞，一身演奏琵琶起舞[图20]。

  下部水池左、右各绘一身迦陵频伽乐伎，左乐伎演奏竽篥，右乐伎演奏横笛[图21]。

● 东壁门南侧五代绘《文殊变》一铺，其中绘六身一组菩萨伎乐乐队，菩萨乐伎自上而下演奏乐器依次为拍板、铜钹、排箫、琵琶、竽篥、横笛[图22]。

● 东壁门北侧五代绘《普贤变》一铺，其中绘五身一组菩萨伎乐乐队，菩萨乐伎自上而下演奏乐器依次为竖箜篌、琵琶、拍板、横笛、竽篥[图23]。

［图20］
主室北壁东部《阿弥陀经变》乐舞组合 II

［图21］
主室北壁东部《阿弥陀经变》中的迦陵频伽乐伎

[图22]
主室东壁门南侧
《文殊变》中的菩
萨伎乐乐队

[图23]
主室东壁门北
侧《普贤变》
中的菩萨伎乐
乐队

第 **35** 窟

位置：西侧崖面第二层

方向：东偏北 30°

时代：唐代（五代、宋、清代重修）

窟形：前室一面披形顶，主室覆斗形顶，设中心佛坛。

内容：

- 前室顶部中间五代绘《千手千眼观音经变》一铺，其中绘有宝螺三件，其中观音手持法器有宝螺，观音身光右外侧供养物为宝螺，观音身光右下方供养菩萨手持宝螺[图1]。

  顶部北部五代绘《不空绢索观音》一铺，左供养菩萨演奏琵琶[图2]。

  主室西壁千佛下五代绘《观无量寿经变》一铺[图3]，壁面漫漶严重，主体宫殿右侧廊庑顶部有一圆形顶钟楼，内悬一钟[图4]。

  上部能够辨识的不鼓自鸣乐器三件，由南至北依次为琵琶（四弦、直颈）、拍板、笮篥[图4]。

  最下部水池廊台之上左、右绘十四身一组菩萨伎乐乐队和两身舞伎，乐舞组合形式为"7+2+7"。

  左侧菩萨乐伎由内而外演奏乐器依次为琵琶（持槟拨奏）、钹、槃鞞（右手持槌）、笮篥、笮篥、横笛、琵琶；右侧由内而外分别演奏拍板、钹、笙、扁鼓（圆头

[图1]
前室窟顶中间《千手千眼观音经变》及宝螺

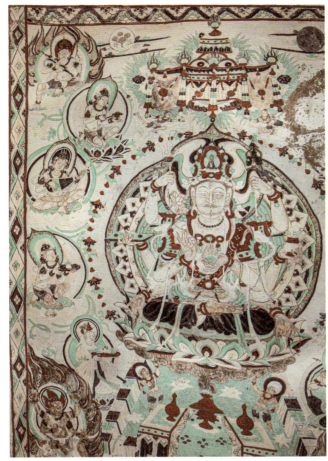

[图2]
前室窟顶北部
《不空绢索观音》
及供养菩萨

鼓槌）、排箫、竖箜篌、筝；中间两身舞伎漫漶，仅存局部飘带。舞伎左、右侧绘迦陵频伽乐伎四身，左上演奏拍板，左下演奏筚篥，右上演奏笙，右下不明[图5]。

● 南壁，千佛下五代通壁绘《普贤变》一铺，壁面左部有脱落，菩萨乐伎仅存四身，自上而下依次演奏笙、竖箜篌、琵琶（持椴拨奏）、筚篥。其余菩萨乐伎及舞伎不明[图6]。

● 北壁，千佛下五代通壁绘《文殊变》一铺。其中绘七身一组菩萨伎乐乐队和两身舞伎，乐舞组合形式为"7+2"。菩萨乐伎自上而下、从左至右演奏乐器依次为排箫、鼗鼓（右手持槌）、横笛、琵琶（持椴拨奏）、钹、筚篥、拍板；乐队右两身舞伎一身拍击腰鼓起舞，另一身演奏琵琶起舞（持椴拨奏，背向观者）[图7]。

● 东壁，门北南侧绘女供养人及侍女像各一身，其中侍女抱持一琴，该琴由织物包裹或置于琴袋中[图8]。

北侧绘《五智如来曼荼罗》一铺，右下方供养菩萨手持宝螺[图9]。

[图3]
主室西壁《观
无量寿经变》

[图4]
主室西壁《观
无量寿经变》
中的钟楼与不
鼓自鸣乐器

［图5］
主室西壁观无量寿经
变》乐舞组合

[图6]
主室南壁《普贤变》乐舞组合

[图7]
主室北壁《文殊变》乐舞组合

[图8]
主室东壁门北南侧供养人

[图9]
主室东壁门北北侧《五智如来曼荼罗》中的供养菩萨

第 36 窟

位置：西侧崖面第二层

方向：东偏北 15°

时代：唐代（五代、宋、清代重修）

窟形：前室一面披形顶，主室覆斗形顶，设中心佛坛。

内容：

- 前室西壁北部绘女供养人一身及侍女像二身，其中一侍女抱持一琴，该琴由织物包裹或置于琴袋中[图1]。

- 南壁上沿垂幔下五代绘《毗沙门天王》一铺，上部中间绘迦陵频伽一身，未持乐器[图2]。

  南、北壁上沿垂幔下端绘铃。

  东壁门南侧晚唐绘法华经变一铺，其中在主尊说法场景前部譬喻品的"火宅"中似有世俗乐（舞）伎奏乐起舞的场景，但由于壁画漫漶，无法确认[图3]。

- 主室窟顶四披垂幔下端绘铃。垂幔与千佛之间五代绘飞天，现存十一身。

  西披，部分壁面崩毁，存飞天乐伎两身，分别演奏琵琶和横笛[图4]。

  南披，部分壁面崩毁，存飞天三身，其中一身持鲜花供养，一身为飞天乐伎，演奏竖箜篌。另外一身仅存半身，不明[图5]。

  北披，绘飞天乐伎三身，演奏乐器由西至东依次为筝、铜钹、排箫[图6]。

东披，绘飞天三身，其中一身持鲜花供养，另外两身飞天乐伎分别演奏腰鼓和笙[图7]。

● 南壁中部五代绘《千手千眼观音经变》一铺[图8]，其中主尊观音手持法器中包含宝螺、金刚铃[图9]。

● 西部五代绘《药师经变》一铺[图10]，经变画右侧壁面脱落严重。主尊说法场景前水池廊台绘六身一组菩萨伎乐乐队和一身舞伎，乐舞组合形式为"3+1+3"[图11]。

左侧菩萨乐伎由内而外演奏乐器依次为拍板、横笛、竽篪；右侧由内而外分别演奏拍板、排箫、琵琶；中间一身舞伎空手起舞（按姿态判断，舞伎腰部应有腰鼓，但经变画中未见）[图11]。

下部水池廊台绘迦陵频伽乐伎一身，演奏琵琶。

● 东壁门南侧五代绘《文殊变》一铺，其中绘七身一组菩萨伎乐乐队，菩萨乐伎自上而下演奏乐器依次为铜钹、拍板、横笛、竽篪、排箫、琵琶（持拨拨奏）、竖箜篌[图12、13]。

● 东壁门北侧五代绘《普贤变》，其中绘六身一组菩萨伎乐乐队，菩萨乐伎自上而下演奏乐器依次为铜钹、笙、拍板、琵琶（持拨拨奏）、竽篪、横笛[图14、15]。

［图1］
前室西壁北部供养人

［图2］
前室南壁《毗沙门天王》中的迦陵频伽

[图3]
前室东壁门南侧法华经变

榆林窟壁画乐舞图像研究

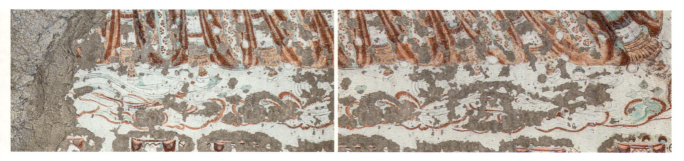

［图4］
主室窟顶西披垂幔及飞天乐伎

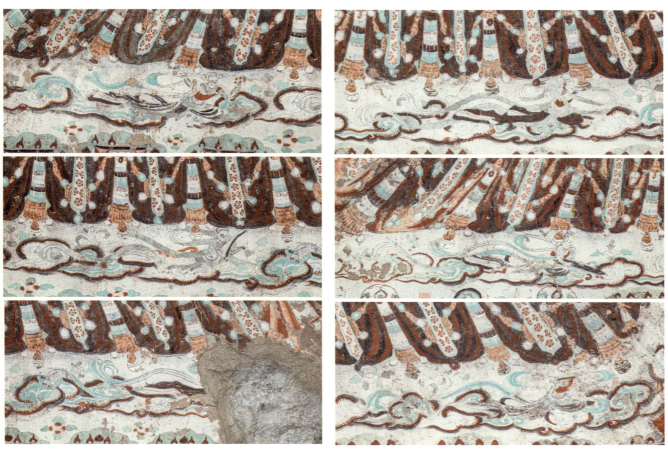

［图5］
主室窟顶南披垂幔及飞天、飞天乐伎

［图6］
主室窟顶北披垂幔及飞天乐伎

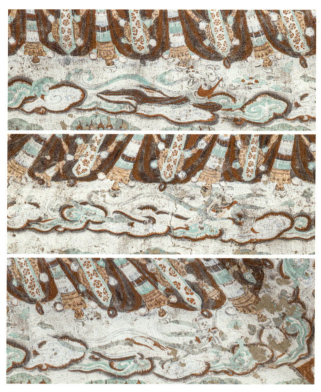

[图7]
主室窟顶东披的飞天及飞天乐伎

[图8]
主室南壁中部《千手千眼观音》

[图9]
主室南壁中部《千手千眼观音》中的宝螺、金刚铃

[图 10]
主室南壁西部《药师经变》

[图 11]
主室南壁西部《药师经变》
乐舞组合

[图12]
主室东壁门南
侧《文殊变》

[图13]
主室东壁门南侧
《文殊变》中的菩
萨伎乐乐队

[图14]
主室东壁门北
侧《普贤变》

第 38 窟

位置：西侧崖面第二层

方向：东偏北 15°

时代：唐代（五代、清代重修）

窟形：前室一面披形顶，主室覆斗形顶，设中心佛坛。

内容：

- 前室四壁上沿垂幔下端绘铃。

- 主室窟顶四披垂幔堆塑铃。垂幔与千佛之间五代绘十六身飞天乐伎。

  西披，绘飞天乐伎四身，乐伎由南至北演奏乐器依次为横笛、排箫、拍板、笙[图1]。

  南披，绘飞天乐伎四身，乐伎由东向西演奏乐器依次为铜钹、筝、竿篥、琵琶[图2]。

  北披，绘飞天乐伎四身，乐伎由西向东演奏乐器依次为扁鼓（持双槌）、琵琶（持椴拨奏）、竖箜篌、铜钹[图3]。

  东披，绘飞天乐伎四身，乐伎由北至南演奏乐器依次为竿篥、腰鼓、拍板、横笛[图4]。

  四壁上沿垂幔下端绘铃。

- 西壁，五代通壁绘《弥勒经变》一铺[图5]。右侧屏风画最下端《嫁娶图》中绘世俗男性舞伎一身，长袖起舞[图6]。

[图1]
主室窟顶西披垂幔及飞天乐伎

[图2]
主室窟顶南披垂幔及飞天乐伎

● 　南壁西部五代绘《思益梵天所问经变》一铺，壁面漫漶严重，主尊说法场景前绘

六身一组菩萨伎乐乐队和一身舞伎，乐舞组合形式为"3+1+3"[图7]。

左侧菩萨乐伎由内而外演奏乐器依次为拍板、竽篥、筝。右侧由内而外分别演

奏笙、横笛、扁鼓（双槌）。中间一身舞伎拍击腰鼓起舞[图8]。

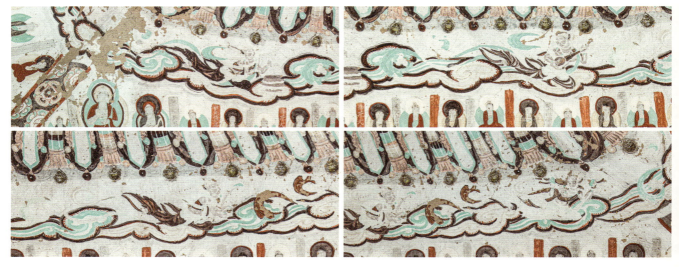

[图3]
主室窟顶北披垂幔及飞天乐伎

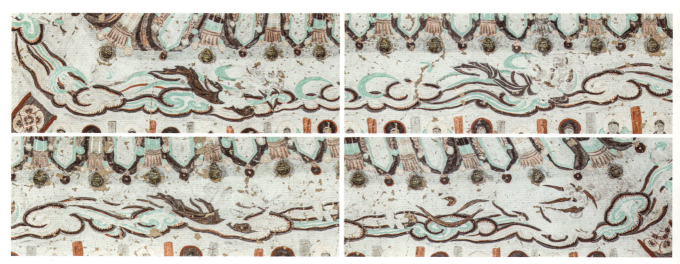

[图4]
主室窟顶东披垂幔及飞天乐伎

● 南壁中部五代绘《药师经变》一铺[图9]，壁面漫漶严重，上部绘不鼓自鸣乐器
四件，从左至右依次为竽篥、横笛、腰鼓、拍板[图10]。中部水池廊台绘六身一组菩
萨伎乐乐队和一身舞伎，乐舞组合形式为"3+1+3"。

左侧菩萨乐伎由内而外演奏乐器依次为不明、筝、竽篥；右侧由内而外分别演
奏拍板、贝、笙；中间一身舞伎反弹琵琶起舞[图11]。

左、右菩萨乐伎下方绘化生，存完整两身。

[图5]
主室西壁《弥勒经变》

[图6]
主室西壁《弥勒经变》中的世俗舞伎

[图7]
主室南壁西部
《思益梵天问
经变》

[图8]
主室南壁西部
《思益梵天所问
经变》乐舞组合

[图9]
主室南壁中部《药师经变》

[图10]
主室南壁中部《药师经变》
中的不鼓自鸣乐器

[图11]
主室南壁中部《药师经变》乐舞组合

● 南壁东部五代绘《密教说法图》一铺[图12]，主尊说法场景前水池右侧供养菩萨
手持宝螺，水池正中绘化生两身，水池下方右侧供养菩萨演奏琵琶[图13]。

● 北壁中部五代绘《观无量寿经变》一铺[图14]，主体宫殿右侧廊庑顶部有一圆形
顶攒尖式钟楼，内悬一钟[图15]。

主尊说法场景前水池廊台绘六身一组菩萨伎乐乐队和一身舞伎，乐舞组合形式
为"3+1+3"。

左侧菩萨乐伎由内而外演奏乐器依次为拍板、琵琶（持槟拨奏）、横笛。右侧由
内而外分别演奏笙、贝、筚篥。中间一身舞伎拍击腰鼓起舞[图16]。

下部水池廊台绘迦陵频伽乐伎三身，上方一身为共命鸟，疑似起舞。下方左一
身演奏琵琶，右侧演奏拍板[图17]。

● 北壁东部五代绘《密教说法图》一铺[图18]，主尊说法场景前水池右侧供养菩萨
手持宝螺，水池正中绘化生两身[图19]。

［图12］
主室南壁东部《密教说
法图》

［图13］
主室南壁东部《密教说
法图》中的供养菩萨

[图14]

主室北壁中部《观无量寿经变》

[图15]
主室北壁中部《观无量寿经变》中的钟楼

[图16]
主室北壁中部《观无量寿经变》乐舞组合

[图17]
主室北壁中部《观无量寿经变》中的迦陵频伽乐伎

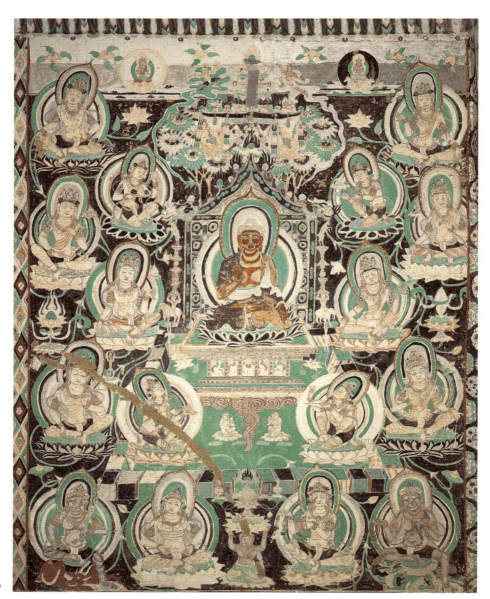

[图18]
主室北壁东部
《密教说法图》

[图19]
主室北壁东部
《密教说法图》
中的供养菩萨
和化生童子

第 39 窟

位置： 西侧崖面第二层

方向： 东偏北 20°

时代： 唐代（回鹘、元、清代及近期重修）

窟形： 前室一面披形顶，主室四面斜披形顶，设中心柱。

内容：

- 前室甬道南壁上部回鹘绘飞天乐伎两身，体形硕大，东侧乐伎演奏横笛，西侧演奏拍板[图1]。

  前室甬道北壁上部回鹘绘飞天乐伎两身，体形硕大，西侧乐伎演奏筚篥，东侧乐伎演奏铜钹[图2]。

- 甬道南壁回鹘绘《千手观音经变》一铺，观音手持法器中包含宝螺[图3]。

- 甬道北壁回鹘绘《千手观音经变》一铺，观音手持法器中包含宝螺[图4]。

[图1]
前室甬道南壁上部的飞天乐伎

[图2]
前室甬道北壁上部的飞天乐伎

[图3]
甬道南壁《千手观音经变》及宝螺

[图4]
甬道北壁《千手观音经变》及宝螺

第 40 窟

位置： 西侧崖面第二层

方向： 东偏北 5°

时代： 五代（清代重修）

窟形： 前室一面披形顶，主室覆斗形顶。

内容：

● 前室北壁五代绘《北方天王》一铺，天王头光左侧绘化生乐（舞）伎四身，其中三身乐伎演奏乐器依次为横笛、筚篥、拍板，一身舞伎长袖起舞[图1]。

[图1]

前室北壁《北方天王》中的化生乐伎

Ⅱ

榆林窟壁画
乐舞图像

內容分类统计

STUDY ON MUSIC AND
DANCE IMAGES OF MURALS
IN YULIN GROTTOES

● 榆林窟壁画乐伎分类统计表

	菩萨乐伎（身）	飞天乐伎（身）	迦陵频伽乐伎（身）	化生乐伎（身）	世俗乐伎（身）
第 2 窟					
第 3 窟	24		4		
第 4 窟	1				
第 6 窟		5			
第 10 窟		9	2		
第 11 窟					
第 12 窟	30	12		2	
第 13 窟					
第 14 窟		5		1	
第 15 窟		6	2		6
第 16 窟	57	6		6	
第 17 窟					
第 19 窟	70	2			1
第 20 窟	1				
第 21 窟		7			
第 22 窟		5			
第 23 窟					
第 24 窟					
第 25 窟	8		3		
第 26 窟		3			
第 28 窟					
第 29 窟			1		
第 31 窟		1			
第 32 窟	12	4			1
第 33 窟	24	12			9
第 34 窟	68	5	2		1
第 35 窟	27		4		1
第 36 窟	19	8	1		1
第 38 窟	18	16	3		1
第 39 窟		4			
第 40 窟				3	
合　计	359	110	22	12	21

壶门乐伎（身）	密教乐伎（身）	法众乐伎（身）	天王（身）	魔女、魔众、雷公（身）	法器类乐器	不鼓自鸣乐器（件）
	4	11			15	28
			1（塑像）		6	
						7
						19
						8
						9
3						
						12
15						
						4
			1			
		2	2	5		2
		0	1			9
						3
	2					4
	1					
18	7	13	5	5	21	115

● **榆林窟壁画舞伎分类统计表**

	菩萨舞伎	化生舞伎	世俗舞伎	密教舞伎
第 2 窟				
第 3 窟	6		6	8
第 4 窟				20
第 6 窟				
第 10 窟				
第 11 窟				
第 12 窟	2	2		
第 13 窟				
第 14 窟				
第 15 窟				
第 16 窟	7			
第 17 窟				
第 19 窟	8			
第 20 窟				
第 21 窟				
第 22 窟				
第 23 窟				
第 24 窟				
第 25 窟	1			
第 26 窟				
第 28 窟				
第 29 窟				
第 31 窟				
第 32 窟				
第 33 窟	4	2	1	
第 34 窟	8			
第 35 窟	4			
第 36 窟	1			
第 38 窟	3	4	1	
第 39 窟				
第 40 窟		1		
合　计	44	9	8	28

● **榆林窟经变画乐舞组合统计表**

	经变画名称	洞窟位置	绘制时代	乐、舞伎数量	乐舞组合形式
第3窟	《观无量寿经变》	主室南壁中部	西夏	20	分为四组，一组为2+3（无舞伎）其余三组均为2+1+2
	《净土变》	主室北壁中部	西夏	21	分为四组，一组为3+3（无舞伎），其余三组均为2+1+2
第12窟	《药师经变》	主室南壁西部	五代	9	4+1+4
	《西方净土变》	主室北壁西部	五代	11	5+1+5
	《文殊变》	主室西壁门南侧	五代	6	（菩萨乐伎）
	《普贤变》	主室西壁门北侧	五代	6	（菩萨乐伎）
第16窟	《报恩经变》	主室南壁东部	五代	8	3+2+3
	《药师经变》	主室南壁西部	五代	19	乐舞组合Ⅰ：3+1+4，乐舞组合Ⅱ：5+1+5
	《天请问经变》	主室北壁东部	五代	15	7+1+7
	《西方净土变》	主室北壁西部	五代	10	4+2+4
	《文殊变》	主室西壁门南侧	五代	6	（菩萨乐伎）
	《普贤变》	主室西壁门北侧	五代	6	（菩萨乐伎）
	《劳度叉斗圣变》	主室东壁	五代	2	画面左绘外道击鼓，右绘比丘敲钟
第19窟	《天请问经变》	主室南壁东部	五代	16	7+2+7
	《西方净土变》	主室南壁西部	五代	27	乐舞组合Ⅰ：7+2+7，乐舞组合Ⅱ：5+1+5
	《报恩经变》	主室北壁东部	五代	4（残损）	（菩萨乐伎）
	《药师经变》	主室北壁西部	五代	21	乐舞组合Ⅰ：4+1+4，乐舞组合Ⅱ5+2+5
	《文殊变》	主室西壁门南侧	五代	3	（菩萨乐伎）
第19窟	《普贤变》	主室西壁门北侧	五代	6	（菩萨乐伎）
第25窟	《观无量寿经变》	主室南壁	唐代	10	4+1+1+4
第32窟	《劳度叉斗圣变》	主室南壁	五代	2	画面左绘比丘敲钟，右绘外道击鼓
	《维摩诘经变》	主室北壁	五代	1	（世俗乐伎）
	《文殊变》	主室东壁门南侧	五代	6	（菩萨乐伎）
	《普贤变》	主室东壁门北侧	五代	6	（菩萨乐伎）

	经变画名称	洞窟位置	绘制时代	乐、舞伎数量	乐舞组合形式
第33窟	《药师经变》	主室南壁东部	五代	10	4+2+4
	《西方净土变》	主室北壁东部	五代	18	乐舞组合Ⅰ：3+1+3，乐舞组合Ⅱ：5+1+5
第34窟	《思益梵天所问经变》	主室南壁西部	五代	11	5+1+5
	《药师经变》	主室南壁东部	五代	20	乐舞组合Ⅰ：4+1+5，乐舞组合Ⅱ：4+2+4
	《天请问经变》	主室北壁西部	五代	15	7+1+7
	《阿弥陀经变》	主室北壁东部	五代	19	乐舞组合Ⅰ：4+1+4，乐舞组合Ⅱ：4+2+4
	《文殊变》	主室东壁门南侧	五代	6	（菩萨乐伎）
	《普贤变》	主室东壁门北侧	五代	5	（菩萨乐伎）
第35窟	《观无量寿经变》	主室西壁	五代	20	7+2+7+4
	《文殊变》	主室北壁	五代	9	7+2
	《普贤变》	主室南壁	五代	4（残损）	（菩萨乐伎）
第36窟	《药师经变》	主室南壁西部	五代	7	3+1+3
	《文殊变》	主室东壁门南侧	五代	7	（菩萨乐伎）
	《普贤变》	主室东壁门北侧	五代	6	（菩萨乐伎）
第38窟	《思益梵天所问经变》	主室南壁西部	五代	7	3+1+3
	《药师经变》	主室南壁中部	五代	7	3+1+3
	《观无量寿经变》	主室北壁中部	五代	7	3+1+3

● 榆林窟壁画弦乐器分类统计表

	琵琶 ❶	阮咸	竖箜篌	嵇琴	筝	琴	凤首弯琴
第 2 窟							
第 3 窟	11	3	6	2	2	3	
第 4 窟							
第 6 窟	2		1		1		
第 10 窟	2			2	2		
第 11 窟							
第 12 窟	6	1	1		1		
第 13 窟							
第 14 窟							
第 15 窟	1						1
第 16 窟	8（舞具 2）	1	2		5	1	
第 17 窟							
第 19 窟	8（舞具 1）	3	5		7	1	
第 20 窟	2				1		
第 21 窟					1		1
第 22 窟			1		1		
第 23 窟							
第 24 窟							
第 25 窟	3						1
第 26 窟							
第 28 窟							
第 29 窟							
第 31 窟	1						
第 32 窟	3				1		
第 33 窟	10（舞具 1）		4		4	1	
第 34 窟	10（舞具 2）		5		3	1	
第 35 窟	7（舞具 1）		2		1	1	
第 36 窟	5		2		1	1	
第 38 窟	6（舞具 1）		1		3		
第 39 窟							
第 40 窟							
合　计	85	8	30	4	34	9	3

---

❶ 榆林窟壁画所绘琵琶主要包括曲项和直项两类，由于部分琵琶所在壁画漫漶以及部分壁画中所绘琵琶琴头部分未绘出、被遮挡等客观原因，一部分琵琶的形制无法确定，因此统一按"琵琶"归类统计，不再细化。石窟壁画所绘琵琶的详细情况，可参见《榆林窟壁画乐舞图像内容总录》部分。

	拍板	方响	铜钹	金刚铃	铃（乐器）	铃（装饰）	鼓
第 2 窟						√	
第 3 窟	10	2	5	2		√	
第 4 窟			1	5（泥塑 1）		√	
第 6 窟	2		1			√	
第 10 窟	2		3			√	
第 11 窟							
第 12 窟	9					√	
第 13 窟						√	
第 14 窟	1		1			√	
第 15 窟	3					√	
第 16 窟	14					√	1
第 17 窟						√	
第 19 窟	15	1	7		1	√	
第 20 窟	1		1				
第 21 窟			1			√	
第 22 窟						√	
第 23 窟							
第 24 窟						√	
第 25 窟	2						
第 26 窟						√	
第 28 窟						√	
第 29 窟					1	√	
第 31 窟						√	
第 32 窟	3					√	1
第 33 窟	12		4		1	√	2
第 34 窟	17	1	6	1		√	
第 35 窟	4		3				
第 36 窟	4		3	1		√	
第 38 窟	7		2			√	
第 39 窟	1		1				
第 40 窟	1						
合　计	108	4	39	9	3	24	4

磬	钟	羫鼓	鸡娄鼓	腰鼓	羯鼓	扁鼓	手鼓	桨鞭	阴阳板
	4	6		4		2			
				1					
		1		2			3		
1									1
				2（舞具1）					
		1				1			
		1				1			
	2	1	1	4（舞具2）	1				
	2			2	1			2	
		1		1		1			
				1					
									1
	1			2（舞具2）					
	1								
	1								
	1			4（舞具2）					
	2			6（舞具5）				3	
	1	1		1（舞具1）		1		1	
				1					
	1			4（舞具2）		2			
1	16	12	1	35	2	8	3	6	2

	笙	排箫	筚篥	横笛	凤头笛	埙	贝（宝螺或法螺）	铜角	尺八（竖笛）
第2窟									
第3窟	3	2				1	3		1
第4窟							1		
第6窟	1			1			1		1
第10窟	2	1		2	2		1	2	
第11窟				2					
第12窟	5	5	11	8					0
第13窟									
第14窟				1			1		
第15窟	1		1	2					
第16窟	9	7	16	13			1		
第17窟	1								
第19窟	4	7	11	10			1		
第20窟	1	1	1	1			2		
第21窟	1	1	1						
第22窟							1		
第23窟				1					
第24窟									
第25窟	1	2	2	1			1		1
第26窟			1						
第28窟							2		
第29窟		1							
第31窟									
第32窟	2	1	4	3					
第33窟	2	3	8	8					1
第34窟	6	7	15	12					
第35窟	3	2	6	2			4		
第36窟	2	3	3	4					
第38窟	4	1	6	5			4		
第39窟			1	1			2		
第40窟			1	1					
合　计	48	44	88	78	2	1	25	2	4

榆林窟壁画乐舞图像研究

RESEARCH ON THE IMAGES OF MUSIC AND DANCE
IN THE MURALS OF YULIN GROTTOES

Ⅲ 榆林窟壁画

乐舞图像研究

STUDY ON MUSIC AND
DANCE IMAGES OF MURALS
IN YULIN GROTTOES

第一章

榆林窟壁画乐舞
图像概述

OVERVIEW OF MUSIC AND DANCE
IMAGES OF MURALS IN YULIN GROTTOES

榆林窟又称万佛峡，位于甘肃省瓜州县（旧称安西县）县城西南约70公里处的踏实河两岸，是敦煌石窟中规模仅次于莫高窟的河西第二大石窟群落。榆林窟现存洞窟42个，分别位于踏实河东、西两侧崖面上，东侧崖面分为两层，上层有20个洞窟，下层有11个洞窟，共计31个洞窟，西侧崖面存11个洞窟[图1、2]。榆林窟壁画中保存有内容丰富的乐舞图像，它们分布在壁面的经变画、说法图、出行图以及表现世俗场景和装饰性的画面中，内容以乐器、乐伎和舞伎为主，形式主要包括乐器演奏、舞蹈和乐舞组合。

　　2017年6月18日，笔者关于榆林窟壁画乐舞图像的调查工作正式展开，调查工作持续近40天。通过调查，榆林窟现存绘有乐舞图像的洞窟共计31个，占榆林窟石窟总数的73.8%，足见乐舞图像在榆林窟营建中的重要和丰富程度。这些洞窟中，位于东侧崖面的包括第2、第3、第4、第6、第10、第11、第12、第13、第14、第15、第16、第17、第19、第20、第21、第22、第23、第24、第25、第26、

［图1］
榆林窟外景
（敦煌研究院供图）

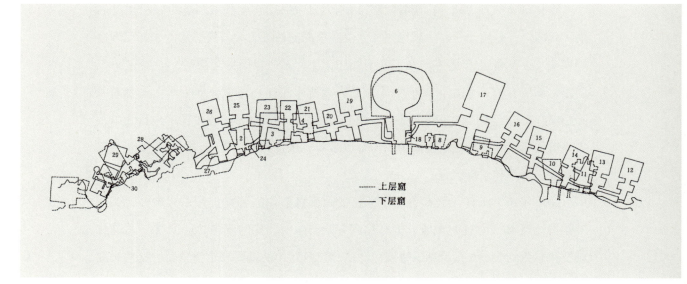

[图2]
榆林窟东崖平面图 **❶**

第28和第29窟；西侧崖面石窟有第31、第32、第33、第34、第35、第36、第38、第39和第40窟。以上洞窟按时代划分，包括唐代16个，分别为第6、第15、第17、第20、第21、第22、第23、第24、第25、第26、第28、第34、第35、第36、第38、第39窟；五代8个，分别为第12、第13、第16、第19、第31、第32、第33、第40窟；宋代1个，第14窟；西夏4个，分别为第2、第3、第10、第29窟；元代1个，第4窟；清代1个，第11窟。

需要说明的是，本书涉及榆林窟洞窟开凿、重修的时代信息均来自《安西榆林窟内容总录》。**❷**另外，为便于统计和阅读，上文提及的时代均为洞窟开凿时代，但某一洞窟自开凿始，其后历代对其多有重修，这是榆林窟普遍存在的现象，所以洞窟中所绘乐舞图像的时代和开凿时代并非一致，尽管也有一致的情况。具体每个洞窟开凿、重修以及乐舞所绘时代在《榆林窟壁画乐舞图像内容总录》中均有详细说明，在接下来的研究过程中也会具体涉及。

❶ 图像采自段文杰《榆林窟的壁画艺术》，敦煌研究院编《中国石窟·安西榆林窟》，北京：文物出版社，1989年，第162页。
❷ 霍熙亮整理《安西榆林窟内容总录》，敦煌研究院编《敦煌石窟内容总录》，北京：文物出版社，1996年，第204～222页。

第一节 ══════════════ 榆林窟壁画乐舞 图像分类

　　榆林窟壁画乐舞图像属于敦煌乐舞研究范畴，该观点笔者已在《解读敦煌乐舞——敦煌乐舞研究方法之讨论》一文中阐明，[1]因此敦煌乐舞图像的分类同样适用于榆林窟，但具体分类时需要充分考虑榆林窟壁画乐舞图像的特殊性。

一、乐伎

　　根据笔者调查结果，并结合《唐代莫高窟壁画音乐图像研究》[2]中对敦煌壁画乐舞图像的分类标准，榆林窟壁画乐舞图像主要包括乐与舞两大类。其中，乐主要由伎乐与天乐两部分组成。伎乐即壁画所绘佛教世界中产生的各种带有象征意义的音乐和世俗场景中的音乐，内容通常表现为乐伎演奏各类乐器，乐伎身份的不同决定了伎乐的属性，据此，榆林窟壁画乐伎主要包括菩萨乐伎、飞天乐伎、迦陵频伽乐伎、化生乐伎、壶门乐伎、密教乐伎和世俗乐伎，相应地，榆林窟壁画伎乐主要是菩萨伎乐、飞天伎乐、迦陵频伽伎乐、化生伎乐、壶门伎乐、密教伎乐和世俗伎乐。由于榆林窟现存密教类壁画数量不多，因此对该类壁画涉及的乐伎未做进一步划分，统一以密教乐伎和密教伎乐进行了统计。此外，榆林窟壁画所绘个别天王和魔女形象也以演奏乐器的姿态出现，但数量稀少，因而未列入伎乐分类之中。总体来看，榆林窟壁画乐伎中菩萨乐伎数量最多，飞天乐伎数量次之，这两类是榆林窟壁画乐舞图像中比重最大的部分，其中菩萨乐伎共有359身，飞天乐伎110身。

---

[1] 朱晓峰《解读敦煌乐舞——敦煌乐舞研究方法之讨论》，《艺术评论》2020年第1期，第54~67页。
[2] 朱晓峰《唐代莫高窟壁画音乐图像研究》，兰州：甘肃教育出版社，2020年，第27~51页。

天乐，通常绘于经变画上端象征佛国世界天际的位置或窟顶四披下沿，以乐器悬处虚空，器身缠绕飘带为外观特征，不鼓自鸣则是天乐的本质特征。天乐是敦煌乐舞中极具特色的一类图像，《佛说观无量寿佛经》载：

> 楼阁千万，百宝合成。于台两边，各有百亿华幢，无量乐器，以为庄严。八种清风，从光明出，鼓此乐器，演说苦空无常无我之音……又有乐器，悬处虚空，如天宝幢，不鼓自鸣。❶

在榆林窟壁画中，天乐（不鼓自鸣乐器）图像数量较丰富，根据统计共有115件，而且在密教类经变画中也出现天乐图像，如榆林窟第3窟东壁南部西夏绘《五十一面千手千眼观音经变》一铺，其中不鼓自鸣乐器26件，这是莫高窟及其他石窟中鲜见的。关于伎乐与乐伎的区别，各类乐伎和不鼓自鸣乐器名称、源流的考证以及在壁画中的具体特征，在《唐代莫高窟壁画音乐图像研究》一书中已有深入探讨，本书不再重复。❷

二、舞伎

敦煌壁画中乐舞通常是以组合形式出现在壁画同一画面或同一场景中，榆林窟也不例外，因此舞伎的分类主要依据乐伎类别划分。据此，榆林窟壁画舞伎主要划分为菩萨舞伎、迦陵频伽舞伎、化生舞伎、密教舞伎和世俗舞伎，其中菩萨舞伎和密教舞伎数量较多，分别为44身和28身。这些舞伎在壁画中或手持长巾、或腰部固定充当舞具的腰鼓起舞，另有部分密教舞伎手持金刚铃或长剑等法器起舞。

图3所示就是榆林窟壁画乐舞图像的基本分类和乐舞图像类别间的从属关系。壁画中乐舞的构成关系基本为佛教与现实的结合，即以佛教中的各种形象来演奏现实的乐器或表演现实的舞姿（持现实的舞具），正因为其中包含了古代现实乐舞的因素，才使该研究变得有据可查、有据可依。但就壁画乐舞的功能性而言，大部分壁画乐舞的佛教功能应该是第一位的，不论是乐伎、舞伎还是不鼓自鸣乐器，在壁画中出现主要是为了表现对佛国世界的装饰、对佛的供养、对佛法的赞颂或者对佛

---

❶ 大藏经学术用语研究会编《大正新修大藏经》第十二册，台北：新文丰出版公司影印，1992年，第341～342页。
❷ 参见朱晓峰《唐代莫高窟壁画音乐图像研究》，兰州：甘肃教育出版社，2020年，第27～51页。

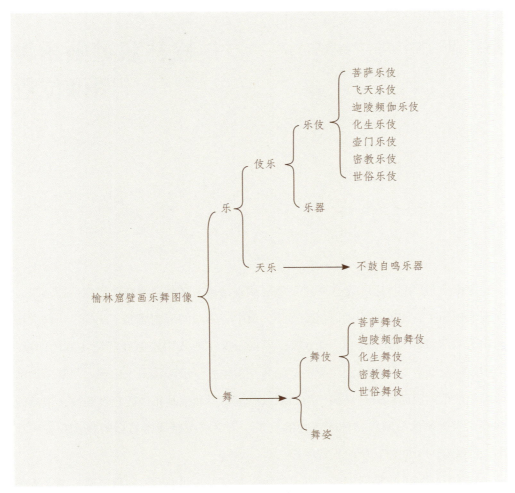

［图3］
榆林窟壁画乐舞图像分类示意图
（笔者绘）

理的阐释和宣扬。除此之外，少数乐舞如世俗乐、舞伎在壁画中的功能较为复杂：如果在壁画中作为供养人出现，那么其功能依然是对佛以及佛法的供养；如果结合经变画出现，则属于对特定主题的表达，如《法华经变》譬喻品的"火宅"和《维摩诘经变》方便品的"酒肆"中的奏乐与起舞是对世俗生活的象征，《报恩经变》恶友品中善友太子弹筝是为了深化善恶扬弃的主题。但无论如何，世俗乐、舞伎的形式终归是现实乐舞活动的反映，其中包含的现实性成分是研究中需要着重注意的。

　　根据《安西榆林窟内容总录》❶及笔者调查结果，榆林窟洞窟前室窟形通常以一
面披形顶为主，主室窟形则以覆斗形顶，设中心佛坛的形制居多，此外，一些大型
洞窟为穹隆形顶，如第3窟、第6窟。乐舞图像主要集中绘制在洞窟主室的四壁、
窟顶四披及其下沿位置，洞窟前室壁面和室顶也有少量乐舞图像出现。尽管乐舞图
像对于整个洞窟而言只是局部，但如果以洞窟窟形和壁画布局的角度观察，依然能
够看到乐舞图像与洞窟整体间存在的关系。下文将按照通常石窟的观览和表述顺
序，依次罗列不同位置所绘乐舞图像。

　　榆林窟洞窟前室塌毁较多，以现存状况而言，一面披形顶的顶部通常绘飞天乐
伎，东壁或西壁的《梵天赴会》《帝释天赴会》中出现的乐舞图像主要以菩萨乐伎
和化生乐、舞伎为主，如第12窟、第16窟等。

　　覆斗形顶主室窟顶四披主要绘飞天乐伎或不鼓自鸣乐器，而且在四披下沿或四
壁上沿的垂幔下端大多绘制或堆塑铃，这是榆林窟壁画乐舞图像较为显著的特点。

　　正壁（东壁或西壁）❷通常安置佛、弟子及菩萨的塑像组合，壁面主要位置绘制
配合塑像的华盖等图像，因此正壁所绘乐舞图像数量不多，仅有个别洞窟在正壁下
部壶门内绘壶门乐伎或具供养性质的乐器，如第20窟、第34窟。

　　两侧壁（南、北壁）主要绘制各类经变画，经变画正是乐舞图像集中出现的部
分。经变画上端象征佛国世界天际的位置通常有天乐（不鼓自鸣乐器）入画，经变
画中心部分主尊说法场景前方的平台主要是菩萨乐伎、菩萨舞伎和迦陵频伽乐伎出

---

❶ 霍熙亮整理《安西榆林窟内容总录》，敦煌研究院编《敦煌石窟内容总录》，北京：文物出版社，1996年，第204～222页。
❷ 根据前述，榆林窟石窟分布在踏实河东、西两侧崖面上，因此位于东侧崖面石窟的正壁为东向，西侧崖面石窟的正壁为西向。

现的区域，有时迦陵频伽乐伎也会在主尊说法场景的两侧区域出现，而部分化生乐伎、化生舞伎也会在主尊说法场景前的七宝莲池内出现。

主室壁门（西壁或东壁）两侧通常绘制《文殊变》与《普贤变》对应，而其中基本绘有由菩萨乐伎组成的菩萨伎乐乐队。此外，部分洞窟甬道南、北两侧也绘有少量飞天乐伎或世俗乐舞伎，如第15窟前室甬道、第39窟前室甬道等。

由此，可以看到乐舞图像按照不同的类型特点与不同位置、不同内容的壁画结合并形成一定的模式，如飞天乐伎和不鼓自鸣乐器一般出现在窟顶和经变画上端，以此表示翱翔天际，播撒妙音；菩萨乐伎、菩萨舞伎通常在经变画佛身前的平台上出现，与现实乐舞表演有固定区域或舞台的惯例相暗合；《文殊变》与《普贤变》表现的场景多有出行含义，其中所绘菩萨乐伎往往呈站立或行进演奏的姿态。可见，乐舞图像基本遍布石窟的各个位置，正如《佛说观无量寿经》所言"无量乐器，以为庄严。无量诸天，作天伎乐"。❶同时，也说明乐舞图像与石窟之间的相互作用"乐舞图像来自石窟，它是石窟功能的反映；石窟涵盖乐舞图像，它决定乐舞图像的性质"。❷

❶ 大藏经学术用语研究会编《大正新修大藏经》第十二册，台北：新文丰出版公司影印，1992年，第341~342页。
❷ 朱晓峰《唐代莫高窟壁画音乐图像研究》，兰州：甘肃教育出版社，2020年，第467页。

第三节 ══════════════ 榆林窟壁画
乐器分类

　　乐器是敦煌乐舞中重要的内容，可以说，乐器在壁画中的出现直接决定了乐舞
图像的属性。从图像辨识角度讲，乐器也是乐舞图像最为直观的特点，而且乐器图
像为研究古代乐器外观、材质、形制的变化以及古代乐队编制、乐器组合提供了第
一手资料，因此对乐器图像的分类是敦煌乐舞研究的重点。关于敦煌壁画乐器分
类，笔者在《唐代莫高窟壁画音乐图像研究》一书中根据前人不同的分类方式进行
对比分析，最终选择民族乐器传统的乐器性能分类法。[1]据此，将榆林窟壁画乐器
分为吹奏乐器、拉弦乐器、弹拨乐器和打击乐器。

　　如果以敦煌乐舞类别作为划分标准，壁画中的乐器可以分为不鼓自鸣乐器、乐
伎演奏类乐器、法器类乐器、装饰类乐器和舞具类乐器。法器，通常是佛、道教举
行宗教典礼、日常课颂和法事活动所用装饰用具、供奉用具、修行用具等，其中包
括钟、鼓、铙、钹等乐器。[2]舞具，即舞蹈道具。在榆林窟壁画中有一部分舞伎是
手持或身挂乐器起舞的，典型形象有反弹琵琶和手击腰鼓两种，其中出现的乐器就
属于舞具类乐器。以上两种分类方式，前者以壁画为基础，后者则将音乐作为视
角。本书将采用两种划分并用的方式，在考察乐器与石窟、壁画间关系时，将采用
乐器性能分类；涉及具体的单件乐器考证时，则按照敦煌乐舞划分法逐类进行。

　　本节主要以按照乐器性能分类对榆林窟壁画乐器进行概述。

---

[1] 朱晓峰《唐代莫高窟壁画音乐图像研究》，兰州：甘肃教育出版社，2020年，第52～57页。
[2] 参见任继愈主编《佛教大辞典》，南京：江苏古籍出版社，2002年，第849页；薛艺兵《中国体鸣乐器纵论（下）》，《中央音乐学
院学报》1997年第4期，第59页。

根据调查统计，榆林窟壁画乐器图像类型和数量较丰富，吹奏乐器、拉弦乐器、弹拨乐器和打击乐器均在壁画中出现，其中吹奏乐器九种292件，拉弦乐器嵇琴仅有4件，弹拨乐器七种173件，打击乐器十六种277件，共计三十三种746件。客观地讲，以上数据只是本书在调查基础上得出的统计结果，并不能反映榆林窟乐舞图像全部的信息，但可以肯定的是，历史上乐舞图像的实际数量应远大于该统计结果。各类所包含的具体乐器如表1所示。

表1　榆林窟壁画乐器图像性能分类统计表

分类	乐器名称
吹奏乐器	笙、排箫、筚篥、横笛、凤头笛、埙、贝、角、尺八（竖笛）
拉弦乐器	嵇琴
弹拨乐器	直颈琵琶、曲项琵琶、阮咸、竖箜篌、凤首弯琴、筝、琴
打击乐器	拍板、方响、铜钹、金刚铃、铃、钟、鼗鼓、鸡娄鼓、腰鼓、羯鼓、扁鼓、手鼓、槃鞞、鼓、阴阳板

需要说明的是，在吹奏乐器中，凤头笛在敦煌壁画中数量稀少且较为特殊，榆林窟仅出现两件，分别为不鼓自鸣乐器和飞天乐伎演奏乐器，均绘于第10窟主室窟顶。

贝在榆林窟显教类经变画中，均由菩萨乐伎演奏，因此具有明确的乐器属性，本书按文献记载称为"贝"，如《通典》卷一百四十四"乐四·八音之外又有三"载：

"贝，大蠡也。容可数升，并吹之以节乐，亦出南蛮。"❶

在密教类壁画中贝以手印或法器类乐器的形式出现，根据密教经典，在手印中通常作"宝螺"❷讲，如《千手千眼观世音菩萨广大圆满无碍大悲心陀罗尼经》曰"若为召呼一切诸天善神者，当于宝螺手"❸；如果作为法器类乐器出现，则多称为"法螺"，如《金刚顶瑜伽中略出念诵经》卷四云"当吹无上法螺，令大法声遍一切

---

❶ 杜佑撰，王文锦等点校《通典》，北京：中华书局，1988年，第3683页。
❷ 关于密教手印中的宝螺，本书将在后文第3窟主室东壁南部《五十一面千手观音经变》中做详细讨论。
❸ 大藏经学术用语研究会编《大正新修大藏经》第二十册，台北：新文丰出版公司影印，1992年，第111页。

处，不应于此法中而生疑怖"[1]。本书将根据此器所在壁画的题材对其使用不同的名称，但统一按"贝"进行乐器统计。

拉弦乐器嵇琴在榆林窟壁画中共有四件，其中三件为不鼓自鸣乐器形式，一件由飞天乐伎演奏。弹拨乐器中较为特殊的乐器为凤首弯琴，在第15、第21和第25窟中各绘有一件，由飞天乐伎或迦陵频伽乐伎演奏。

打击乐器中，扁鼓、鞔鞭都是较为罕见的乐器。第16窟和第32窟《劳度叉斗圣变》中绘有外道所击的鼓，属法器类乐器，其在方形鼓架上悬挂式固定，由于其形制较为特殊，故单独分类。阴阳板同样属法器类乐器，在第11和23窟窟顶出现，由道教人物曹国舅手持。铃在榆林窟壁画中数量较多，可以分为三类：作为法器的铃，如第3、第4、第19和第34窟密教图像或壶门内所见；作为乐器的铃，如第33窟主室窟顶西披由飞天乐伎手持演奏。相对而言，作为石窟装饰的铃在榆林窟壁画数量最多，通常以绘制或堆塑方式垂于石窟四壁上端或四披下沿的垂幔下端。由于榆林窟铃的数量较多，而且石窟壁面上铃所在位置均有不同程度的塌毁或漫漶，因此对于铃具体数量未做进一步统计，只是将铃作为装饰的石窟进行了统计。经查，榆林窟此类洞窟共计23个，具体窟号可参考《榆林窟壁画打击乐器分类统计表》。

此外，在榆林窟经变画乐舞组合中，一部分舞伎手持琵琶或腰挂腰鼓起舞，这类乐器就是前述舞具类乐器，包括琵琶8件，腰鼓15件，这在具体研究中是需要与演奏类乐器进行区别对待的。对上述乐器的考证与对比，将在后文乐器涉及的具体石窟中一一研究。

[1] 大藏经学术用语研究会编《大正新修大藏经》第十八册，台北：新文丰出版公司影印，1992年，第252页。

第四节 ══════════ 榆林窟经变画乐舞图像

经变画是敦煌乐舞出现最为集中的一类壁画，乐舞类别主要包括不鼓自鸣乐器、菩萨乐伎和舞伎，而且经变画也是全面展现敦煌乐舞佛教功能的一类壁画。将乐舞图像绘入某一类经变画的目的，就是具体形象地表达与之对应的佛教思想。

一、经变画乐舞组合形式

根据调查，榆林窟绘有乐舞图像的经变画共计41铺，分布在11个洞窟之中，时代主要为唐、五代和西夏，其中五代时期有38铺，数量最多，西夏2铺，唐代1铺。经变画种类主要包括《西方净土变》《观无量寿经变》《阿弥陀经变》《药师经变》《报恩经变》《天请问经变》《思益梵天所问经变》《劳度叉斗圣变》《维摩诘经变》《文殊变》和《普贤变》，共计十一种。

上述经变画通常出现乐舞组合，既在主尊说法区域前部的乐舞场景中绘有菩萨乐伎于两侧奏乐、舞伎在中间起舞的形式，这可以视作以舞伎为轴的对称形式，所以本书统一用"A+B+A"的方式表示，其中A代表两侧菩萨乐伎数量，B表示舞伎数量。这样，一方面是为准确表达经变画乐舞场景中乐伎与舞伎的数量和规模，另一方面可以一目了然地判断乐伎与舞伎组合是否为对称形式。如某铺经变画乐舞组合形式为"4+2+4"，就意指左右两侧各四身共计八身菩萨乐伎和两身舞伎的组合。按照敦煌经变画通常的规律，两侧菩萨乐伎数量是相同的。但也有两侧乐伎数量不同的情况，如榆林窟第16窟主室南壁西部《药师经变》乐舞组合Ⅰ乐舞组合形式为"3+1+4"。当然，也有部分经变画乐舞组合为非对称形式，即主尊说法场景前一侧为菩萨乐伎，另一侧为舞伎，如《文殊变》和《普贤变》，那么这种方式可以用"A+B"表示，如第35窟主室北壁《文殊变》，其乐舞组合形式就是"7+2"，即七身菩萨乐伎和两身舞伎的组合。此外，部分经变画乐舞组合中还会出现迦陵频伽乐伎，同样地，迦陵频伽乐伎也需要表示在组合中，如榆林窟第25窟主室南壁《观无量寿经变》乐舞组合形式为"4+1+1+4"，其中后面的"1"就表示有一身迦陵频伽乐伎在舞伎一侧演奏乐器。

二、经变画乐舞功能

通常，敦煌经变画具有双重属性，一方面，经变画会按照其所依据的佛教经典内容绘制，这是辨识不同经变画最基本的依据；另一方面，不同经变画的内容布局存在一定的程式化因素，如构图通常为上、中、下三段式，主尊说法场景基本位于画面中心位置等。经变画乐舞图像来自经变画，因而也具有与此一致的属性。由于不同经变画所依据的佛教经典不同，其对于乐舞不同的解释就需要通过经变画加以表述，即不同经变画中的乐舞具有不同的功能，尽管这种功能的乐舞形式大多是相同的，如位于经变画上部的不鼓自鸣乐器，主尊说法场景前的乐舞组合等。具体而言，在《观无量寿经变》中，音乐不仅以"念佛、法、僧"的"妙音"装饰佛国世界，而且通过音乐来演说"苦、空、无常、无我"的佛法。在《药师经变》中，音乐不仅用以指代未来世界的美好，而且乐舞是作为对佛的供养出现的。到了《阿弥陀经变》，音乐又与佛法结合，使其具有"自然生念佛、念法、念僧之心"的功能。在《报恩经变》《思益梵天所问经变》中，乐舞的功能又被整合为对佛的赞颂、供养以及对佛教或佛法的装饰与渲染。此外，在《劳度叉斗圣变》中，钟、鼓一方面作为法器来表现佛教与外道的斗法，而且也以钟声、鼓声作为双方斗法回合胜负的标志。《维摩诘经变》中宴饮之乐的入画是世俗生活的象征，佛传故事画《降魔变》中的魔界天女又将音乐作为扰乱佛修持的工具。可见，不同经变画中，乐舞既有佛教的功能，同时又兼具现实功能。但总体来讲，这些功能又都建立在乐舞的本质属性之上，乐舞图像通过不同的表现形式出现在经变画中，使经变画能够丰富生动地展现其所营造的空间环境，并阐释其所要表达的中心思想。

小 结

　　本章内容为榆林窟壁画乐舞图像概述。通过榆林窟壁画中乐舞图像的分类、同
窟内位置、乐器分类以及经变画乐舞图像等四个方面阐述榆林窟壁画乐舞图像的基
本问题。尽管榆林窟壁画乐舞图像属敦煌乐舞的研究范畴，其总体特征与敦煌乐舞
是一致的，但同时也有其自成体系的特殊性。因此阐明榆林窟乐舞图像的基本问
题，对于接下来的系统研究具有基础性作用。

　　根据前期调查来看，榆林窟壁画乐舞图像较为丰富，有31个石窟壁画中绘有
各类乐舞图像，包括不鼓自鸣乐器、菩萨伎乐、飞天伎乐、迦陵频伽伎乐、化生伎
乐、壶门伎乐、密教伎乐和世俗伎乐。这些图像基本分布在石窟前室和主室的各个
位置，其中主室窟顶四披和两侧壁（南壁、北壁）是乐舞图像集中之处，而且乐舞
图像的内容、数量、排列组合形式也与整个石窟壁画内容的布局有着相辅相成的关
系（这将在后文研究部分中进行详细阐述）。对于榆林窟壁画中出现的乐器，本书
分别以敦煌乐舞类别和乐器性能进行了分类，目的是通过不同的分类标准来考察乐
器作为石窟图像和其本身所具有的涵义和功能，使研究过程可以兼顾石窟和乐器双
重属性。由于经变画乐舞图像在整个榆林窟壁画乐舞中数量最多，因此本章专辟一
节，并将经变画乐舞组合从形式和功能两方面加以梳理，确定乐舞组合的表述方式
和分析具代表性经变画乐舞的功能，以推进后续经变画乐舞研究的全面展开。在接
下来的章节中，本书将以时代为线索，以石窟为基础，对榆林窟壁画乐舞图像进行
深入具体地研究，以便在敦煌乐舞普遍性基础上总结出榆林窟壁画乐舞的总体特征
和基本规律。

唐代
榆林窟壁画乐舞图像

MUSIC AND DANCE IMAGES OF MURALS
IN YULIN GROTTOES IN THE TANG
DYNASTY

据文献记载，武德三年（620年）唐政府于敦煌置瓜州。武德五年（622年）改敦煌为西沙州，另在常乐县置瓜州。[1]天宝元年（742年），改瓜州为晋昌郡。乾元元年（757年）复为瓜州。天宝十四年（755年），安史之乱爆发，吐蕃北上占领陇右。大历十一年（776年），吐蕃攻陷瓜州，即围沙州。大中二年（848年），张议潮从吐蕃手中夺取瓜、沙二州。[2]吐蕃统治瓜州期间，唐代大乘佛教艺术继续在榆林窟发展，第15、25等窟是榆林窟唐代壁画艺术的代表作。[3]

根据《安西榆林窟内容总录》，[4]结合《榆林窟壁画乐舞图像内容总录》调查结果，由唐代开凿且包含乐舞图像石窟共计16个，包括第6、第15、第17、第20、第21、第22、第23、第24、第25、第26、第28、第34、第35、第36、第38和第39窟，但诚如本书之前提及，这些洞窟尽管为唐代开凿，但其中大部分乐舞图像都是后代重修时所绘，时代主要集中在五代和宋代。当然，其中也不排除后代重绘直接利用唐代乐舞图像的可能，此问题将在后文五代和宋代乐舞图像研究专题中深入讨论。正因如此，榆林窟唐代乐舞图像可能存在完整性缺失的问题——少量洞窟中部分乐舞图像不足以支撑对整个榆林窟唐代乐舞特征的纵览和概括。通过对比和甄别，目前完整保存唐代乐舞图像且开凿时代也是唐代的洞窟仅有第15窟和第25窟，乐舞图像包括飞天伎乐、世俗伎乐、菩萨伎乐及舞伎，所以本章不仅需要归纳榆林窟唐代现存乐舞的特征，而且需要结合榆林窟唐以后的乐舞图像以及莫高窟等其他石窟同时期乐舞图像的规律来重构榆林窟唐代乐舞，从学术和现实角度来看，后者的意义和作用可能更加突出和重要。

[1] 参见《旧唐书》卷四十《志第二十·地理三》，"河西道"，（后晋）刘昫《旧唐书》，北京：中华书局，1975年，第1642-1644页。
[2] S.6161+S.3329+S.6973+P.2762+S.11564《敕河西节度兵部尚书张公德政之碑》记载："敦煌、晋昌，收复已讫，时当大中二载。"S.788《沙州图经》记载寿昌县"建中初陷吐蕃，大中二年张议潮收复。"参见郑炳林、郑怡楠辑释《敦煌碑铭赞辑释》（增订本），上海：上海古籍出版社，2019年，第155、173页。
[3] 段文杰《榆林窟的壁画艺术》，敦煌研究院编《中国石窟·安西榆林窟》，北京：文物出版社，1989年，第162页。
[4] 霍熙亮整理《安西榆林窟内容总录》，敦煌研究院编《敦煌石窟内容总录》，北京：文物出版社，1996年，第204~22?页。

第一节　　榆林窟第 15 窟乐舞图像

一、洞窟基本情况

榆林窟第 15 窟位于窟区东侧崖面南段第一层，南、北侧分别与第 14、第 16 窟毗邻。洞窟由前室甬道、前室、主室甬道和主室构成，前室形制一面披顶，主室为覆斗形顶，设中心佛坛，上有清代重塑的七身一铺塑像。洞窟开凿于中唐时期，前室保留了部分唐代壁画，如东壁门南、北所绘菩萨、天王图像，南、北壁的天王图像以及西壁门南、北的《普贤变》和《文殊变》。主室甬道顶由西夏重修为盝形顶并绘火焰宝珠，南、北壁西夏绘折枝花卉图案。主室窟顶及四壁大部分由宋代重绘，包括窟顶四披的边饰垂幔，东壁的佛、弟子和赴会菩萨，南、北壁所绘赴会菩萨和壸门供宝以及西壁门南、北的《文殊变》和《普贤变》。具体内容及布局如图 1、2 所示。

该窟唐代壁画主要集中在前室甬道南、北壁和前室窟顶及北壁，相应地，唐代乐舞图像也出现在这些位置。具体包括：

前室甬道，北壁西部和南壁西部唐代各绘世俗乐伎三身，共计六身。

前室，顶部唐代绘飞天乐伎两身，北一身演奏凤首弯琴，南一身演奏横笛。

前室，北壁唐代绘《天王像》一铺，天王头光两侧绘两身迦陵频伽乐伎，左侧一身演奏拍板，右侧一身演奏横笛。

除上述外，主室四壁上部垂幔下端宋代绘铃，窟顶四披下沿宋代绘飞天乐伎四身，具体内容参见《榆林窟壁画乐舞图像内容总录》部分。由于这些图像为宋代重绘，故本章内不做讨论。以下将按石窟位置对唐代乐舞图像进行分析与考证。

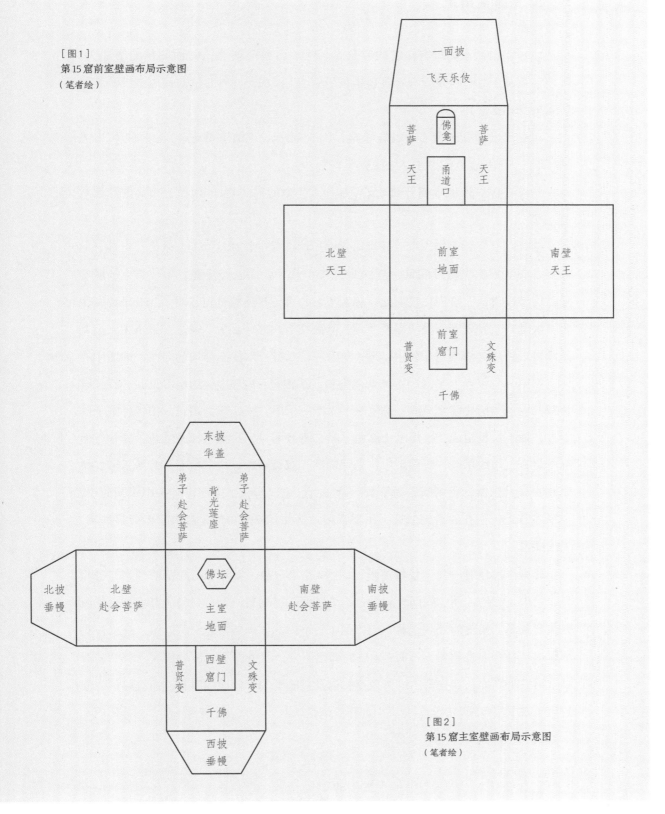

[图1]
第15窟前室壁画布局示意图
（笔者绘）

一面披
飞天乐伎

菩萨
天王

佛龛

菩萨
天王

甬道口

北壁
天王

前室
地面

南壁
天王

普贤变

前室
窟门

文殊变

千佛

东披
华盖

弟子
赴会菩萨

背光莲座

弟子
赴会菩萨

北披
垂幔

北壁
赴会菩萨

佛坛

南壁
赴会菩萨

南披
垂幔

主室
地面

普贤变

西壁
窟门

文殊变

千佛

西披
垂幔

[图2]
第15窟主室壁画布局示意图
（笔者绘）

二、前室甬道

1996年出版《安西榆林窟内容总录》对第15窟前室甬道壁面图像的描述为："（前室甬道）南壁西侧唐画吐蕃装男伎乐三身（漫漶）……北壁西侧唐画吐蕃装男伎乐三身（漫漶）。"[1]

1995年出版张伯元《安西榆林窟》中的说法是："前室甬道 北壁 西侧 供养人（模糊）……南壁 西侧 供养人（模糊）"。[2]

另外，1997年出版胡开儒《安西榆林窟》中的描述是："南壁：吐蕃供养像六身"。[3]

结合以上三种著作，可以得出对壁面所绘图像的认识应该是：乐伎，男性，共六身，而且根据出版时间看，至20世纪末，此处壁面已经漫漶，乐伎装束、所奏乐器均难以辨认。事实也是如此，笔者于2017年6月赴榆林窟，对于此处乐舞图像曾多次勘察，发现壁面漫漶程度严重，画面细节大部分丢失。通过仔细辨识，南壁西部可以清楚分辨两身乐伎，即图3左第一、二身，乐伎面部均朝向西，即图中右向。左第一身仅存上半身，着绛紫色袍衫，系腰带；头部位置约略可见眼、唇及幞头脚，但应为后代随意补画；乐伎双手捧持一乐器，按外形为拍板，拍板外观上圆下方，由五块板组成，整体呈土红色。第二身较明显，身形呈浅土红色，脖颈、面部由赭石色勾线晕染，头部束巾，右耳饰珰，双目圆睁，口部吹奏一管状乐器，按乐器吹口及乐器管径判断，为筚篥。第三身已难以辨认，上部仅有头巾于画面中，与第二身乐伎平齐的右侧似有一乐器音箱，从外观判断可能是琵琶，但只是推测，无法断言。

北壁西部仅有一身乐伎较清晰，即图4左第一身，其外形与南壁西部第二身相类，束巾，饰珰，面、胸部呈赭石色，乐伎面部左侧有一乐器，呈土红色，根据所处位置及高低错落的外观来看，应该是笙管，因此该乐器可能为笙。第二身乐伎头部戴巾，是否演奏乐器，不明；乐伎面部已不存，但壁面上有被后代随意刻画的双眼。第三身同样只能分辨出绛紫色袍衫以及被随意刻于壁面的眼睛，而且后刻的眼睛给人以乐伎面部朝南的错觉，但原作应该是朝西；至于是否演奏乐器，同样不明。

---

[1] 霍熙亮整理《安西榆林窟内容总录》，敦煌研究院编《敦煌石窟内容总录》，北京：文物出版社，1996年，第208页。
[2] 张伯元《安西榆林窟》，成都：四川教育出版社，1995年，第113页。
[3] 胡开儒《安西榆林窟》，乌鲁木齐：新疆大学出版社，1997年，第23页。

[图3]
第15窟前室甬道南壁西部
（敦煌研究院供图）

[图4]
第15窟前室甬道北壁西部
（敦煌研究院供图）

　　以上为前室甬道壁面伎乐图像真实状况，此处所绘人像共六身，其中能够辨别三身在演奏乐器，分别为拍板、竽篥和笙，另外一身似演奏琵琶（存疑）。按照敦煌石窟乐舞图像绘制的对称规律，剩余两身也应该同为演奏乐器的乐伎，只是目前已无法确认。根据乐伎所着服饰分析，南、北两侧似乎也遵循了对称关系，六身乐伎均面向石窟西侧即前室甬道口，图3左一与图4左三两身同样为绛紫色袍衫，图3左二与图4左二，图3左三与图4左三四身均束头巾。沙武田推测着袍衫的两身乐伎为唐装乐伎，另外四身为吐蕃装乐伎。❶当是。这也就意味着乐伎图像为洞窟最初营建时即中唐吐蕃占领时期所绘。同时，根据上引各著作的描述以及实地观察，六身乐伎以奏乐姿态出现在壁面上，除此之外看不到其他壁画内容，只能根据现存

❶ 参见沙武田《瓜州榆林窟第15窟吐蕃装唐装组合供养伎乐考》，四川大学中国藏学研究所编《藏学学刊》第18辑，北京．中国藏学出版社，2018年，第5页。

状况将其划入敦煌石窟壁画乐伎分类中的世俗乐伎范畴。绘制乐伎的初衷不论表现出行、迎接还是仪仗的目的，应该均属于现实音乐活动的反映。

关于乐伎的具体身份，沙武田排除了其为供养人的可能。●事实上，一旦确定此处所绘为乐伎，那其非供养人的身份应该是显而易见。因为在敦煌现存石窟中，既未发现甬道两侧壁所绘供养人有演奏乐器的现象，也无世俗乐伎作为石窟供养人出现的先例，目前在榆林窟部分洞窟前室、主室甬道，前室壁门绘有侍女抱琴的图像但均未演奏。当然，此处所谓"供养人"的概念，应该是狭义的供养人，即专指出资造窟的功德主及其家族成员。❷从广义上讲，凡以修持方式、仪轨、音乐、舞蹈、供养物等供给奉献佛教诸尊的施主，皆可称为供养人。❸因此，壁画中的六身乐伎尽管不是石窟语境下的供养人，但也不妨碍其具有的供养功能。正如本书之前谈到的：乐舞图像来自石窟，它是石窟功能的反映，而且以音乐作为供养也是佛教的惯例。这在诸多佛教经典中皆有提及，如《妙法莲华经》规定音乐为十种佛供养之一，❹《大宝积经》中的"复以种种微妙音乐供养如来，右绕三匝"，❺《药师琉璃光如来本愿功德经》所言"欲供养彼世尊药师琉璃光如来者……鼓乐歌赞，右绕佛像"❻等。

此外，我们发现壁画中的乐伎是以站姿奏乐的，这在以往的敦煌乐舞演奏姿态中并不多见。综合敦煌石窟壁画中各类乐伎奏乐的身体姿态，大致分为三类：飞翔姿态、坐姿和站姿，其中飞天乐伎呈飞翔姿态，经变画菩萨乐伎基本为坐姿，世俗乐伎和部分菩萨乐伎则多以站姿出现。单纯就规模和排列来看，上述六身世俗乐伎与《文殊变》和《普贤变》中的菩萨乐伎有一定的近似性。敦煌石窟壁画中的《文殊变》和《普贤变》为对称题材，多绘于石窟正壁帐门或窟门两侧，构图分别以文殊和普贤菩萨作为中心，文殊和普贤身前通常会绘有以站立姿态奏乐的菩萨乐伎，数量一般为3～5身，主要是为文殊与普贤出行或说法的场面奏乐，以此渲染佛国世界庄严盛大的气氛。我们以莫高窟晚唐第156窟西壁帐门南、北两侧所绘《普贤变》《文殊变》中的菩萨乐伎与之进行对比，如图5，画面中各有三身菩萨乐伎对

● 参见沙武田《瓜州榆林窟第15窟吐蕃装唐装组合供养伎乐考》，四川大学中国藏学研究所编《藏学学刊》第18辑，北京：中国藏学出版社，2018年，第6页。
❷ 参见《敦煌学大辞典》李永宁撰"供养画像"词条完整解释。季羡林主编《敦煌学大辞典》，上海：上海辞书出版社，1998年，第177～178页。
❸ 参见《佛教大辞典》"供养法"词条完整解释。任继愈主编《佛教大辞典》，南京：江苏古籍出版社，2002年，第779页。
❹ 大藏经学术用语研究会编《大正新修大藏经》第九册，台北：新文丰出版公司影印，1992年，第30、31页。
❺ 大藏经学术用语研究会编《大正新修大藏经》第十一册，台北：新文丰出版公司影印，1992年，第320页。
❻ 大藏经学术用语研究会编《大正新修大藏经》第十四册，台北：新文丰出版公司影印，1992年，第406页。

菩萨乐伎

菩萨乐伎

[图5]
莫高窟第156窟主室西壁帐门南、北侧《普贤变》与《文殊变》
（图像采自李月伯《莫高窟第156窟、第161窟》，段文杰主编《敦煌石窟艺术》，南京：江苏美术出版社，1995年，第72、79页）

称位于各自主尊坐骑前方，着典型的菩萨装，横向排列，《普贤变》中的乐伎分别
演奏琵琶、筚篥与拍板，《文殊变》中则是琵琶、笙和拍板。第15窟前室甬道壁所
绘乐伎同样以对称形式出现，数量也是南、北壁各三身，演奏乐器中也包括图5中
出现的拍板、筚篥、笙和琵琶（存疑）。当然，两处壁画中出现的乐器均是敦煌唐
代石窟壁画中惯常出现的乐器，重复出现也可想而知，只是第15窟所绘乐伎为世
俗服饰造型。另外，以画面构图看，《文殊变》《普贤变》中的菩萨乐伎仅占各自所
在经变画很小的画幅，这与第15窟前室甬道所绘乐伎也是一致的。据张伯元《安
西榆林窟》中的测量数据，前室甬道南、北壁高约2.5～2.6米，宽约3.7～3.8米，

所绘乐伎区域大致高1.3米，宽0.9米，❶至于壁面其他区域是否绘有内容，今已不明。总体来看，二者在数量、对称方式、排列形式等方面是一致的。但由于第15窟前室甬道目前仅存六身乐伎，无法判断是否有其他壁画内容，因此也只能将其视作世俗乐伎，需要明确的是，其性质与《文殊变》《普贤变》中的菩萨乐伎有本质区别，此处之所以引入菩萨乐伎图像进行对比，只是说明第15窟前室甬道南北壁所绘乐伎的形式并不具唯一性，至于其是否如现今壁面所见还是为壁画中的局部内容，目前已无法定论，但其世俗的性质以及供养的功能应该是确定的。

三、前室顶

第15窟前室顶部塌毁较为严重，目前仅存两身飞天乐伎，分别位于室顶靠近甬道的南、北两侧，均绘制在白色平涂的壁面上，南侧一身所在壁面状况较好，画面基本完整；北侧一身所在壁面局部出现剥落且有烟熏痕迹。两身飞天乐伎演奏的乐器属敦煌石窟壁画中的特异型乐器，❷这在敦煌石窟中数量不仅稀少，而且在历史文献记载中也不多见。以下本书试考证之。

1. 南侧

南侧飞天乐伎头戴山字冠，额头有白毫，耳部饰耳珰，颈部戴项圈，腕部饰腕钏，上身裸露，下身外着石绿色褶状围腰，内搭赭石色长裙，赤足。乐伎双臂缠绕一面为深、浅石绿相间，一面为深、浅土红相间的缯带，其右足搭于左小腿内侧，整个身体似反"L"形，周身祥云围绕，呈飞翔奏乐姿态。乐伎双手持一横吹奏乐器，口部位于器身吹口位置，可以明显看到在吹口下方反向延伸出一细长管状装置，除此之外该乐器与横笛基本一致 [图6]。

若论及该飞天乐伎演奏乐器，就不得不谈及以下两个问题：第一，敦煌壁画此类乐器是否为文献中记载的"义觜笛"？第二，如何认识敦煌石窟壁画中所绘类似乐器上的管状装置？事实上，以上问题曾在学界引起过深入的讨论且至今仍悬而未决，其中主要观点大致有三种。第一种，认为敦煌石窟壁画中的此类乐器不应称为"义觜笛"，其管状装置为某种装饰物，无关乐器的发声。对于此类乐器的定名，

❶ 张伯元《安西榆林窟》，成都：四川教育出版社，1995年，第113页。
❷ 根据郑汝中在《敦煌壁画乐舞研究》中的说法，敦煌壁画乐器中特异型乐器主要有异形笛、铜角、花边阮、葫芦琴、弯琴和胡琴。参见郑汝中《敦煌壁画乐舞研究》，兰州：甘肃教育出版社，2002年9月，第117~124页。

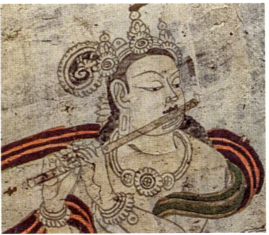

[图6]
第15窟前室窟顶南部飞天乐伎及所奏乐器
（敦煌研究院供图）

郑汝中称此类乐器为"异形笛"，杨森称之"横笛"，刘永增称为"蝉折之笛"。[1]第二种，提出敦煌石窟壁画中的此类乐器就是文献记载所言"义觜笛"，其管状装置为附加管，参与乐器的发声。[2]第三种，称敦煌石窟壁画此类乐器为"义觜笛"，但同样认为"义觜"装置为装饰之物，与乐器音律毫无相关。[3]此外，学界针对文献记载中的"义觜笛"之"义觜"亦进行大量讨论，但由于该问题与此处的讨论无直接关系，故文中不再梳理。[4]

　　首先，根据先前学者的调查统计，[5]我们发现莫高窟壁画所绘此类乐器与第15窟前室顶所绘乐器特征基本一致，即外观如横笛且吹口下方反向延伸出一细长管状装置，主要集中出现在唐至五代时期的石窟中，包括由乐伎手持演奏和不鼓自鸣天乐两种形式。此处选择同时期的莫高窟中唐第112窟所绘不鼓自鸣乐器作为对比[图7]。

　　在明确了敦煌石窟壁画所绘此类乐器的基本特征之后，需要再次回顾历史文

❶ 参见郑汝中《敦煌壁画乐器分类考略》，《敦煌研究》1988年第4期，第10～11页；杨森《莫高窟壁画中的异形笛》，《敦煌研究》1988年第1期，第97～100页；刘永增《"蝉折之笛"与所谓"义觜笛""异形笛"》，《敦煌研究》2000年第4期，第88页。
❷ 参见牛龙菲《敦煌壁画乐史资料总录与研究》，兰州：敦煌文艺出版社，1991年，第373～389页。
❸ 参见高德祥、吕殿生《敦煌石窟壁画中的吹奏乐器》，《乐府新声（沈阳音乐学院学报）》1989年第4期，第26～30页。
❹ 关于此部分的研究综述，牛龙菲《敦煌壁画乐史资料总录与研究》下卷之"义觜笛"中有详细梳理与引证。参见牛龙菲《敦煌壁画乐史资料总录与研究》，兰州：敦煌文艺出版社，1991年，第373～389页。
❺ 目前对于莫高窟壁画所绘此类乐器进行过调查统计的包括郑汝中、牛龙菲和杨森，其中郑汝中的统计结果为莫高窟27件，牛龙菲的结果为19件，杨森为59件。尽管数据出入较大，但均认为莫高窟壁画所绘此类乐器为同一种形制的乐器。参见郑汝中《敦煌壁画乐舞研究》，兰州：甘肃教育出版社，2002年9月，第220页；牛龙菲《敦煌壁画乐史资料总录与研究》，兰州 敦煌文艺出版社，1991年，第375～376页；杨森《莫高窟壁画中的异形笛》，《敦煌研究》1988年第1期，第97页。

献中关于义觜笛的记载，以此验证图像与文献是否吻合。在目前所见文献中，义觜笛的最早记载出自《通典》卷一百四十四《乐四·竹八》的"笛"条：

> ……今横笛去觜。其加觜者，谓之义觜笛。（按：横笛，小篪也。）❶

《旧唐书》卷二十九志第九音乐二所载，行文与《通典》基本一致：

> 篪，吹孔有觜如酸枣。横笛，小篪也……之（今）横笛皆去觜，其加觜者谓之义觜笛。❷

[图7]
莫高窟中唐第112窟南壁《观无量寿经变》不鼓自鸣乐器
（图像采自《中国石窟·敦煌莫高窟》第四卷，图版53）

根据以上记载分析，义觜笛就是去觜的横笛，横笛即为小篪。小篪在《通典》同卷中亦有详细描述：

> 篪，以竹为之，长尺四寸，围三寸，一孔（，）上出寸三分，名曰翘，横吹之。小者尺二寸。❸

至此，似乎可以将上述理解为横笛之"觜"即小篪之"翘"。关于"翘""觜"以及篪的形制问题，学界多有辨析与考证，如"觜""翘"同为附加管；❹"觜""翘"同为簧；❺"觜""翘"为突出于管身的吹口。❻由于文献记载有限，本书对此不再做重复考证，但其中有一关键要素是可以确定的，不管是横笛的"觜"还是篪的"翘"形制如何，其都是乐器的吹孔装置；既然是吹孔，其必然位于横向管身的上部，否则无法按照正常姿态吹奏。我们可以参考《乐书》卷一百三十《乐图论·胡部·八音（竹之属）》中"义觜笛"的记载和附图[图8]：

> 义觜笛，如横笛而加觜，西梁乐也，今高丽乐亦用焉。❼

---

❶（唐）杜佑撰，王文锦等点校《通典》，北京：中华书局，1988年，第3683页。
❷（后晋）刘昫《旧唐书》，北京：中华书局，1975年，第1075页。
❸（唐）杜佑撰，王文锦等点校《通典》，北京：中华书局，1988年，第3682页。
❹参见牛龙菲《敦煌壁画乐史资料总录与研究》，兰州：敦煌文艺出版社，1991年，第375页。
❺参见李成渝《篪考》，《音乐研究》1997年第4期，第59～63页。
❻参见毛贞磊《篪之疑说》，《黄钟（武汉音乐学院学报）》2012年第4期，第51～56页。
❼（宋）陈旸《乐书》，《文渊阁四库全书》第二一一册，上海：上海古籍出版社，2012年，第585页。

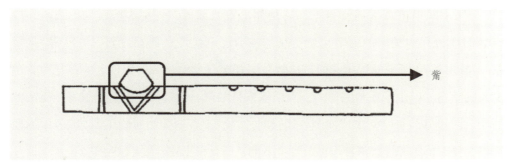

[图8]
《乐书》所附义觜笛图像
（图像采自《乐书》卷一百三十，第585页）

[图9]
正仓院所藏竹制横笛与石雕横笛图像
（图像采自：https://zhongchou.modian.com/p/update_detail/36904/19763；https://shosoin.kunaicho.go.jp/treasures/?id=0000010080&index=10）

　　解决了这个问题，敦煌石窟壁画所绘相类乐器是否为义觜笛便迎刃而解，因为壁画中乐器的管状装置均位于横向管身的下部，也就说明其不可能是类似觜的吹口部件，而且在乐器的吹口位置也未见任何凸出结构［图6、7］。据此，可以确定壁画中的乐器并非文献记载中的义觜笛，所以其管状装置也自然不能称为义觜。那么，壁画中的乐器该如何定名？历史上是否有与之对应的乐器呢？我们可以对照日本正仓院北仓所藏竹制横笛与石雕横笛［图9］，也就是前述持第一、三种观点所依证据。

图9中的横笛在横向管身下部均延伸出管状部件，竹制横笛延伸出三段，应该是制作过程中预留的竹节自然生长的枝节，也就是《"蝉折之笛"与所谓"义觜笛""异形笛"》所说的蝉折，而石雕竹笛同样雕有类似枝节的部件，应该是对竹制横笛的模造，但由于质地的原因，石质横笛只雕刻一段且只能附着于管身，无法像竹制有三段并与管身间形成间隙。通过对比，敦煌石窟壁画所绘乐器与图9中的横笛较为接近，二者管状部件均位于管身下部，而且根据正仓院《献物帐》记载，北仓所藏横笛均为唐传乐器，[1]这与壁画乐器图像的时代也是吻合的。假设敦煌壁画乐器图像与正仓院所藏横笛系同源乐器，那也就意味着管状部件的确不参与乐器的发声，仅为装饰功用。目前持"管状装置为附加管，参与乐器发声"的观点并未详细说明管状装置参与乐器发声的具体原理，如管状装置是开管或是闭管等，加上没有更多证据支持此观点，本书此处不再讨论。综上，本书暂且按《献物帐》记载称敦煌壁画中类似乐器为横笛，期待以后可以发现新的证据来进一步确定其名称和源流。照此推测，此类横笛曾经流行于唐代，之后其乐器实物或图像流传至河西地区，再通过画工绘制于敦煌石窟壁面上，而东渡传至日本的乐器，也被保存到了今天。

2. 北侧

北侧飞天乐伎服饰、身形、姿态基本同于南侧乐伎，头束横式"一字头"发髻，头冠两侧配以"S"形白色缯带，脖颈处绘有三道，双臂饰臂钏，腰部有严身轮。乐伎左手持一乐器，右手食指与拇指以类似"捏"的动作弹弦。乐器大致由琴首、琴颈和共鸣箱三部分组成。琴首为凤头造型，眼、喙、额等部位刻画仔细，凤头枕部绘细长冠羽，琴首未见琴轴。琴身为流线弧形，表面未见品柱，下端为共鸣箱，琴身与共鸣箱似一体成形。共鸣箱类似琵琶的梨形，面板上亦绘有类似琵琶的覆手和捍拨。值得注意的是，该乐器仅有一根琴弦，但琴弦上、下末端的壁面恰好剥落，所以无法准确判断琴弦的固定方式，推测上端应固定于琴首凤头下喙的底部，下端固定于覆手位置[图10]。

首先，学界对于敦煌壁画中此类乐器的定名存在差异，反映出各种观点在认识该乐器上的不同倾向性。庄壮和牛龙菲称此器为"凤首一弦琴"，都强调了乐器的弦数，从各自撰文角度可以看出，庄壮认为该乐器外形接近琵琶，同时又引证了《通典》"一弦琴"的记载；牛龙菲认为该乐器类似《新唐书》记载的"独弦匏琴"，

---

[1] 参见［日］林谦三《东亚乐器考》，北京：音乐出版社，1962年，第503页。

[图10]

第15窟前室窟顶北部飞天乐伎及所奏乐器

（敦煌研究院供图）

而且应该是独弦匏琴与凤首箜篌结合的产物。❶郑汝中则称该乐器为"弯颈琴"，可见是侧重了乐器琴身弯曲这一特性，但同时认为琴身弯曲使琴弦无法靠近琴身导致无法取音，不具备弦乐器的发音构造条件，因此提出该乐器仅仅是艺术创造而非真实乐器的观点。❷岸边成雄、高德祥则称该乐器为"凤首箜篌"，意即该乐器属弓形竖琴类乐器，而且高德祥认为该乐器就是《隋书》《通典》《旧唐书》等文献记载的"凤首箜篌"。❸

事实上，各类文献涉及乐器的记载均无法与壁画所绘乐器做到完全对应，但通过分析以上观点不难看出，本书所说的倾向性其实是指以上各种观点的形成都或多或少将某种现实乐器作为其论证的本源或基础，相关乐器至少涉及琵琶、匏琴和凤首箜篌三种，而这三种乐器也恰好反映出壁画所绘乐器最典型的特征，如接近琵琶的外观，与匏琴一致的弦数以及类似凤首箜篌的形制和演奏方式。这些特征也是弦乐器组成的基本要素，同样也是决定一种乐器区别于另一种乐器的关键特征。那么接下来，我们尝试分析壁画所绘乐器表现的基本特征来进一步讨论该乐器在现实中的可行性。

❶ 参见庄壮《榆林窟壁画中的音乐形象》，《中国音乐》1985年第3期，第63页；庄壮《敦煌石窟音乐》，兰州：甘肃人民出版社，1984年，第17页；牛龙菲《敦煌壁画乐史资料总录与研究》，兰州：敦煌文艺出版社，1991年，第350～355页。
❷ 参见郑汝中《敦煌壁画乐器分类考略》，《敦煌研究》1988年第4期，第15页。
❸ 岸边成雄并未针对本窟壁画所绘乐器发表观点，且文中也未附敦煌石窟壁画中类似乐器图像，但按照表述，应该是指该乐器。参见［日］岸边成雄著，王耀华译《古代丝绸之路的音乐》，北京：人民音乐出版社，1988年，第80页；高德祥《凤首箜篌考》，《中国音乐》1990年第1期，第11～14页。

捍拨 ←

[图 11]
第15窟前室窟顶北部飞天乐伎所奏乐器音箱部件
（敦煌研究院供图）

单纯以壁画所绘的乐器外观而言，其的确与琵琶外观有相似性，比较明显的部分有琴身、共鸣箱和覆手等，而且这些部件在该乐器中承担的功能也大体与琵琶一致，琴身是为了演奏持握，共鸣箱是为增大乐器音量，覆手是为固定琴弦。但通过分析，上述因素符合并不能说明该乐器与琵琶的关系，因为琵琶最关键的部件琴轴和品柱在壁画所绘乐器中是没有出现的，琴轴决定了乐器的弦数，品柱则是乐器取音的根本，所以壁画所绘乐器至多也只是在外观上与琵琶接近。另外，我们发现在该乐器的共鸣箱面板上是明确绘有捍拨的[图11]，捍拨的作用除了装饰外主要是为保护琵琶面板在演奏时不被划伤，尤其是在持槽演奏的过程中。但可以明显看到，壁画所绘乐器由于琴身弯曲导致琴弦与面板距离甚高，在实际演奏过程中，手指是无法触碰到面板的，即便持槽拨弹亦如此。这似乎说明该乐器外观的绘制直接照搬自琵琶，并未考虑该乐器是否需要捍拨装置。退一步讲，即便这件乐器是历史上真实存在过的乐器，按理也是不需要捍拨的。

再来看弦数，可以明确看到壁画所绘乐器仅有一根琴弦，张于琴首凤头与音箱面板覆手之间，琴弦与琴身形似弓形。如果继续假设该乐器是真实存在的乐器，那么必须解决乐器取音的问题，即乐器如何实现音高变化。前述庄壮和牛龙菲的观点主要就是针对乐器取音问题的解决。庄壮引用了《通典》中"一弦琴"的记载，一弦琴的取音方式是通过柱实现的，因此才有"一弦琴十有二柱，柱如琵琶"的记载，[1]另外一弦琴是指有十二柱外形近似古琴的乐器。壁画所绘乐器不仅无柱，即便有品柱也无法在弯曲的琴身上通过按弦改变音高，而且其外形也与一弦琴不符，因此可以排除一弦琴与壁画所绘乐器的关系。牛龙菲认为壁画所绘乐器与独弦匏琴的取音方式一致："当是用改变琴弓（琴弓即壁画所绘乐器的琴身，笔者注）曲律以调节琴弦张力的方法来变化音调演奏乐曲。"[2]

按《新唐书》卷二百二十二下《列传第一百四十七下·南蛮下》"骠"的记载，

[1] 《通典》卷一百四十四《乐四·丝五》记载："一弦琴十有二柱，柱如琵琶。"（唐）杜佑撰，王文锦等点校《通典》，北京：中华书局，1988年，第3678页。
[2] 牛龙菲《敦煌壁画乐史资料总录与研究》，兰州：敦煌文艺出版社，1991年，第350页。

独弦匏琴为贞元年间骠国向唐政府进献的乐器之一，其曰：

> 有独弦匏琴，以班竹为之，不加饰，刻木为虺首；张弦无轸，以弦系顶，有四柱如龟兹琵琶，弦应太蔟。●

按乐器名称与记载，独弦匏琴外形大致与广西京族的传统乐器独弦琴相类，但传统的独弦琴面板是无柱的。当然，不论有柱还是无柱，二者均通过改变琴弦长度或张力来获取不同音高。反观壁画所绘乐器，其上、下两端固定琴弦的位置是固定的，又无法使用品柱装置，所以不大可能改变琴弦的长度。另外按壁画绘制来看，其琴身应该为木制，因此也不可能以琴身弹性改变曲律的方式得到不同的琴弦张力。再者，即便这种推测成立，从乐器的实际操作来讲，既要弹奏琴弦，还要在改变琴身曲律的同时持握乐器，这对于演奏而言实属困难。据此，同样可以将壁画所绘乐器与独弦匏琴之间的关系排除。

最后，我们来分析凤首箜篌与壁画所绘乐器之间的关系。提到凤首箜篌就不得不谈及另一种大量在唐代敦煌石窟壁画上出现的类似乐器——竖箜篌，二者在历史文献中有一定数量的记载，学界根据现有的记载、乐器图像和乐器实物进行过系统深入的研究，此不赘述。根据已有研究结论，凤首箜篌与竖箜篌尽管均为抱弹式竖琴类乐器，但其并非同一类乐器，凤首箜篌源自印度弓形竖琴，而竖箜篌则属波斯角形竖琴，这在林谦三的《东亚乐器考》中早已言明。●此外，凤首箜篌与竖箜篌还存在明显的区别，即凤首箜篌的共鸣箱通常位于乐器的底端，相应地，绦轸位于琴颈处，而竖箜篌的共鸣箱位于乐器的斜边，绦轸则在乐器横肘位置。这一点可以通过与上述两类乐器各自同源的乐器上得以印证[图12、13]。

如果暂时不考虑弦数的问题，仅以乐器大致的外观与共鸣箱位置分析，相对而言，壁画所绘乐器与弓形竖琴即凤首箜篌更加接近，因此需要对比历史文献记载中的凤首箜篌，以做进一步的研究[图14]。

《通典》卷一百四十四《乐四·丝五》言：

> 竖箜篌，胡乐也。汉灵帝好之。体曲而长，二十二弦，竖抱于怀中，用两手齐

● （宋）欧阳修、宋祁《新唐书》，北京：中华书局，1975年，第6313页。
● 尽管林谦三对凤首箜篌、竖箜篌等乐器形制、源流进行了对比和考证，但并未涉及敦煌石窟壁画中的相关乐器图像。参见［日］林谦三《东亚乐器考》，北京：音乐出版社，1962年，第213～228页。

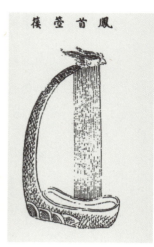

[图12]

缅甸桑柯弯琴

（弓形竖琴，桂林博物馆藏）

[图13]

Chang

（角形竖琴，伊朗伊斯法罕音乐博物馆藏）

（笔者拍摄）

[图14]

《乐书》所附凤首箜篌图像

（图像采自《乐书》卷一百二十八，第566页）

奏，俗谓之擘箜篌。凤首箜篌，颈有轸。❶

"颈有轸"可以在图12中得以印证，即琴颈处有用于固定琴弦的绦轸。

此外，凤首箜篌与前述独弦匏琴一样，都是骠国于贞元年间向唐政府进献的乐器，《新唐书》卷二百二十二下《列传第一百四十七下·南蛮下》"骠"记载：

有凤首箜篌二：其一长二尺，腹广七寸，凤首及项长二尺五寸，面饰虺皮，弦一十有四，项有轸，凤首外向；其一项有条（绦）轸，有鼍首。❷

按记载，骠国进献的凤首箜篌共鸣箱为蒙皮，琴颈同样有绦轸。

《乐书》卷一百二十八《乐图论·胡部》"八音（丝之属上）"曰：

凤首箜篌，出于天竺伎也。其制作曲颈凤形焉。扶娄、高昌等国凤首箜篌其上颇奇巧也。❸

从乐器本质上讲，在琵琶、独弦匏琴和凤首箜篌三者之间，壁画所绘乐器似乎更接近文献记载的凤首箜篌，主要表现在琴身造型接近，共鸣箱位置相同，琴头均有凤首装饰等。但同时需注意，如果严格按照壁画展示的乐器细节，琴弦数量及固

---

❶（唐）杜佑撰，王文锦等点校《通典》，北京：中华书局，1988年，第3678页。

❷（宋）欧阳修、宋祁《新唐书》，北京：中华书局，1975年，第6312页。

❸（宋）陈旸《乐书》，《文渊阁四库全书》第二一一册，上海：上海古籍出版社，2012年，第585页。

定方式，共鸣箱面板材质等方面与凤首
箜篌还是具有差异。当然，既然通过分
析比对找到了凤首箜篌与壁画所绘乐器
的部分相似性，我们就难以否定其真实
存在的可能。

按照敦煌乐舞与中国乐舞史的通常
关系，某种乐器或与该乐器相关的曲
种、舞种首先在某个中原文化密集的中
心区域流行，之后该乐器实物或乐器图
像随着政治、文化、经济的交流进入河
西地区，并通过画稿被绘制在敦煌石窟

[图15]
榆林窟中唐第25窟南壁《观无量寿经变》共命鸟乐伎
（敦煌研究院供图）

壁面上。单就本窟壁画所绘乐器图像而言，如果其就是凤首箜篌或源自凤首箜篌，
那么弦数从多弦变为单弦，共鸣箱外观趋于琵琶这两点，就意味着该乐器实物或图
像可能并未真正进入榆林窟所在的瓜州地区，乐器的绘制出现了某种不可预知的信
息缺失或走样。我们不妨看一下榆林窟中唐第25窟南壁《观无量寿经变》所绘类似
乐器[图15]。

根据图像，榆林窟所绘两件乐器较接近，甚至第25窟南壁由共命鸟演奏的乐
器共鸣箱、覆手、捍拨几乎与琵琶一致，这不仅说明该乐器在绘制时出现了前述的
信息走样或缺失，而且补救的方式就是拟琵琶外形绘制。当然，这种假设的前提是
壁画所绘乐器就是凤首箜篌或者源自凤首箜篌。但依目前有限的证据，我们依然无
法确证壁画所绘乐器的来源。基于此，综合目前学界对壁画所绘乐器的定名及其关
键特征，我们暂时称该乐器为凤首弯琴，期待以后出现新材料能够解决乐器弦数和
共鸣箱外观异于凤首箜篌的真正原因。

总体而言，第15窟前室顶由于大部分壁面塌毁，目前仅存南、北两身飞天乐
伎。按第15窟前室开凿的体量看，当初营建时室顶绘制的飞天乐伎也不仅只有两
身，只是其余乐伎现今已无处寻觅。现存乐伎演奏的两件乐器形制均表现出一定的
特殊性，似乎暗合壁画绘制的对应原则。南乐伎演奏乐器比之常见横笛多出管状装
置，但其真实性应该不存在疑问，所以北乐伎演奏的凤首弯琴按理也是真实存在的
乐器，最起码不能视作画工纯粹的艺术创造。

四、前室北壁

第15窟前室南、北壁及东壁门南、北侧下部各绘天王一铺，以此构成佛教世界中居于须弥山四陲的四大天王。其中绘于北壁的天王半跏趺倚坐于须弥座上，头有项光，顶有华盖。天王头冠高耸，似为化佛形象。眉间点白毫，脖颈绘三道，双目圆睁，气势威严。耳部饰耳珰，颈部戴项圈，上臂戴臂钏，手腕、脚腕则以腕钏装饰。天王上身赤裸，下身着裤装，左手持吐珠貂鼠，右手握有菱格图案的棍棒。其两侧各绘一身胁侍，左侧为菩萨，右侧为力士。力士身形壮硕，着虎皮衣帽，此为吐蕃将士中战功卓著者的荣誉制服，也就是通常所说的大虫皮，[❶]从中也可以看出本铺天王图像具有明显的吐蕃艺术风格[图16]。

在画面上部菩提双树下，天王项光两侧各绘两身飞天和迦陵频伽乐伎。两身飞天飘带与顶部华盖相连，构成天王背部画面轮廓。迦陵频伽乐伎绘于须弥座背靠两侧，上身均为典型的菩萨装造型，可以明显看到有头冠项光、项圈、臂钏、腕钏，双翅展开，双爪踩背靠横杆站立。按乐伎演奏姿态和乐器外形，左侧乐伎演奏拍板，右侧乐伎演奏横笛，两件乐器通体均呈赭石色，其中拍板板数为八，每块板均上圆下方。横笛形制与前述本窟前室窟顶南部飞天乐伎所奏横笛一致，也有类似枝节的部件[图17]。

在唐代敦煌石窟壁画中，迦陵频伽乐伎开始出现，通常被绘制在石窟藻井、佛龛、佛背光和四壁的经变画中,数量二至四身左右。在经变画中多位于主尊两侧或说法场景前部乐舞平台上，与舞伎或白鹄、孔雀、鹦鹉等处同一区域。除演奏乐器之外，有些迦陵频伽亦呈舞蹈姿态。如本窟迦陵频伽乐伎出现在天王图像中，在整个敦煌石窟壁画中较为罕见，但其数量、对称形式依然如通常所见。在佛教文献中，也有天王与迦陵频伽关联的记载。

《佛说长阿含经》卷十八言：

> 四天大王所居宫殿，有七重宝城栏楯，七重罗网，七重行树，七重诸宝铃，乃至无数众鸟相和而鸣，亦复如是。[❷]

---

❶ 参见《中国石窟·安西榆林窟》图版说明部分，敦煌研究院编《中国石窟·安西榆林窟》，北京：文物出版社，1989年，第228页。
❷ 大藏经学术用语研究会编《大正新修大藏经》第一册，台北：新文丰出版公司影印，1992年，第115页。

《法苑珠林》卷六《第五畜生部·会名部第二》记载：

四天王众天及三十三天中，有二足者，如妙色鸟等；有四足者，如象马等。余无者如前释。上四天中，唯有二足者，如妙色鸟等，余皆无者。空居天处转胜妙故。❶

文献中分别提到"众鸟"于天王所居宫殿处相和而鸣，"妙色鸟"为四天王天及三十三天中的二足动物之一，而迦陵频伽应该包括在"众鸟"或"妙色鸟"之内。这可以在《佛说阿弥陀经》中得到印证：

彼国常有种种奇妙杂色之鸟：白鹄、孔雀、鹦鹉、舍利、迦陵频伽、共命之鸟。是诸众鸟，昼夜六时出和雅音，其音演畅五根、五力、七菩提分、八圣道分如是等法。其土众生闻是音已，皆悉念佛、念法、念僧……是诸众鸟皆是阿弥陀佛欲令法音宣流变化所作。❷

可见，"妙色鸟"应该是"奇妙杂色之鸟"之简称，也就是"众鸟"，其中包括迦陵频伽，按佛经原文其特点为"昼夜六时出和雅音，其音演畅五根、五力、七菩提分、八圣道分如是等法"，

［图16］
榆林窟第15窟前室北壁《天王像》
（敦煌研究院供图）

［图17］
榆林窟第15窟前室北壁《天王像》中的迦陵频伽乐伎
（敦煌研究院供图）

❶（唐）释道世著，周叔迦、苏晋仁校注《法苑珠林校注》，北京：中华书局，2003年，第205页。
❷ 大藏经学术用语研究会编《大正新修大藏经》第十二册，台北：新文丰出版公司影印，1992年，第347页。

功能则是"众生闻是音已，皆悉念佛、念法、念僧"之心，本质即"阿弥陀佛欲令法音宣流变化所作"。由于敦煌石窟壁画通常根据佛教经典所绘，因此迦陵频伽乐伎不论出现在经变画、天王图像或是洞窟其他位置，上述的特点、功能和本质都是一致的。

通过本节的梳理可以看到，作为榆林窟吐蕃时期代表洞窟之一，第15窟在前室甬道南、北壁，前室顶及前室北壁均绘有乐舞图像，尽管数量有限，但种类既包括飞天乐伎、迦陵频伽乐伎，也有世俗类乐伎。遗憾的是，按通常规律可能绘有大量乐舞图像的主室四壁由于历经宋代重修已不见乐舞图像，而主室窟顶四披下沿所绘宋代飞天乐伎由于时代原因也不在本章的讨论范围之内。但是，作为吐蕃时期另一代表洞窟的第25窟，其主室南壁所绘《观无量寿经变》中出现了典型的乐舞组合，这使得我们可以对中唐吐蕃时期经变画所绘乐舞图像一探究竟。

第二节 ———————————————— 榆林窟第 25 窟
乐舞图像

一、洞窟基本情况

榆林窟第 25 窟位于窟区东侧崖面北段第一层，南、北侧分别与第 23、第 26 窟毗邻。洞窟结构、形制与第 15 窟相似，同样由前室甬道、前室、主室甬道和主室构成，前室形制一面披顶，主室为覆斗形顶，设有中心佛坛。［图18］

从现存窟内状况看，前室甬道南、北壁主要为曹氏归义军时期遗存，南壁西部绘有曹元忠及其子侄、侍从供养人像共计七身，北壁西部绘有曹元忠夫人翟氏及其长女延鼐、侍女供养人像共计四身。[1] 在前室和主室甬道中，除前室东壁门南、北一侧五代绘观音像和一佛二弟子像外，其余所绘内容以天王和观音为主，时代与前室甬道南、北壁一致。主室窟顶南披除残存唐代千佛外，其余壁面均塌毁，四壁则基本保留了唐代壁画原作，东壁绘《八大菩萨曼荼罗》，南壁通壁绘《观无量寿经变》，北壁通壁绘《弥勒经变》，西壁门南侧绘《普贤变》，门北侧绘《文殊变》。具体内容及布局如图19、20所示。

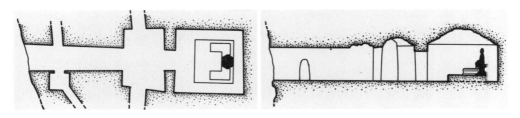

［图18］
第 25 窟平、剖面示意图
（图像采自张伯元《安西榆林窟》，图版6）

---

❶ 霍熙亮整理《安西榆林窟内容总录》，敦煌研究院编《敦煌石窟内容总录》，北京：文物出版社，1996年，第213页。

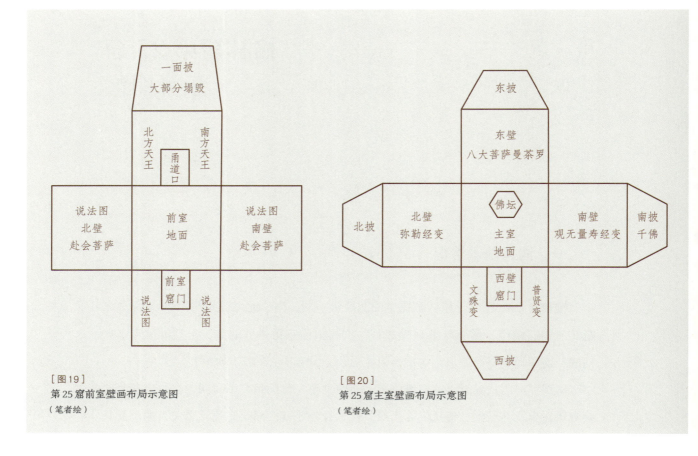

[图19]
第25窟前室壁画布局示意图
（笔者绘）

[图20]
第25窟主室壁画布局示意图
（笔者绘）

前室东壁甬道口南侧有一方光化三年（900年）墨书汉文题记，但该题记与洞窟开凿时代无关。段文杰根据洞窟形制、内容、布局以及主室经变画题记、人物服饰造型考证洞窟开凿的大致时代为中唐吐蕃统治时期，[1]但也有观点认为开凿时间晚于中唐时期，[2]本书将沿用洞窟营建于中唐吐蕃统治时期的观点。由于本书主要针对该洞窟壁画所绘乐舞图像展开研究，因此在研究过程中，将重点关注乐舞图像的时代特征，尝试从乐舞图像的角度验证洞窟的营建时代。

根据调查，第25窟现存乐舞图像集中在主室南壁所绘《观无量寿经变》中，窟内其他位置未发现乐舞图像。《观无量寿经变》所绘乐舞图像包括不鼓自鸣乐器组成的天乐、迦陵频伽乐伎和菩萨乐伎与舞伎组合。下面将按照不同的乐舞内容进行分类研究。

---

❶ 段文杰《榆林窟的壁画艺术》，敦煌研究院编《中国石窟·安西榆林窟》，北京：文物出版社，1989年，第162～163页。
❷ 根据沙武田先生在《榆林窟第25窟：敦煌图像中的唐蕃关系》中对榆林窟第25窟营建时代的研究综述，大致包括9～10世纪，中唐吐蕃统治时期，从中唐持续至五代、宋等几种观点。参见沙武田《榆林窟第25窟：敦煌图像中的唐蕃关系》，北京：商务印书馆，2016年，第17～24页。

不鼓自鸣乐器

迦陵频伽乐伎

菩萨乐伎与舞伎

[图21]
第25窟主室南壁《观无量寿经变》
（敦煌研究院供图）

二、主室南壁《观无量寿经变》中的乐舞图像

　　南壁通壁绘制《观无量寿经变》[图21]，画面主体为阿弥陀佛说法场景，因花纹样分隔出左、右两幅条屏，条屏左侧绘"未生怨"，右侧绘"十六观"。说法场景上端为净土天际部分，分别绘化佛与不鼓自鸣乐器。天际部分以下的整体建筑为前后纵置的双院式布局，正殿为上阁下殿的形制，以仰视角度绘制，产生一种高耸的视觉感。正殿两侧前后纵置两进廊庑，右后侧廊庑上有一八角攒尖式钟楼，内悬一钟。与之相对的左侧壁面仅存地仗层，情况不明。两侧配殿为双层歇山顶式阁楼，中间以平台连接，左侧平台上绘鹤与迦陵频伽乐伎各一身，右侧绘共命鸟与孔雀各一身。主尊说法场景位于整个画面中心位置的平台，阿弥陀佛结跏趺坐于莲花宝座，顶部绘菩提树与华盖，观音、大势至菩萨以及十二身听法菩萨分列两侧，说法平台与配殿所在平台组成以倒"品"字形构图位于八功德水之上。画面最下部为横向三段式平台，左、右两侧为菩萨所在平台，中间平台绘八身一组菩萨伎乐乐队

[图22]
图22 第25窟主室南壁《观无量寿经变》不鼓自鸣乐器
（敦煌研究院供图）

[图23]
第25窟主室南壁《观无量寿经变》钟楼
（敦煌研究院供图）

与一身舞伎外加一身迦陵频伽乐伎的组合，乐舞组合形式为"4＋1＋1＋4"。除正殿外，所有画面均以俯视视角绘制，以增加画面的纵深感和立体感。如果将经变画展现的内容视作对西方净土世界的全景勾勒，可以看到乐舞内容以纵向轴线左右对称的形式展开，并且分上、中、下三段贯穿整个净土世界，不仅象征净土世界的歌舞升平，同时也说明乐舞在《观无量寿经变》中具有的重要性。

1. 天乐

由于经变画左部净土天际部分壁画不存，目前可见不鼓自鸣乐器共计四件，正殿左侧存一件，右侧绘三件，由东向西依次为琵琶、腰鼓、筚篥、排箫[图22]。根据经变画对称构图分析，左部壁画不存处应该另绘有两件乐器，即原经变画中不鼓自鸣乐器共有六件。

四件不鼓自鸣乐器中，琵琶为直颈，梨形音箱，弦轴为四，但琴弦仅绘两根，未绘品柱，音箱面板上有凤眼、捍拨和覆手，仅大致绘出轮廓，未详细勾画。腰鼓外形呈典型的广首纤腹状，以鼓绳贯通两端鼓面。腰鼓右侧为一管乐器，通过详细观察，可以看到管身开有六孔，一侧管口有类似管哨的部件，故为筚篥。最右侧乐器为排箫，画面中为十根音管且管身有明显的横向固定装置——腰带。四件乐器器身均绘有飘带，飘带修长飘逸以表现乐器悬处虚空，不鼓自鸣的动态。以乐器类别而言，仅存的四件乐器中既有弹拨、吹奏乐器，也有打击乐器，这也是敦煌石窟壁画中不鼓自鸣乐器的一个重要特征，即囊括壁画中出现的所有乐器种类。

除不鼓自鸣乐器外，经变画该区域右侧所绘八角攒尖式钟楼[图23]，内有钟架，上悬一钟，钟体表面由圈状纹和卷草纹装饰。钟楼顶部有相轮并悬幡，檐头处坠铃。

根据《酉阳杂俎》续集卷五"寺塔记上"的记载：

寺之制度，钟楼在东……❶

从现有材料看，至迟自隋代开始，佛教寺院中始有设置钟楼的传统。隋张公礼《龙藏寺碑》载：

夜漏将竭，听鸣钟于寺内；晓相既分，见承露于云表。❷

辛德勇认为："佛寺鸣钟，亦不过为僧众修习佛法和饮食起居晓示时辰而已。"❸而且钟在佛寺中除具报时的实用功能外，应该还兼具类似法器之功能。唐道宣《关中创立戒坛图经》载有对受戒时钟声的叙述：

初祇桓戒坛，北有钟台，高四百尺，上有金钟，重十万斤，庄严希有……若诸圣人受戒之时，得通菩萨击钟，声震三千世界，有闻证果，恶趣停息。凡夫受时，使摩抵比丘击之，声闻小千世界，此比丘有力当十万人。❹

本窟经变画中钟楼位于右部，其左部位置应该也有类似的角楼，只是这一部分壁画剥落，无法进一步确定。不过，《关中创立戒坛图经》中所载佛院建筑，钟台（钟楼）与经台（经楼）分别位于佛殿七重塔的东、西两侧：

正中佛院之内有十九所（初、佛院门东，佛为比丘结戒坛。二、门西，佛为比丘尼结戒坛。三、前佛殿，四、殿东三重楼，五、殿西三重楼，六、七重塔，七、塔东钟台，八、塔西经台，九、后佛说法大殿，十、殿东五重楼，十一、殿西五重楼，十二、三重楼，十三、九金镬，十四、方华池，十五、三重阁，十六、阁东五重楼，十七、阁西五重楼，十八、东佛库，十九、西佛库）。❺

《中国古代建筑史》第二卷中，对敦煌石窟经变画所绘钟楼和经楼有具体考证：

唐代佛寺中，钟楼和经藏已经作为一组对称设置的建筑物，出现在中院的两侧……经藏与钟楼往往对称设置在佛殿的两侧……但在敦煌唐代壁画中所见，佛

❶（唐）段成式撰，方南生点校《酉阳杂俎》，北京：中华书局，1981年，第253页。
❷（清）王昶《金石萃编》卷三十八，北京：中国书店，1985年，第2～4页。
❸辛德勇《唐代都邑的钟楼与鼓楼——从一个物质文化侧面看佛道两教对中国古代社会的影响》，《文史哲》2011年第4期，第24页。
❹大藏经学术用语研究会编《大正新修大藏经》第四十五册，台北：新文丰出版公司影印，1992年，第808页。
❺大藏经学术用语研究会编《大正新修大藏经》第四十五册，台北：新文丰出版公司影印，1992年，第811页。

[图24]
第33窟主室北壁《西方净土变》中的经楼
与钟楼
（敦煌研究院供图）

寺内钟楼、经藏的位置却无定制。不仅可以左右对置，且有的设于殿侧，有的骑跨于前、后廊之上，或以角楼的形式出现。❶

可见，文献记载与经变画图像是能够对应的，说明敦煌石窟经变画所绘主体佛殿两侧类似角楼形式的建筑确为钟楼与经楼。在榆林窟，钟楼与经楼图像多出现在净土类经变画中，如在第33窟主室北壁《西方净土变》中，就可以清晰地看到经楼与钟楼骑跨于主体宫殿左、右侧廊庑之上，经楼内置经卷包裹，钟楼内悬钟，《龙藏寺碑》有"见承露于云表"的记载，承露即承露盘，也就是相轮。❷这在图23和图24的楼顶也能够看到。可见，虽然钟楼与经楼之于经变画只是局部画面，但我们发现其绘制依然遵循了佛教建筑的基本规则。

2. 迦陵频伽伎乐

《观无量寿经变》中共出现奇妙杂色之鸟共计五身，包括鹤一身、孔雀一身、迦陵频伽乐伎三身。如果严格遵照佛教经典的说法，应该是迦陵频伽乐伎2身，共命鸟一身。隋智顗《阿弥陀经义记》载：

> 迦陵频伽，妙音清高，可譬佛声。共命，两头而同一体，生死齐等，故曰共命。此等众鸟昼夜六时演畅五根、五力、七觉、八道，妙音和雅。❸

由于共命鸟在外形上除双首外基本同于迦陵频伽，故文中将二者统归入迦陵频伽乐伎范畴进行研究。

三身乐伎在经变画中呈倒"品"字形分布，主体宫殿两侧配殿前平台各绘一身（图25-1、图25-3），主尊说法场景前乐舞平台绘一身（图25-2）。三身乐伎上身均

---

❶ 傅熹年主编《中国建筑史》第二卷，北京：中国建筑工业出版社，2009年，第482页。
❷ 《翻译名义集》卷七《寺塔坛幢篇第五十九》记载："八种塔并有露盘……佛造迦叶佛塔上施盘盖，长表轮相，经中多云相轮。以人仰望而瞻相也。"（宋）法云编《翻译名义集》，大藏经学术用语研究会编《大正新修大藏经》第五十四册，台北：新文丰出版公司影印，1992年，第1168页。
❸ 大藏经学术用语研究会编《大正新修大藏经》第三十七册，台北：新文丰出版公司影印，1992年，第306页。

[图25-1]
第25窟主室南壁《观无量寿经变》左配殿前平台
上的迦陵频伽乐伎
（敦煌研究院供图）

[图25-2]
第25窟主室南壁《观无量寿经
变》乐舞平台上的迦陵频伽乐伎
（敦煌研究院供图）

[图25-3]
第25窟主室南壁《观无量寿经变》右配殿前平台上的
迦陵频伽乐伎
（敦煌研究院供图）

为菩萨造型，下身为鸟身。头戴山形冠，额间有白毫，颈部绘三道，颈部戴项圈，
上臂有臂钏，手腕有腕钏。双翅刻画详细，以不同颜色分别刻画飞羽、覆羽及小覆
羽。双腿健硕，跗蹠修长，双爪抓地有力，尾羽蓬松硕大，高高翘起。

　　位于配殿前左侧平台的迦陵频伽乐伎手持拍板演奏，拍板通体呈深褐色，由五
块板组成，每块均上圆下方。与之相对的共命鸟乐伎，位于配殿前右侧平台，其所
持乐器为凤首、弯颈、一弦，音箱近似琵琶，绘有捍拨和覆手。此乐器与第15窟
前室窟顶北部飞天乐伎所持乐器一致，前文考证为凤首弯琴。值得注意的是，作为
一件敦煌石窟壁画所绘特异型乐器，同时在榆林窟中唐时期的第15和第25窟壁画
中出现，说明该乐器图像的出现绝不是偶然。位于乐舞平台的迦陵频伽乐伎与击腰
鼓起舞的舞伎一并站立，该乐伎头冠两侧各有一条"S"形白色缯带，这与第15窟
前室顶所绘两身飞天乐伎一致。乐伎一手横握琵琶，另一手持椒拨奏，琵琶为曲
项，琴弦明显为四根。琴身有柱，但数量不明，推测应为四柱，梨形音箱面板绘有
捍拨与覆手。该乐器刻画精细，特征明显，为典型的曲项琵琶[图25-2]。

3. 菩萨伎乐乐队

　　乐舞平台位于整个经变画画面中下部，阿弥陀佛说法场景之前，八功德水之
上，八身一组的菩萨乐伎纵向排列组成菩萨伎乐乐队，另外在乐队中间各绘一身舞
伎和一身迦陵频伽乐伎，乐舞组合形式为"4+1+1+4"[图26]。如仔细观察就能发
现，平台表面平铺的三块方毯就已划分出乐舞组合的不同区域，方毯为长方形，上

[图26]
第25窟主室南壁《观无量寿经变》乐舞组合
（敦煌研究院供图）

绘联珠纹，四边延伸出流苏。左、右两块纵向平铺的方毯上分别有四身菩萨乐伎盘腿而坐，中间横向平铺的方毯则是舞伎与迦陵频伽乐伎的区域。敦煌经变画中乐舞组合基本都有方毯或圆毯出现，因此毯可以作为区分大型乐舞组合不同分组的标准项之一。如莫高窟第220窟主室北壁《药师经变》中的乐舞组合，就可以通过方毯将菩萨伎乐乐队分为左右并置的四组。

乐舞平台上的菩萨乐伎均为螺发造型，额间有白毫，颈部绘三道，颈部戴项圈，手腕佩腕钏。上身着披帛式天衣，腹部有严身轮，盘腿坐于方毯之上演奏乐器，气定神闲，泰然自若之感跃然壁上，以此衬托经变画呈现的净土世界无限美好。左侧菩萨乐伎由内而外演奏乐器依次为贝、筚篥、笙和琵琶。贝通体白色，壳顶向上，壳口向下，乐伎口部位于壳顶吹口，双手持乐器做吹奏状。筚篥管身细长，但开孔不明，乐伎口含管哨吹奏。笙的笙管，笙斗和吹管基本清晰，笙管高低错落，中间有横向固定部件，吹管弯曲细长，乐伎双手捧持笙斗，手指按孔吹奏。琵琶为直颈，四弦，琴身未绘品柱，梨形音箱，面板上有凤眼、捍拨及覆手，乐伎横抱琵琶持椳拨奏。右侧菩萨乐伎由内而外演奏乐器依次为尺八、横笛、排箫和拍板。其中拍板通体深褐色，由六块板组成，每块板均上圆下方，而且通过图像可以清晰地看到其固定和演奏方式与文献记载"以韦连之，击以代抃"●的说法相一致。画面中的排箫约为十五管，横向固定音管的部件较明显，乐伎口部位于管口吹奏。横笛由乐伎置于身体右侧吹奏，可以明显看到管身有开孔，但具体数量不明。

最内侧乐伎演奏一竖吹奏乐器[图27]，音孔除左手无名指所按可见外，其余不明。按图像显示，乐伎将乐器吹口置于下唇外沿处，吹口处绘两条短弧线，应该是刻意为之，意即强调该乐器吹口处有切口，乐器管身较同侧乐伎演奏的横笛稍长且稍粗。

历史上曾出现种类较多的竖吹奏乐器，根据图像所示乐器外观分析，与其相近的乐器可能是尺八或洞箫。该经变画绘制的时代与洞窟开凿时代一致，即中唐吐蕃统治时期，因此经变画中该乐器应同为唐代乐器。在唐代历史文献中，均能看到尺八或洞箫的记载。

《通典》卷一百四十六《乐六》"坐立部伎"曰：

[图27]
第25窟主室南壁《观无量寿经变》菩萨伎乐乐队（局部）
（敦煌研究院供图）

讌（宴）乐，武德初，未暇改作，每讌享，因隋旧制，奏九部乐。一讌乐，二清商，三西凉，四扶南，五高丽，六龟兹，七安国，八疏勒，九康国。至贞观十六年十一月，宴百寮，奏十部。先是，伐高昌，收其乐，付太常。至是增为十部伎，其后分为立坐二部……坐部伎有六部：一讌乐，张文收所作，又分为四部，有景云、庆善、破阵、承天等……乐用玉磬一架，大方响一架，搊筝一，筑一，卧箜篌一，大箜篌一，小箜篌一，大琵琶一，小琵琶一，大五弦琵琶一，小五弦琵琶一，吹叶一，大笙一，小笙一，大筚篥一，小筚篥一，大箫一，小箫一，正钹一，和钹一，长笛一，尺八一，短笛一，揩鼓一，连鼓一，鞉鼓二，浮（桴）鼓二，歌二。此乐唯景云舞近存，余并亡。❷

❶《通典》卷一百四十四《乐四·八音·木六》云："拍板，长阔如手，重十余枚，以韦连之，击以代抃。(抃，击其节也。情发于中，手抃足蹈。抃者，因其声以节舞。龟兹伎人弹指为歌舞之节，亦抃之意也。)"（唐）杜佑撰，王文锦等点校《通典》，北京：中华书局，1988年，第3680～3681页。
❷（唐）杜佑撰，王文锦等点校《通典》，北京：中华书局，1988年，第3721～3722页。

根据《通典》记载，尺八是贞观年间坐部伎之讌（宴）乐四部的伴奏乐器之一，《旧唐书》卷二十九《志第九·音乐二》记载内容与上引基本一致；对比用乐编制，《旧唐书》缺少"筑一，小琵琶一，吹叶一，尺八一"四件乐器，[1]其中恰好也有尺八。《新唐书》卷二十一《志第十一·礼乐十一》关于讌（宴）乐用乐编制的记载与《通典》一致，即所用乐器中包含尺八。[2]

洞箫的记载见于《通典》卷一百四十四《乐四·八音·竹八》：

> 箫，世本曰："舜所造。"其形参差，象凤翼，十管，长二尺。尔雅曰："编二十三管，长一尺四寸者曰箫；音言。十六管，长尺二寸者曰筊。音交。"凡箫一名籁。前代有洞箫，今无其器。蔡邕曰："箫，编竹有底。大者二十三管，小者十六管。长则浊，短则清。以蜜蜡实其底而增减之，则和。"然则邕时无洞箫矣。[3]

《通典》将洞箫列于箫（今之排箫）的条目下加以解说，认为唐代洞箫已亡，唐之前是有这件乐器的，并且还引用了蔡邕的说法，但根据蔡邕所言，其所指为箫而非洞箫，所以《通典》"然则邕时无洞箫矣"此句似不合逻辑，因为蔡邕并未言及洞箫。蔡邕为东汉人氏，按引文说法推之，唐无此乐器，东汉亦无，所以洞箫出现的时间只有可能是东汉之后唐之前的魏、晋、南北朝和隋代。

相对而言，《旧唐书》是将箫和洞箫分开解说的，在条理上显得更清晰。当然事实也应如此，尽管箫与洞箫同为竖吹奏乐器，但二者在形制上还是有差别的，最明显的一点，箫是编管，洞箫则是单管。《旧唐书》关于箫的记载大致同于《通典》，此处不再赘引。洞箫的说法见于卷二十九《志第二·音乐二》：

> 汉世有洞箫，又有管，长尺围寸而并漆之，宋世有绕梁，似卧箜篌，今并亡矣。[4]

其中将洞箫和管并列叙述，意即洞箫与管形制相似，均为单管乐器。值得注意的是，此段记载还并列介绍了铜角、贝、桃皮、啸叶等乐器，而且这一部分是在整个唐代"八音"所含乐器全部介绍完之后的补充部分，同于《通典》所谓"八音之外又有三"，《通典》中的"三"为桃皮、贝和叶三件乐器，[5]这同于《旧唐书》，只是

---

❶ 参见（后晋）刘昫《旧唐书》，北京：中华书局，1975年，第1061页。
❷ 参见（宋）欧阳修、宋祁《新唐书》，北京：中华书局，1975年，第471页。
❸（唐）杜佑撰，王文锦等点校《通典》，北京：中华书局，1988年，第3681～3682页。
❹（后晋）刘昫《旧唐书》，北京：中华书局，1975年，第1079页。
❺ 参见（唐）杜佑撰，王文锦等点校《通典》，北京：中华书局，1988年，第3683页。

[图28-1]
经变画所绘乐器的吹口
（敦煌研究院供图）

[图28-2]
正仓院所藏尺八的吹口
（https://shosoin.kunaicho.go.jp/tre
asures?id=0000010054&index=1）

[图28-3]
现代洞箫的吹口
（http://www.chibaxiao.com/post/箫的吹
口%EF%BC%88歌口%EF%BC%89.html）

《旧唐书》"八音"之外的补充乐器多于《通典》，而其中就包括洞箫。

　　《新唐书》对于"八音"所涉乐器的记载见于卷二十一《志第十一·礼乐十一》，[1]但仅是简单分类罗列，寥寥数行，篇幅远不及《通典》与《旧唐书》，故不见洞箫。《旧唐书》认为汉代有洞箫，这便与《通典》记载中洞箫的时代相矛盾，但《通典》与《旧唐书》的基本观点是统一的，即唐代没有洞箫这件乐器。至于原因，《通典》直接给出"今无其器"的结论，《旧唐书》的说法则是与绕梁"今并亡矣"。因此，按照唐代文献关于尺八和洞箫的记载，如果唐代敦煌石窟壁画出现与二者相类的竖吹单管乐器，则只可能是尺八。另外，通过上述文献记载中乐器的具体出处也可以发现，尺八出自坐部伎之讌（宴）乐四部的用乐编制中，坐立部伎在唐代宫廷乐舞中居重要地位，因此尺八应该是唐代宫廷的常用乐器。而洞箫仅出现在"八音"之外的补充介绍中，"十部伎""坐立部伎"用乐均无此乐器，退一步讲，即便唐代有洞箫这件乐器，其流行程度也远不及为主流乐舞伴奏的尺八，所以其传入河西地区的可能性也远小于尺八。

　　之前提到，《观无量寿经变》所绘该乐器吹口处类似切口的短弧线至今仍存于壁面之上[图28-1]，为此，我们可以将其与正仓院北仓现藏唐传尺八[图28-2]以及洞箫的切口[图28-3]做一对比。

　　通过对比可以明显看到，尺八为外切口，而且竹管斜切面形成的两条弧线正可

---

❶ 参见（宋）欧阳修、宋祁《新唐书》，北京：中华书局，1975年，第464页。

以与经变画乐器所绘的两条弧线相对应，而洞箫是内切口，自然不会在竹管外壁出现斜切面。因此，以切口判断，经变画中乐器也应该是尺八，而非洞箫。事实上，由于第25窟主室南壁《观无量寿经变》保存较为完整，结合文献记载以及乐器的细部特征才能确定其为尺八，但敦煌石窟壁画所绘的大部分竖吹乐器除筚篥特征明显较易分辨外，其余乐器目前依然难以准确为其定名，这主要归因于竖吹管乐器外观特征本就不甚明显，加之壁面漫漶导致了乐器细部信息的丢失。因此，在辨识这些乐器的过程中，对历史文献相关记载的分析和使用，与同壁面所绘其他乐器的对比，同一壁画内容中乐器间编制、声部、用乐等横向关系的梳理就显得格外关键和重要。

4. 舞伎

《观无量寿经变》中，舞伎位于乐舞平台中央绘有连珠纹和流苏的方毯上，其左为迦陵频伽乐伎。舞伎为典型的菩萨装，头顶高束发髻，额前为螺发，戴冠，头冠两侧为"S"形缯带，其余装饰如白毫、三道、项圈、臂钏、腕钏、严身轮与两侧菩萨乐伎一致。舞伎上身裸露，肩披正面石绿、背面群青的帔巾，以"S"形垂于舞伎周身，极具飘逸之动态，下身着赭石色腰裙，小腿处有裹腿。舞伎上身微微前倾，双臂充分舒展，五指完全展开做拍击鼓面的夸张动作，右腿单腿站立，左腿呈吸腿之势，左足拇指上翘，足心向上，整个身形姿态呈现出明显的力度，同时又给人一种稳定感。画面线条勾画出舞伎圆润丰腴，雄强健美的特征，极具大唐气象[图29]。

舞伎腰部有一腰鼓，至于腰鼓是挂于还是垂至腰部，画面未交代。腰鼓为典型的广首纤腹，鼓身通体为赭石色，表面绘黑色圈状纹和白色条纹。腰鼓两端鼓面以黑色表示，间以赭石色的鼓圈，表明其蒙皮中包含镶嵌工艺。此类腰鼓在敦煌石窟壁画腰鼓图像中较为典型，尤其在盛唐和中唐时期经变画的菩萨伎乐乐队中。下文选取作为中唐时期标准窟的莫高窟第112窟主室北壁东部《药师经变》和西部《报恩经变》中的腰鼓图像[图30]进行对比。

可以明显看到，三件腰鼓除设色略有区别外，以手拍击的演奏方式、鼓身形制、装饰纹样以及蒙皮工艺均极其相近。通常，敦煌石窟壁画所绘乐器间具有的相似性都是在同一石窟群中，如莫高窟不同洞窟之间或榆林窟不同洞窟之间，但腰鼓图像的相似性出现在莫高窟与榆林窟之间。这至少可以说明：第一，腰鼓图像所在的莫高窟第112窟和榆林窟第25窟壁画应该是同一时期的作品；第二，两处石窟在绘制乐器图像时所依据的画稿或参照的乐器实物具有相似性。照此推论，壁画所

[图29]
第25窟主室南壁《观无量寿经变》
舞伎
（敦煌研究院供图）

[图30]
莫高窟第112窟主室北壁东部《药师经变》和西部《报恩经变》腰鼓
（图像采自郑汝中《敦煌石窟全集·音乐画卷》，敦煌研究院主编《敦煌石窟全集》，香港：商务
印书馆，2002年，图版77、73）

见腰鼓图像的原型有可能来自于当时现实音乐中使用的腰鼓。之前，笔者《晚唐敦煌地区鼓类乐器制作考》认为，敦煌地区在晚唐时期已完全具备鼓类乐器制作的能力，❶至于中唐时期是否已经存在则无法断言，也有可能是从中原传入河西地区的腰鼓，但可以肯定壁画所绘此类形制的腰鼓是唐代真实存在的乐器。

日本正仓院南仓所藏腰鼓鼓身和腰鼓部件与壁画中的腰鼓同样具有高度的一致性。根据正仓院网站显示，图31左侧陶制腰鼓鼓身和右侧鼓皮残件为相邻的两件藏品，编号分别为南仓114、南仓116，其中南仓114解说词称其为"唐乐所用细腰鼓"，南仓116未说明时代，应同为唐代。南仓116鼓皮残件由三部分组成：圆形蒙皮，其外延为一圈半团花装饰带，以及用于固定蒙皮的鼓圈和用于固定、调音的鼓绳。我们发现，经变画所绘三件腰鼓[图30、图32]也将蒙皮、装饰带和鼓圈以不同颜色标示出来，这一部分与南仓116鼓皮残件一致。在鼓身形制上，经变画所绘腰鼓与南仓114陶制腰鼓鼓身亦有相似性，如鼓身隆起的五道圈饰，腰鼓图像以纵向白色勾线的形式表示，南仓114则使用圈状棱边工艺。只是南仓114的材质明确是陶制，但经变画所绘腰鼓材质不明。如依《晚唐敦煌地区鼓类乐器制作考》的结论，敦煌地区使用的鼓类乐器均为木质，而且根据敦煌文献记载，鼓类制作一般由木匠和画匠协同完成，其制作工艺也与制陶无关。❷当然，也不排除腰鼓材质为陶质或瓷质的可能，

❶ 参见朱晓峰《晚唐敦煌地区鼓类乐器制作考》，袁行霈主编《国学研究》第四十一卷，北京：北京大学出版社，2019年，第59～72页。
❷ 根据敦煌文献记载，晚唐敦煌地区的鼓类制作工匠包括："造鼓木匠""造鼓床木匠""油鼓床"匠以及"画鼓画匠"四类。参见朱晓峰《晚唐敦煌地区鼓类乐器制作考》，袁行霈主编《国学研究》第四十一卷，北京：北京大学出版社，2019年，第59～72页。

[图31]

正仓院所藏陶制腰鼓鼓身与鼓皮残件

（图像采自：https://shosoin.kunaicho.go.jp/treasures?id=0000014826&index=0;

[图32]

第25窟主室南壁《观无量寿经变》腰鼓

（敦煌研究院供图）

原因在于类似南仓114的腰鼓完全有可能在当时传入瓜、沙地区。

另外，南仓116上有固定蒙皮和用于调音的鼓绳，但经变画腰鼓图像无该装置。目前已知敦煌石窟唐代经变画所绘腰鼓一部分有鼓绳装置，如莫高窟第220窟主室南壁《西方净土变》和第172窟南壁《观无量寿经变》所绘。一部分无此装置，如前述三件腰鼓图像。腰鼓图像未出现鼓绳的原因，或许为绘制时的省略，或许所摹原型的腰鼓本来无鼓绳。根据有限的材料，目前推论仅能到此，但可以确定，类似经变画形制的腰鼓在唐代已具备相当广泛的使用和流行规模，敦煌和瓜州地区很可能已经将此类腰鼓用于现实的音乐活动中。

在讨论完腰鼓形制后，我们继续来分析舞伎双手拍击腰鼓起舞的画面表现形式。目前可以确定榆林窟出现此类舞伎的《观无量寿经变》绘制于中唐时期，但在盛唐时期的莫高窟第172窟南壁《观无量寿经变》就已经出现类似舞伎，这是敦煌石窟壁画中现存最早拍击腰鼓起舞的形式[图33]。

第172窟南壁乐舞组合绘有两身舞伎，为拍击腰鼓和反弹琵琶相对而舞。由于壁面稍漫漶，故左舞伎面部、双臂、双足仅余基本轮廓，但依然能够明显看到舞伎所站立方毯的形状，舞伎的装饰、双臂、双腿的动作，头冠两侧垂

[图33]
莫高窟第172窟主室南壁《观无量寿经变》舞伎
（敦煌研究院供图）

于双肩的缯带样式、画法与榆林窟第25窟所绘舞伎均具近似性。唯一的区别正是上文提及的第172窟腰鼓上有鼓绳，第25窟则无鼓绳，鼓身形制、蒙皮方式同样是一致的。此外，在莫高窟第5、第98、第108、第146、第156、第158窟和榆林窟第12、第16、第33、第34、第38窟壁画中均出现此类形式的舞伎图像，[1]壁画绘制时代大致从盛唐延续至五代。综上，我们认为第172窟所绘舞伎拍击腰鼓的形式作为敦煌石窟壁画已知现存最早的图像，自盛唐出现并逐渐定型之后，可能以画稿或画样的方式在敦煌和瓜州两地的洞窟中逐渐传承开来。

5. 乐舞组合形式与编制

在本书第一章第四节"经变画乐舞组合形式"部分中，我们通过数字形式来表示榆林窟经变画乐舞组合，以此准确衡量乐舞场景中所绘乐伎和舞伎数量及规模。据此，第25窟主室南壁《观无量寿经变》中的乐舞组合形式为"4+1+1+4"，即乐舞场景由左侧四身菩萨乐伎、中间一身舞伎和一身迦陵频伽乐伎、右侧四身菩萨乐伎共同组成。诚然，这仅是乐舞内容的呈现，难以体现菩萨伎乐乐队编制的信息，而对乐队编制的研究，在很大程度上可以反映其与古代现实音乐间的联系，这是敦煌乐舞研究的重点和目的之一。因此，根据前文对乐舞场景中乐器的考证，我们将

---

[1] 莫高窟包含此类图像的壁画图像参见吴曼英临摹《经变中的伎乐菩萨形象》，阴法鲁主编《敦煌舞姿》，上海：上海文艺出版社，1981年，第68～73页；王克芬、柴剑虹《箫管霓裳：敦煌乐舞》，兰州：甘肃教育出版社，2007年，第21～25页。榆林窟包含此类图像的壁画参见本文"榆林窟壁画乐舞图像内容总录"及文末图版部分。

其中乐队编制所涉乐器按性能分类如下：

吹奏乐器：贝一、筚篥一、笙一、尺八一、横笛一、排箫一

弹拨乐器：琵琶二

打击乐器：拍板一

通过以上编制信息可以发现，相对通常的敦煌经变画菩萨伎乐乐队编制，其存在两个显而易见的问题：第一，乐队编制不全导致的声部不均衡；第二，与唐代经变画菩萨伎乐乐队侧重打击乐器的普遍特征不符。即便将舞伎所持腰鼓列入乐队的打击乐器中，该问题依然存在，况且经变画中腰鼓是包含舞具属性的。以下来逐条分析。

首先，按照笔者在《唐代莫高窟壁画音乐图像研究》一书中的观点❶，尽管不能将唐代经变画菩萨伎乐乐队的编制与唐代现实的用乐编制进行直接对比得出相关结论，但如果追究菩萨伎乐乐队在现实中的操作性，大部分应该是可行的，也就是说其不论演奏什么曲目或何种风格，最起码符合乐队声部均衡的基本条件，但第25窟《观无量寿经变》菩萨伎乐乐队中使用的吹管乐器数量明显多过弹拨乐器和打击乐器，或者说缺少唐代菩萨伎乐乐队经常出现的如竖箜篌、阮咸、筝、答腊鼓、方响等乐器，这既不符合敦煌经变画菩萨伎乐乐队的编制特征，也有悖于唐代现实音乐的用乐规律。

其次，通过分析大量的唐代经变画菩萨伎乐乐队编制后，我们发现其用乐的普遍特征与唐代音乐的基本风格是相符的，即在注重各类乐器声部均衡的基础上突出打击乐器的数量。为此，我们分别选取莫高窟初唐、盛唐和中唐时期分别具代表性的三铺经变画菩萨伎乐乐队编制来进行对比（需要说明的是，由于中唐第112窟主室南壁所绘《观无量寿经变》菩萨伎乐乐队分区域排列为乐舞组合Ⅰ与乐舞组合Ⅱ，与故未将其列入表1）。

通过表1对比，可以明显看到榆林窟第25窟《观无量寿经变》菩萨伎乐乐队并未按普遍的菩萨伎乐乐队编制方式安排乐器，主要表现在没有突出打击乐器的重要性，乐器数量也未遵循弹拨、吹奏和打击乐器数量依次增加的规律。尽管我们无法获知画面意欲表达的乐曲和风格，但乐舞场景中的菩萨伎乐乐队是为舞伎起舞伴奏的，这点应无疑。假设不同经变画乐舞场景出现相同的舞伎、舞姿或舞具，那么按

---

❶ 朱晓峰《唐代莫高壁画音乐图像研究》，兰州：甘肃教育出版社，2020年，第216~223页。

表 1　四铺经变画菩萨乐舞组合编制分类对比 *

	榆林窟	莫高窟		
	中唐第25窟主室南壁《观无量寿经变》菩萨伎乐乐队及舞伎	初唐第220窟主室北壁《药师经变》菩萨伎乐乐队及舞伎	盛唐第172窟主室南壁《观无量寿经变》菩萨伎乐乐队及舞伎	中唐第112窟主室北壁《药师经变》菩萨伎乐乐队及舞伎
吹奏乐器	贝一、筚篥一、笙一、尺八一、横笛一、排箫一	横笛三、筚篥三、笛一、排箫一、笙一、贝一	排箫一、贝一、横笛一、笙一、筚篥一、笛一	排箫一、横笛一
弹拨乐器	琵琶二	竖箜篌一、花边阮一、筝一	竖箜篌一、阮咸一、琵琶一、筝一	竖箜篌一、阮咸一
打击乐器	拍板一	拍板三、腰鼓三、羯鼓一、都昙鼓一、答腊鼓一、鸡娄鼓一、方响一、钹二	羯鼓一、鼗鼓与鸡娄鼓一、腰鼓一、答腊鼓一、拍板二	拍板一、方响一、答腊鼓一、腰鼓一
舞伎及舞种	舞伎一身，拍击腰鼓起舞	舞伎四身，肩搭帔巾旋转起舞	舞伎两身，一身拍击腰鼓起舞，另一身反弹琵琶起舞	舞伎一身，肩搭帔巾起舞

* 表1中莫高窟第220、172和112窟相关经变画乐舞场景中乐器编制和舞伎及舞种的研究结果，均出自朱晓峰《唐代莫高窟壁画音乐图像研究》，兰州：甘肃教育出版社，2020年，第215、309、359～362页。

理其乐舞风格应该相去不远，而根据上文以及表1中的陈述，盛唐第172窟主室南壁《观无量寿经变》菩萨伎乐乐队中间也有一身拍击腰鼓起舞的舞伎且二者之间具有明显的近似性，所以榆林窟第25窟《观无量寿经变》菩萨伎乐乐队编制应该与第172窟菩萨伎乐乐队编制相近才符合常理，但事实却与此相异。

　　不过，通过对比乐队编制，我们发现二者所用的吹奏乐器编制是一致的，[1]而且这种一致性并非孤例。如笔者之前对比盛唐第172窟主室南壁与中唐第112窟主室南壁《观无量寿经变》菩萨伎乐乐队及舞伎时就发现，其中反弹琵琶舞伎与右内侧乐队编制相同，由此得出"第112窟《观无量寿经变》中菩萨伎乐乐队是参照第172窟南壁《观无量寿经变》菩萨伎乐乐队所绘或者二者使用的是同一菩萨伎乐乐队画稿"的观点。[2]因此综合前述，我们可以将拍击腰鼓起舞这一结论扩大至整个经变画乐舞组合，即盛唐第172窟主室南壁观无量寿经变很可能就是其之后部分洞窟如

---

[1] 由于盛唐第172窟主室南壁《观无量寿经变》画面漫漶，本人在《唐代莫高窟壁画音乐图像研究》中对乐器进行辨识时，称其中所绘一件竖吹管乐器为"笛"，但根据本文先前的考证，该器有可能是尺八。参见朱晓峰《唐代莫高窟壁画音乐图像研究》，兰州：甘肃教育出版社，2020年，第307～308页。
[2] 朱晓峰《唐代莫高窟壁画音乐图像研究》，兰州：甘肃教育出版社，2020年，第360页。

莫高窟第 112 窟和榆林窟第 25 窟观无量寿经变中乐舞组合绘制的底本。至于榆林窟第 25 窟观无量寿经变菩萨伎乐乐队编制相异的原因，应该是壁画绘制过程中的删减，但这种删减似乎并未考虑现实编制的问题，否则既不符合唐代真实音乐的用乐，又与敦煌唐代经变画菩萨伎乐乐队编制相左的情况是无法得到合理解释的。

6.《观无量寿经变》乐舞图像功能

本铺《观无量寿经变》出现的乐舞内容包括不鼓自鸣乐器组成的天乐、迦陵频伽乐伎和菩萨伎乐乐队与舞伎组合。这些乐舞图像之所以在《观无量寿经变》中出现，与其依据的《佛说观无量寿佛经》文本有直接关系，这同样也是不同题材经变画中绘入不同种类乐舞图像最根本的原因。从这个角度讲，经变画乐舞图像具有的功能正是基于其所依据的佛经文本赋予的。

《佛说观无量寿佛经》云：

> 楼阁千万，百宝合成。于台两边，各有百亿华幢，无量乐器，以为庄严。八种清风，从光明出，鼓此乐器，演说苦、空、无常、无我之音。是为水想，名第二观。
>
> ……
>
> 众宝国土，一一界上，有五百亿宝楼。其楼阁中，有无量诸天，作天伎乐。又有乐器，悬处虚空，如天宝幢，不鼓自鸣。此众音中，皆说念佛、念法、念比丘僧。此想成已，名为粗见极乐世界宝树宝地宝池，是为总观想，名第六观。❶

这里，不鼓自鸣乐器组成的天乐在佛经中被两次提及，分别出自第二观"水想"和第六观"总观想"："无量乐器，以为庄严。八种清风，从光明出，鼓此乐器""又有乐器，悬处虚空，如天宝幢，不鼓自鸣"。这正可以与经变画中现存四件不鼓自鸣乐器对应，而且经文所言"悬处虚空"与不鼓自鸣乐器所在的经变画上部天际位置也是符合的。另外，经文所言乐器演奏的主体是净土世界中的"八种清风"，❷不鼓自鸣乐器在经变画中的功能按佛经原文为"演说苦、空、无常、无我之音"和"皆说念佛、念法、念比丘僧"。同时，第六观中"其楼阁中，有无量诸天，

---

❶ 大藏经学术用语研究会编《大正新修大藏经》第十二册，台北：新文丰出版公司影印，1992 年，第 341～342 页。

❷ 唐善导《观无量寿佛经疏》："从八种清风下，至无我之音已来，正明光变乐音，转成说法之相。即有其三，一明八风从光而出，二明风光即出即鼓乐发音，三明显说四倒四真恒沙等法。"隋智凯说《观无量寿佛经疏》："八种清风者，彼处实无时节，若寄此八，谓除上下余四方四维，故云八。亦可用对八卦也。"参见大藏经学术用语研究会编《大正新修大藏经》第三十七册，台北：新文丰出版公司影印，1992 年，第 263、191 页。

作天伎乐",对应经变画乐舞组合,只是经文中所说的位置为净土世界五百亿宝楼之楼阁,经变画则处理为阿弥陀佛说法场景之前的乐舞平台。

经变画所绘迦陵频伽乐伎应与经文中"迦陵频伽"或"众鸟""妙色鸟""共命鸟"等对应,《佛说观无量寿佛经》中并未直接涉及这一部分内容,却在第五观"八功德水想"载有"百宝色鸟":

> 极乐国土有八池水,一一池水七宝所成,其宝柔软从如意珠王生……从如意珠王出金色微妙光明,其光化为百宝色鸟,和鸣哀雅,常赞念佛、念法、念僧,是为八功德水想,名第五观。❶

经文所言百宝色鸟其特征为"和鸣哀雅,常赞念佛、念法、念僧",这与《佛说阿弥陀经》对迦陵频伽的解释一致:

> 彼国常有种种奇妙杂色之鸟:白鹄、孔雀、鹦鹉、舍利、迦陵频伽、共命之鸟。是诸众鸟,昼夜六时出和雅音……其土众生闻是音已,皆悉念佛、念法、念僧……❷

众所周知,对迦陵频伽描述最详细的佛教经典就是《佛说阿弥陀经》,而《阿弥陀经变》也是迦陵频伽乐伎出现数量最多的敦煌经变画。通常,绘有迦陵频伽的经变画并不一定是《阿弥陀经变》,但《阿弥陀经变》中大多会出现迦陵频伽。所以《观无量寿经变》在绘制时,应该是将百宝色鸟等同于迦陵频伽的。当然此种方式无可厚非,按经文说法二者本来大同小异,而且目前所见经文也是不同时代、不同译者的译本,原经典中二者具体为何种称谓,也不得而知。按《佛说观无量寿佛经》原文,百宝色鸟来自八功德水,经变画所绘迦陵频伽有一身也是位于画面中八功德水之上的乐舞平台,这是二者相近之处。另外一身迦陵频伽乐伎和共命鸟乐伎在经变画中的位置为两侧配殿前左右平台,而这种分布方式也多见于《阿弥陀经变》中。综上,《观无量寿经变》出现迦陵频伽和共命鸟乐伎,所依据正是佛经中与之相关的内容,这也是敦煌乐舞模式化的表现之一。至于迦陵频伽乐伎在经变画中的功能,前文在研究第15窟前室北壁的迦陵频伽乐伎时已有论述,此处不再重复。

---

❶ 大藏经学术用语研究会编《大正新修大藏经》第十二册,台北:新文丰出版公司影印,1992年,第342页。
❷ 大藏经学术用语研究会编《大正新修大藏经》第十二册,台北:新文丰出版公司影印,1992年,第347页。

小 结

　　本章在开篇时就已谈及，由于榆林窟目前已经不存在前室甬道、前室、甬道和主室全部由唐代开凿和绘制的洞窟，所以对于唐代榆林窟壁画乐舞图像的研究，除进行基本的考证和总体特征归纳外，还牵涉一个重要的问题，即通过现存的部分乐舞图像来构建榆林窟唐代壁画乐舞的整体内容。简言之，假设目前存在一个由唐代开凿且窟内壁画均为唐代原作的洞窟，其窟内哪些位置的壁面上应该绘乐舞图像？这些乐舞图像应该包含哪些种类？事实上，前一个问题在本书第一章"榆林窟壁画乐舞图像位置"部分中已进行归纳，唐代乐舞图像的位置应该与榆林窟壁画乐舞图像位置的总体特征是一致的，所以接下来需要以现有乐舞图像位置信息结合第15窟、第25窟内的乐舞图像来综合得出结论。根据本章的梳理，第15窟内唐代乐舞图像集中出现在前室甬道和前室，第25窟的乐舞图像则主要来自主室南壁，如果把二者结合，再综合唐代莫高窟壁画乐舞图像的特征，就可以得出一个基本完整的唐代洞窟壁画乐舞图像的位置和种类：

　　前室甬道，两侧壁绘世俗乐伎。需要说明的是，鉴于第15窟内该位置所绘乐伎的特殊性，此处出现乐舞图像严格来讲并不具备普遍意义，因此不排除唐代其他洞窟在营建之初未在前室甬道侧壁安排设计乐舞图像的可能。

　　前室，顶部绘飞天乐伎应该具有普遍性，而四壁应该会根据不同的壁画类型绘入零散的乐舞图像，如《天王像》中的迦陵频伽乐伎，《说法图》中的化生乐伎，《普贤变》和《文殊变》中的菩萨乐伎等。

主室，窟顶四披很少出现乐舞图像，这是敦煌石窟唐代乐舞图像的基本规律。两侧壁的经变画中通常会集中出现乐舞图像，而且乐舞图像的数量与壁面经变画安排的铺数成正比，即经变画数量越多，其中出现的乐舞图像数量就越多，主要包括有不鼓自鸣乐器组成的天乐、飞天乐伎、迦陵频伽乐伎和菩萨乐伎和舞伎组成的乐舞组合。正壁和壁门由于其形制的原因，两侧通常会绘具有对应形式的经变画、叙事式经变画或其他壁画，如绘《普贤变》《文殊变》《维摩诘经变》，其中往往就有菩萨乐伎等零散乐舞图像出现。

　　总体而言，尽管榆林窟唐代壁画乐舞图像现存数量不多，但从类别来看，敦煌石窟壁画主要的乐舞类型基本都有涉及，如不鼓自鸣乐器、飞天乐伎、菩萨乐伎、迦陵频伽乐伎、世俗乐伎和菩萨舞伎。壁画所绘乐器图像也具有一定的典型性，如出现了敦煌石窟壁画中鲜见的特殊形制的横笛、凤首弯琴、尺八以及刻画细致，特征明显的腰鼓，这些都是研究唐代乐器史的重要资料。乐舞图像的整体绘制也基本延续敦煌石窟尤其是莫高窟初、盛唐风格，而且与莫高窟中唐时期风格保持一致，尤其是通过研究观无量寿经变乐舞组合，我们发现其与莫高窟第172窟、第112窟的观无量寿经变乐舞组合具有近似性的同时又有差异化的表现。通过分析，其中的近似性显而易见，差异化的具体成因由于缺乏文献支撑已无法探明，但分属不同石窟导致壁画绘制出现差异应该是客观存在的原因。总体而言，从莫高窟盛唐第172窟到莫高窟中唐第112窟再到榆林窟中唐第25窟，以观无量寿经变为代表的乐舞图像更像是经历了一个从起始到继承再到发展的过程，这至少说明三者之间具有一脉相承的性质。与此同时，榆林窟现存唐代壁画乐舞图像也表现出一定的特殊性，如第15窟前室甬道两壁所绘唐装和吐蕃装世俗乐伎，第15窟前室北壁天王图像中的迦陵频伽乐伎，这些都是值得关注并需要继续深入的。综上，我们将唐代壁画乐舞视作整个榆林窟壁画乐舞的起始阶段。

　　需要特别指出的是，尽管第15窟前室北壁天王图像具有典型的吐蕃时期艺术风格，但其中的迦陵频伽乐伎以及乐器都是吐蕃时期之前就已存在于敦煌石窟的，尤其是乐器图像。乐器作为一个时代或一个地区乐舞文化的象征物和承载物，其图像应该是被频繁地、大量地作为符号和内容绘制的，但在榆林窟壁画中，并没有看到代表典型吐蕃乐舞文化的乐器出现，这不得不说是一个遗憾。当然，这很可能就是历史本来的样貌，其中或许并不存在中唐时曾绘入而被后世所覆盖或破坏的侥幸，因为在同时期的莫高窟，我们依然没有看到吐蕃乐器出现在壁画上。此外，在

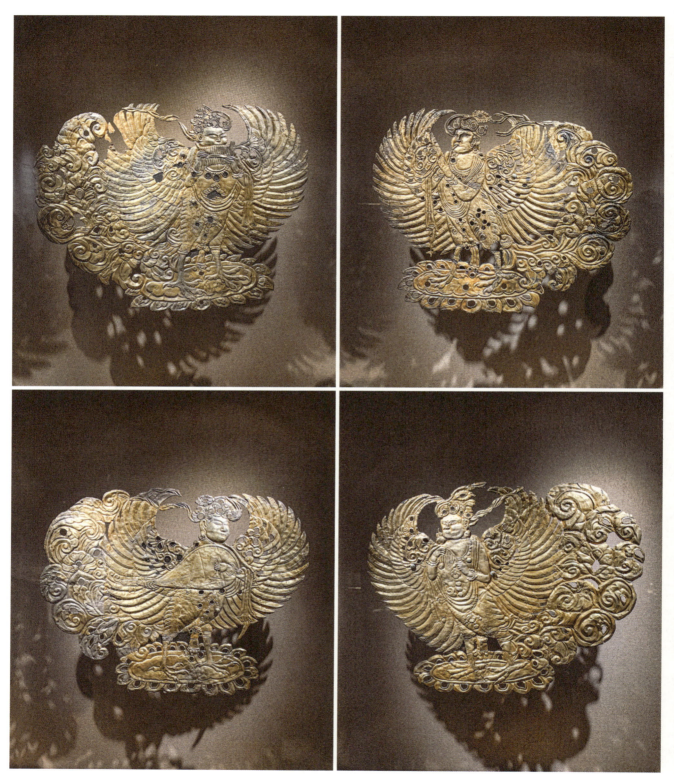

[图34]

美国普利兹克家族收藏的迦陵频伽鎏金银饰片

（笔者拍摄）

一些吐蕃时期遗存文物上出现的乐器也同样具有中原乐舞文化的特征，如美国普利兹克家族收藏的一组迦陵频伽鎏金银饰片中，迦陵频伽乐伎所奏乐器包括排箫、笙、直颈琵琶、鼗鼓，[图34]这些乐器在同时期的中原曾被广泛使用。因此，吐蕃时期的乐舞文化依然带有较强的中原属性，这与吐蕃王朝深受唐代汉地文化影响，导致其文化具有浓厚的汉文化底色有直接关系。❶

---

❶ 参见霍巍《考察吐蕃时代社会文化"底色"的三个重要维度》，《思想战线》，2018年第2期，第23页。

第三章

五代
榆林窟壁画乐舞图像

MUSIC AND DANCE IMAGES OF MURALS
IN YULIN GROTTOES IN THE FIVE
DYNASTIES

由于现存榆林窟缺少中唐与五代之间接续的晚唐时期洞窟，因此在本章开始之前，需要首先交代关于榆林窟五代时期的断代，即如何确定五代时期之于榆林窟的上限与下限。尽管我们在研究敦煌石窟时仍将唐以后宋以前这段历史称为五代，但其包含的时限与通常历史概念中的时限是有区别的，正如史苇湘《关于敦煌莫高窟内容总录》对莫高窟唐代分期提出的观点："如何划分唐代的这四段时间？显然不能照搬通史或文学史上习惯的时期划分。沙州、河西有不同于内地的地方历史，例如初唐，内地早已统一，敦煌地方却还有五六年的动荡、割据；盛唐则起于神龙，迄于建中；之后是吐蕃王朝将近七十年的统治，佛教空前繁荣，形成了莫高窟后期的地方风格，归义军时代只不过是对它的继承和发展。因此，莫高窟唐代艺术的分期不能不建立自己的标准。"❶所以在《关于敦煌莫高窟内容总录》中，敦煌石窟的五代时期是以乾化四年（914年）曹议金任归义军节度使为起点的，❷而五代的终点与历史上的划分一致，即建隆元年（960年）北宋王朝的建立。在这段时间中，敦煌地区历经四任归义军节度使：曹议金、曹元德、曹元深和曹元忠。❸《安西榆林窟内容总录》中对于榆林窟五代的时限应该就是按此划定的，即莫高窟五代与榆林窟五代时期一致且基本等同于敦煌历史上的曹氏归义军时期，段文杰在《榆林窟壁画艺术》中也将这一时期称为"瓜沙曹氏时期"。❹

在曹氏归义军统治瓜沙地区期间，虽然中原地区战争频仍，政权不断更迭，但归义军通过和亲积极改善与周边甘州回鹘、于阗等政权的关系，并着力保持与中原地区的联系，使瓜沙地区政治相对稳定，与中原地区的文化交流也更加通畅。政治稳定和文化繁荣势必促进石窟营建的兴盛，仅榆林窟由曹氏家族主持开凿和重修的洞窟就有28个之多，❺加之归义军政权还专门设立都勾当画院，曹元忠曾任瓜州刺史，❻这些都在客观上为榆林窟开窟造像、绘制壁画提供有利条件。

❶ 史苇湘《关于莫高窟内容总录》，敦煌研究院编《敦煌石窟内容总录》，北京：文物出版社，1996年，第230页。
❷ 史苇湘《关于莫高窟内容总录》，敦煌研究院编《敦煌石窟内容总录》，北京：文物出版社，1996年，第233~234页。
❸ 曹元忠在961年称"太傅令公"时，北宋已经建立，此时距曹元忠去世的974年还有13年的时间，其后还有曹延恭和曹延禄两任节度使。关于曹氏归义军世系及称号，参见荣新江《归义军史研究——唐宋时代敦煌历史考索》，上海：上海古籍出版社，1996年，第95~124页。
❹ 段文杰《榆林窟的壁画艺术》，敦煌研究院编《中国石窟·安西榆林窟》，北京：文物出版社，1989年，第167页。
❺ 段文杰《榆林窟的壁画艺术》，敦煌研究院编《中国石窟·安西榆林窟》，北京：文物出版社，1989年，第167页。
❻ 曹元忠在944年曹元深去世之后，实际掌管归义军，但在曹元深任节度使的942年，其任瓜州刺史，而且刺史一职直至946年依然由曹元忠所领。参见荣新江《归义军史研究——唐宋时代敦煌历史考索》，上海：上海古籍出版社，1996年，第113~122页。

根据《安西榆林窟内容总录》，[1]结合本书《榆林窟壁画乐舞图像内容总录》的调查统计，榆林窟由五代时期开凿且壁面绘有同时代乐舞图像的洞窟计有第12、第13、第16、第19、第31、第32、第33、第40窟。上述洞窟中，除第13窟仅在主室窟顶四披及四角垂幔下端绘铃外，其余洞窟所绘乐舞图像均比较丰富。本书将选择第16和33窟中所绘乐舞图像进行专题研究，一方面由于其中乐舞图像具有五代时期的典型特征；另一方面，两窟甬道分别绘曹议金及其夫人，曹元忠父子及其夫人、女儿的供养人画像，说明这是曹氏家族在不同时期主持开凿的石窟，因此对其进行对比研究，可以更准确地看到乐舞图像在这一时期的传承与变化。

---

❶ 参见霍熙亮整理《安西榆林窟内容总录》，敦煌研究院编《敦煌石窟内容总录》，北京：文物出版社，1996年，第204～222页。

第一节

榆林窟第 16 窟
乐舞图像

一、洞窟基本情况

榆林窟第 16 窟位于窟区东侧崖面南段第一层, 南、北侧分别与第 15、第 17 窟毗邻。洞窟由前室甬道、前室、主室甬道和主室构成, 前室形制一面披顶, 南、北壁各设马蹄形像台, 主室为覆斗形顶, 设有中心佛坛, 坛上一身佛塑像为民国时期塑造。前室和主室壁画内容均为五代时期原作。前室东壁门上绘七世佛, 门南、北分别绘夜叉图像, 南、北壁分别绘天龙八部、菩萨和夜叉图像, 西壁门南、北分别绘《梵天赴会》和《帝释天赴会》。主室窟顶四披绘飞天乐伎、千佛和《说法图》; 东壁绘《劳度叉斗圣变》; 南壁东部绘《报恩经变》, 西部绘《药师经变》; 北壁东部绘《天请问经变》, 西部绘《西方净土变》; 西壁门上中间写有发愿文一方, 门南、北侧分别绘《文殊变》和《普贤变》。具体内容及布局如图 1、2 所示。

前室甬道南壁边饰垂幔下绘男供养人五身及侍从, 北壁对应绘女供养人十身、侍女四身, 这一部分壁面已漫漶, 其中南壁东起第一身供养人题名的录文为 "□归义军节度瓜沙等州□□谯郡开国侯食邑七百户实封三百户曹元德□□□□"。主室甬道南壁边饰垂幔下绘曹氏归义军第一任节度使曹议金及两身武人侍从像, 其题名为 "敕归义军节度使检校太师兼托西大王谯郡开国公曹议金一心供养"。北壁边饰垂幔下绘曹议金夫人及三身侍女像, 其题名为 "北方大回鹘国圣天公主陇西李氏一心供养"。[1]曹元德为曹议金子, 也是曹议金的继任者, 因此第 16 窟很有可能是曹

---

[1] 王惠民《曹元德功德窟考》,《敦煌研究》1995 年第 4 期, 第 163 页; 张伯元《安西榆林窟》, 成都: 四川教育出版社, 1995 年, 第 209 页。

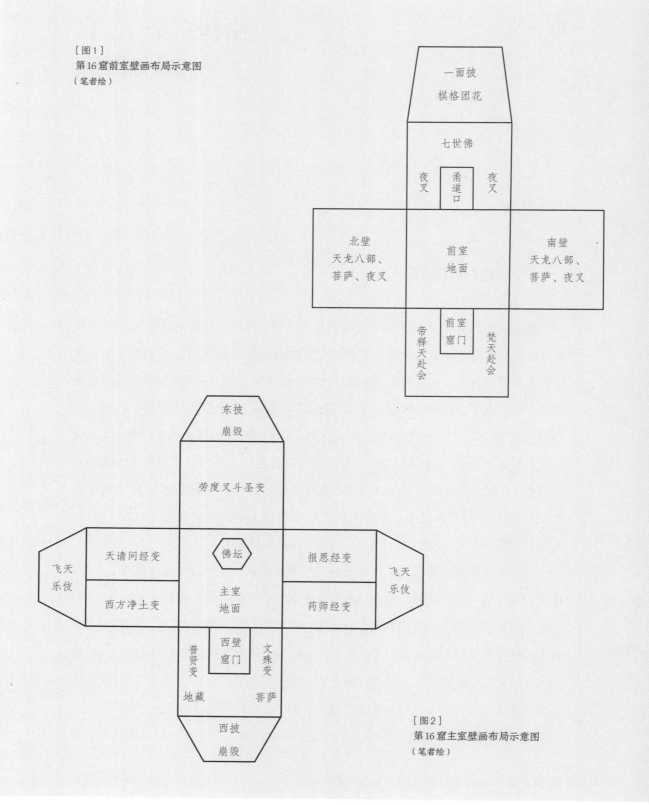

[图1]
第16窟前室壁画布局示意图
（笔者绘）

一面披
棋格团花

七世佛

夜叉　甬道口　夜叉

北壁
天龙八部、
菩萨、夜叉

前室
地面

南壁
天龙八部、
菩萨、夜叉

帝释天赴会　前室窟门　梵天赴会

东披
崩毁

劳度叉斗圣变

飞天
乐伎

天请问经变

西方净土变

佛坛

主室
地面

报恩经变

药师经变

飞天
乐伎

普贤变

地藏

西壁窟门

文殊变

菩萨

西披
崩毁

[图2]
第16窟主室壁画布局示意图
（笔者绘）

元德任归义军节度使期间（935～939年）开凿的曹氏家族功德窟。[1]但是从曹议金题名和曹元德的经历分析，曹议金自称"托西大王"始自长兴二年（931年）直至其去世后的一段时间，而在曹议金任节度使期间，曹元德又是其得力助手并任职节度留后，[2]因此也不排除此窟为曹议金在世期间由曹元德以节度留后即节度副使身份主持营建的可能，石窟始建时间不应早于931年。综上，此窟为五代早期由归义军曹氏家族开凿是肯定的。

此窟壁画中包含数量丰富、类型多样的乐舞图像，主要为飞天伎乐和经变画乐舞组合，所在位置集中在前室西壁门南、北所绘《梵天赴会》《帝释天赴会》和主室四壁所绘的七铺经变画中，其中主室所有经变画均出现乐舞图像，这是值得注意的现象。下面将按照洞窟结构和位置对乐舞图像进行梳理与考证。

二、前室

第16窟前室西壁门南和门北分别绘《梵天赴会》和《帝释天赴会》各一铺，其中在主尊梵天头光的东侧和帝释天头光的西侧分别绘三身一组的化生乐伎[图3]，呈"品"字形排列。两组六身乐伎的外形、服饰、姿态为典型的菩萨装造型，均为螺发，额头有白毫、脖颈绘三道，饰物包括耳珰、项圈、臂钏和腕钏。帔巾从双臂延伸至身后，呈"Ω"形。上身裸露，下身外着腰裙，内搭裤装。除《梵天赴会》中最左一身乐伎半跏趺坐于莲花座外，其余乐伎均踞坐于莲花座上，莲花表明乐伎的化生身份。莲花座由如意状祥云所托，与乐伎帔巾共同表现出乐伎悬处虚空演奏乐器的状态。化生乐伎所演奏乐器较为清晰，《梵天赴会》中的乐器自上而下分别为拍板、横笛和笙篥，《帝释天赴会》中的乐器则为笙、拍板和横笛，这些主要以壁画中常见的吹奏乐器为主，未见筝、琵琶等弦乐器。

在敦煌石窟壁画中，化生乐伎形象通常包括两类：一类为孩童形象，这类乐伎同样出现在榆林窟壁画中，如第12窟前室西壁门南五代时期《梵天赴会》中的化生乐伎，第40窟前室北壁五代所绘天王图像中的化生乐、舞伎[图4]；另一类为本窟壁画中的菩萨造型。两类乐伎除形象不同外，均以不同姿态立于莲花或莲花座上。

❶ 荣新江《归义军史研究——唐宋时代敦煌历史考索》和胡开儒《安西榆林窟》均持此说。参见荣新江《归义军史研究——唐宋时代敦煌历史考索》，上海：上海古籍出版社，1996年，第22页；胡开儒《安西榆林窟》，乌鲁木齐：新疆大学出版社，1997年，第25页。
❷ 文中相关纪年参见荣新江《归义军史研究——唐宋时代敦煌历史考索》，上海：上海古籍出版社，1996年，第19、22、107页。

[图3]
第16窟前室西壁门南侧《梵天赴会》和门北侧《帝释天赴会》中的化生乐伎
（敦煌研究院供图）

[图4]
第12窟前室西壁门南侧和第40窟前室北壁所绘化生乐、舞伎
（敦煌研究院供图）

在榆林窟五代时期壁画中，化生乐伎主要以悬处虚空的方式，绘制于前室壁面的
《梵天赴会》《帝释天赴会》或天王图像中，多呈"品"字形排列，这是与敦煌早期
洞窟多绘制在龛壁、龛楣以及唐代多出现在经变画中的区别。

　　梵天、帝释天是敦煌石窟壁画中较常见的又一类壁画形象，其服饰冠带如帝王
装，通常作为佛和菩萨的护法、从众形象出现，相对侍立护法或出行赴会的内容多

见于唐、五代、宋代的壁画中。●

此外，我们在佛教经典中也找到了梵天、帝释天与音乐之间的联系，这为化生乐伎被绘在《梵天赴会》和《帝释天赴会》中提供了相应的文献支持。《大方等大集经》卷四十三载：

一切化作大梵天身，一一梵王无量千亿眷属围绕；或作无量帝释天身，亦有千亿眷属围绕。各以无量种种音乐，种种庄严，如是化已从魔宫下，向如来所设于供养，种种华鬘、末香、涂香散于佛上，顶礼佛足右绕三匝。❷

又《佛说秘密三昧大教王经》卷一载：

如是我闻，一时世尊在三十三天杂饰柔软地帝释宫殿大楼阁中……复有大梵天王、大自在天、那罗延天等众，并帝释天主及其眷属。又复彼天有无数俱胝天女，起欢喜心奏妙音乐，咸作最上广大供养。❸

其中，《大方等大集经》属于大乘佛教大集部经典汇编，卷三十三至六十由隋那连耶舍所译。俄藏、英藏、法藏、国图藏等敦煌文献均有该经写卷，但大多为残卷或残片，且未发现与引文对应的部分。❹《佛说秘密三昧大教王经》为密教经典，由宋施护等译。上述经文未直接提到梵天、帝释天与化生乐伎的关系，但经文中"各以无量种种音乐""俱胝天女奏妙音乐"说明梵天、帝释天出现时是有乐伎奏乐的，只是敦煌石窟壁画在绘制过程中将这一部分处理为了化生乐伎。通过分析壁画和经文，至少有两点可以明确：第一，在佛说法的场景中，梵天、帝释天和乐伎应该同属佛的法众，其指向性均为佛，音乐的功能也很明确——音乐供养；第二，如本窟壁画呈现，当梵天、帝释天作为各自画面的中心人物以出行赴会的形式出现，其中化生伎乐的功能应该侧重对出行场景的装饰和气氛的渲染。

❶ 参见《敦煌学大辞典》史苇湘撰"帝释天画像""大梵天画像"词条完整解释。季羡林主编《敦煌学大辞典》，上海：上海辞书出版社，1998年，第170~171页、第173页。
❷ 大藏经学术用语研究会编《大正新修大藏经》第十三册，台北：新文丰出版公司影印，1992年，第286页。
❸ 大藏经学术用语研究会编《大正新修大藏经》第十八册，台北：新文丰出版公司影印，1992年，第446页。
❹ 张磊、周小旭《敦煌本〈大方等大集经〉残卷缀合研究》，《浙江大学学报（哲学社会科学版）》2016年第5期，第35~49页；张炎《英藏敦煌本〈大集经〉残卷缀合研究》，《中国典籍与文化》2017年第1期，第14~25页。

三、主室甬道

　　第16窟主室甬道南壁边饰垂幔下绘曹议金及两身武人侍从像，北壁边饰垂幔下绘曹议金夫人及三身侍女像［图5］。段文杰《榆林窟壁画艺术》在描述侍女装束和手持物品时，将其中位于最前部侍女所持物品辨识为琴，文章是这样描述的："北壁画曹议金夫人回鹘公主像……身后侍婢三人，二人汉装，一人回鹘装，分别持琴、镜和障扇"。❶

　　通过观察，可以看出站立于前部着汉装的侍女右臂斜向抱持一器物，此器由黄底褐色团花纹织物包裹或置于由该织物制成的袋中，长度约半人高，上端浑圆且有多余织物下垂，下端近方似有捆扎痕迹。按器物外形，近方一端与近圆一端正与琴的琴头和琴尾外观相合［图6-1］，所以应该如段文杰所言为琴，准确地说是由织物包裹或置入琴袋中的琴。在第19窟、第33窟、第34窟、第35窟和第36窟同样有侍女抱持琴的图像出现，具体位置、内容可参看本书《榆林窟壁画乐舞图像内容总录》部分。与此相类的图像在莫高窟壁画中同样有绘制，如莫高窟五代第61窟甬道南壁炽盛光佛中所绘金星形象［图6-2］和莫高窟元代第465窟窟顶东披所绘阿閦佛右侧的供养菩萨等［图6-3］，均竖抱曲项琵琶，琵琶同样以织物或琴袋包裹，可以明

---

❶ 段文杰《榆林窟的壁画艺术》，敦煌研究院编《中国石窟·安西榆林窟》，北京：文物出版社，1989年，第169页。

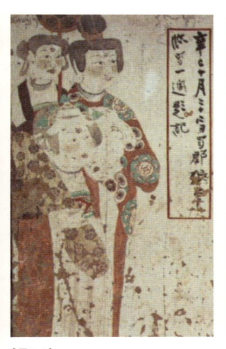

［图6-1］
榆林窟第16窟主室甬道北壁侍女像
（敦煌研究院供图）

［图6-2］
莫高窟第61窟甬道南壁金星形象
（敦煌研究院供图）

［图6-3］
莫高窟第465窟主室窟顶东披供养菩萨像顶
东披供养菩萨像
（敦煌研究院供图）

［图7］
正仓院藏南仓103唐代织锦琵
琶袋残件
（图像采自：https://shosoin.kunaicho.
go.jp/treasures?id=0000014807）

［图8］
故宫博物院藏唐周昉《挥扇仕女图卷》（局部）
（图像采自：https://baike.baidu.com/item/挥扇仕女图/4563220?fr=aladdin）

［图9］
美国加州大学美术馆藏明陈洪
绶《授徒图》（局部）
（图像采自：https://baike.baidu.com/item/
明陈洪绶授徒图/332384?fr=aladdin）

　　显在琴头处看到捆扎痕迹[图6-2、6-3]。以这种方式为琴、筝、琵琶等乐器防尘、防
磕碰的做法是从古至今的惯例，如正仓院南仓收藏有中国唐代的织锦琵琶袋残件
[图7]、故宫博物院藏唐周昉《挥扇仕女图卷》[图8]和美国加州大学美术馆藏明陈洪
绶《授徒图》[图9]等所绘乐器均由织物包裹或置入袋中，其中《挥扇仕女图卷》由

[图10]
莫高窟晚唐第156窟《宋国河内郡夫人宋氏出行图》（局部）
（敦煌研究院供图）

侍女横持的乐器根据外观及长度判断应该为筝，《授徒图》置于太湖石案上的乐器很明显是琴，而且与壁画所绘琴的外观和长度相仿。

事实上，如榆林窟第16窟主室甬道以供养人或世俗身份出现的持乐器女性形象在莫高窟亦有绘制。如莫高窟晚唐第156窟主室北壁下部所绘《宋国河内郡夫人宋氏出行图》中，有四身女性乐工位于宋氏身前，这应该是为归义军第一任节度使张议潮夫人宋氏配置的"房中乐"，❶只是《宋国河内郡夫人宋氏出行图》展示的是女性乐工演奏乐器出行的状态[图10]。但通过对比两处壁画所绘图像，可以发现画面主要人物均为节度使夫人，持奏乐器者是带有侍从属性的侍女或乐工，这一方面说明音乐在晚唐五代时期的敦煌地区具有一定的普遍性，同时说明归义军政权尽管带有极强的军镇性质且远离中原政治文化中心，但其上层阶级社会生活依然受到中原传统礼乐制度的显著影响。

四、主室

1. 窟顶四披

本窟主室窟顶四披中东、西两披皆崩毁，壁画仅有少量残存，南、北披面基本完好，其中垂幔下端悬铃[图11]。在窟顶四披或四壁上沿绘制底端悬铃或不悬铃的垂幔，是榆林窟窟内常见的装饰方式之一。通常情况下，洞窟营建时会根据前室或主室壁画的布局和安排，将悬铃的垂幔绘于披面，如第12、第13、第14、第15、第16、第19、第24、第28、第31、第32、第33、第36、第38等窟；有的绘于壁面上沿，如第2、第3、第4、第14、第15、第17、第21、第22[图12]、第26、第34、第36、第38等窟；其中第14、第15[图13]、第36、第38等窟，则二者兼有；另有第

---

❶ 参见朱晓峰《唐代莫高窟壁画音乐图像研究》，兰州：甘肃教育出版社，2020年，第454～456页。

17窟等，绘于主室中心柱四面龛内主尊华盖下端。其中铃通常以绘制或堆塑形式出现，具体内容见《榆林窟壁画乐舞图像内容总录》。

本窟垂幔绘于主室窟顶四披，垂幔为细长条带，表面绘不同颜色的横向条纹，垂幔与垂幔间绘璎珞，垂幔底部悬挂的铃以堆塑方式制作，并以墨线勾画轮廓，表面施金粉。铃外观呈球形，底部开口，[图14]按此形制，铃应内部中空且装有金属或石质撞击物，通过晃动撞击物以击打铃体使其发声。此类形制的铃与我国最早自新石器时代晚期的合范铸铜铃[1]以及源自公元前印度的佛教法器圆筒形金刚铃[2]有一定的差别，其出现时代应晚于上述两类。目前藏于日本正仓院中仓编号为中仓195的铃铎类第1号藏品[图15]与壁画所绘的铃形制一致，根据正仓院网站公布的信息，此组铃被归入佛具类，但时代、产地均未交代。

在藏经洞出土的丝织品中也有与洞窟内所绘垂幔类似的帷幔，说明洞窟内的装饰方式与敦煌地区寺院陈设和举行佛事活动使用的装饰物之间具有一定的相似性。如现藏大英博物馆编号为MAS.855（Ch.00279）的晚唐至五代时期帷幔[图16]，长281.5厘米，宽46.2厘米。帷幔上方是一条由十块织物拼缝而成的宽边，下方有两层，底层由各种织物

[图11]
第16窟主室窟顶南披
（敦煌研究院供图）

[图12]
第22窟主室北披及北壁上沿
（敦煌研究院供图）

[图13]
第15窟主室北披及北壁上沿
（敦煌研究院供图）

---

❶ 参见安家瑗《中国早期的铜铃》，《中国历史博物馆馆刊》1987年，第35～38页。
❷ 参见（日）林谦三《东亚乐器考》，北京：音乐出版社，1962年，第45～50页。

[图14]
第16窟主室窟顶南披垂幔及下端所悬的铃
（敦煌研究院供图）

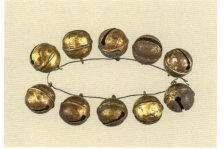

[图15]
正仓院所藏中仓195铃铎类第1号藏品
（图像采自：https://shosoin.kunaicho.go.jp/treasures
?id=0000012273&index=1）

[图16]
藏经洞出土帷幔 MAS.855（Ch.00279）
（图像采自《敦煌丝绸艺术全集·英藏卷》，图版007）

[图17]
藏经洞出土帷幔垂带细部
（图像采自《敦煌丝绸艺术全
集·英藏卷》，图版007）

拼缝而成作底，外层的三角形饰片内钉有鳞形、条形、结形的垂带。●该垂带底端为圆形团状织物，与洞窟内所绘的铃不同。[图17]此外，《敦煌丝绸艺术全集·英藏卷》也推测了该帷幔可能的用途，如用于供案的周围，佛像前的帐额或大型伞盖周围的伞裙。●相较而言，这三种用途中用于佛像前的帐额与洞窟内垂幔的方式更加接近。

　　另外，在敦煌文献P.3432《龙兴寺卿赵石老脚下依蕃籍所附佛像供养具并经目录等数点检历》中，同时出现了佛帐与铜铃的记载：

龙兴寺卿赵石老脚下依蕃籍所附佛像供养……等数如后：

佛帐内当阳脱空金渡像壹，并艳座，长叁尺，其座上菩萨声闻（像）……佛帐

● 参见赵丰主编《敦煌丝绸艺术全集·英藏卷》，上海：东华大学出版社，2007年，第46页。
● 参见赵丰主编《敦煌丝绸艺术全集·英藏卷》，上海：东华大学出版社，2007年，第46页。

额上金渡铜花并白镒花，叁面画垂额壹。

……

舍利塔相轮上金铜火珠壹。铁索肆条，长拾肆讬。铜铃贰佰枚。壹拾叁两铜钵盂贰。❶

《敦煌社会经济文献真迹释录》第三辑根据文献中的"蕃籍""寺卿"以及吐蕃长度单位"箭"将该文献的时代定为吐蕃时期，❷记录的是当时龙兴寺用于点检所藏佛像、佛经、佛衣及供养具的详细记录，其中佛帐出现在文献的第一页，该部分属于对寺院所藏佛像的记录，固此佛帐应该为佛像上所用的附属部分，也就是类似MAS.855（Ch.00279）一类的帷幔；而铜铃出现在第五页，这一部分记录的是寺院的供养具，因此可以基本确定记载中的铜铃不是用于佛帐上的。铜铃数量有200枚之多，说明此类铜铃的体量不是很大，按前引正仓院所藏的铃也以佛具归类的方式看，文献中的铜铃很可能与此相类。

尽管目前找不到佛帐或垂幔与铃相关的直接证据，但敦煌文献中还是有相关数量关于铜铃的记载，除P.3432外，主要出现在寺院什物历一类的文献中，如：

P.2706《年代不明某寺常住什物交割点检历》：

大供养铃贰……熟（同）铃子壹拾

P.2613《唐咸通十四年（873年）正月四日沙州某寺交割常住物等点检历》：

金渡铃子贰。（并在函子内印子下）

S.1774《后晋天福七年（942年）某寺法律智定等交割常住什物点检历状》：

铜铃壹并铎……铜铃壹在幡干上。

S.1624《后晋天福七年（942年）某寺交割常住什物点历》：

铜铃壹并铎……铜铃在幡干上。铜铃肆，在殿四角，内贰在柜。

S.1776《后周显德五年（958年）某寺法律尼戒性等交割常住什物点检历状》：

❶ 唐耕耦、陆宏基《敦煌社会经济文献真迹释录》第三辑，北京：全国图书馆文献缩微复制中心，1990年，第2、6页。
❷ 唐耕耦、陆宏基《敦煌社会经济文献真迹释录》第三辑，北京：全国图书馆文献缩微复制中心，1990年，第6页；王惠民《吐蕃长度单位"箭"考》，四川大学中国藏学研究所编《藏学学刊》第7辑，成都：四川大学出版社，2012年，第49～54页。

铜铃并铎壹……铜铃壹在竿上。大铜铃肆,内贰在柜。

P.2917《乙未年(935年或995年)后常住什物交割点检历》:

又铃铃壹在库。

P.4004《庚子年(940年或1000年)后某寺交割常住什物点检历》:

铜铃伍,内壹在(库)索僧正,内壹在保琮,(其铃入库欠铎)内壹在(其铃却付与库内,却付会阴法律)惠弁,内壹在库,内壹在行像柜。

P.3067《庚子年(940年或1000年)后某寺交割常住什物点检历》:

并经按铜铃壹,在经藏上。

P.3161《年代不明(10世纪)某寺常住什物交割点检历》:

铜铃肆个。

S.2607(1-4)《年代不明(10世纪)某寺交割常住什物点检历》:

幡杆上铜(大)铃并铎……铜铃贰并□铎内壹项折。

P.3587《年代不明(10世纪)某寺常住什物交割点检历》:

火珠同(铜)铃壹……螺呗一,金刚扦(杵)同(铜)铃叁……大铜铃一……佛殿角上铜铃一。

S.6276《什物点检历》:

紫丝网上有金渡含口铜铃子……□含口铃壹拾□

P.3638《辛未年(911年)沙州净土寺比丘善胜领得历》:

大铜铃壹。小铜铃子壹(在信因)。[1]

上述记载中出现的铃基本为寺院使用,时间在晚唐至五代甚至更晚,铃的材

---

❶ 唐耕耦、陆宏基《敦煌社会经济文献真迹释录》第三辑,北京:全国图书馆文献缩微复制中心,1990年,第7、13、17、18、19、22、26、32、33、39、42、46、47、49、116页。

质主要为铜或铜镀金，有大小之分，用途包括供养、
装于幡杆、挂于佛殿四角或可能在舍利塔相轮上与
火珠并用等。根据铃在寺院中被广泛使用的记载以
及帷幔实物的存在来看，类似壁画所绘的垂幔和铃
应该真实存在于敦煌地区的寺院中。如前所述，榆
林窟壁画所绘的铃大致分为三类，即作为乐器的铃、
作为法器的铃和作为装饰的铃。本窟窟顶所绘的铃
是与垂幔连缀的，其装饰功用显而易见。这种装饰
既是对洞窟本身的装饰，也暗含对洞窟营造的佛国
世界的装饰。当然，即便作为装饰，铃也是需要发
声的，而以铃声来比喻佛声，也是其法器功能的表
现。只是这一功能在垂幔下端的铃上已相对弱化。

　　本窟窟顶南、北披垂幔下方绘飞天乐伎，现存
完整六身，南、北披各三身。飞天乐伎皆以菩萨装
出现，服饰、造型与前室西壁所绘化生乐伎相似，
乐伎多以一腿屈、一腿直的侧立姿态于祥云之上。
可以看到，乐伎不同于以往壁画中或坐或立的演奏
姿态，这种处理主要是为突出飞天乐伎在飞翔过程
中演奏乐器的动态和美感。南披三身飞天乐伎演奏
的乐器，由西向东依次为竖箜篌、腰鼓、曲项琵
琶。其中竖箜篌为十三弦，共鸣箱、肘木和琴弦均
清晰可辨，此外还绘出了琴弦末端的绕轸和用于演
奏固定的方形底托。乐伎将竖箜篌置于两臂之间，
以双手拨弹琴弦，底托则支撑在云端之上[图18]。
腰鼓固定于乐伎的胸腹之间，乐伎双臂伸展，手指
张开，做拍击鼓面的动作[图19]。腰鼓为广首纤腹，以圈纹和团花图案装饰，鼓身
中部呈球形。乐伎拍击鼓面的动作和腰鼓形制与前述中唐第25窟主室南壁《观无
量寿经变》相近似，从中也可以看出榆林窟壁画乐舞图像绘制对前代的传承。曲项
琵琶演奏乐伎则是背向观者，通过乐伎左手按弦、右手持拨的动作以及曲项造型可
以断定所奏乐器为曲项琵琶，而且琴头处依稀可见有四根弦轴[图20]。敦煌石窟壁

[图18]
第16窟主室窟顶南披演奏竖箜篌的飞天乐伎
（敦煌研究院供图）

[图19]
第16窟主室窟顶南披演奏腰鼓的飞天乐伎
（敦煌研究院供图）

[图20]
第16窟主室窟顶南披演奏曲项琵琶的飞天乐伎
（敦煌研究院供图）

[图21]
莫高窟隋代第276窟主室窟顶南披飞天乐伎
（敦煌研究院供图）

[图22]
第16窟主室窟顶北披演奏筝的飞天乐伎
（敦煌研究院供图）

图23 第16窟主室窟顶北披演奏排箫的飞
天乐伎
（敦煌研究院供图）

　　画中有部分背向演奏乐器的乐伎图像，如莫高窟隋代第276窟主室窟顶南披所绘飞天乐伎[图21]也是背向演奏曲项琵琶，且琵琶外观、乐伎身形与本窟壁画近似，区别在于榆林窟第25窟曲项琵琶乐伎是持拨演奏，而莫高窟第276窟者是否持拨，不明。

　　北披所绘三身飞天乐伎演奏乐器由东向西依次为筝、排箫、鼗鼓与鸡娄鼓。乐器外观及形制同样较清晰，筝横置于乐伎左腿，筝首、筝尾、前后岳山、筝码、面板及侧板均有交代，未见筝弦，但面板上依次排列七只"∧"形筝码，乐伎左手做按抑筝弦的动作，右手做弹奏状，极其写实。[图22]排箫通体石绿，管数约为十三管，管口处似有外切口，管身中部以浅墨色绘腰带，乐伎双手将排箫管口置于口部吹奏。[图23]排箫管口切口、腰带的具体形制以及管体固定方式，可以参照正仓院编号南仓112经明治时期修复的十八管甘竹箫，我们发现正仓院所藏排箫管口有外切口，导致管口一端外缘线条呈波形，该细节在壁画中同样有反映。甘竹箫管体两端有用于加固和连接的木质部件，腰带是以管身中部开槽镶嵌工艺安装的，这些信息将有助于我们对壁画所绘排箫有更准确、详细的认识。[图24]鼗鼓与鸡娄鼓由乐伎兼奏，两鼓通体白色，以墨线勾勒基本轮廓。鼗鼓为一柄叠二鼓形制，画面定格在连接鼗鼓鼓身的小型球体击奏鼓面的情景，以表现乐伎播奏鼗鼓的动态。鸡娄鼓置于乐伎左臂弯上，乐伎右手持槌，右臂扬起作敲击状。[图25]鼗鼓与鸡娄鼓兼奏，是敦煌石窟壁画较常见的图像，演奏形式通常为一手握鼗鼓鼓柄播奏，另一手持槌或空手敲击鸡娄鼓，鸡娄鼓置于乐伎臂弯上或夹于腋下。

根据笔者调查，同为五代时期开凿的榆林窟第12窟，其主室窟顶所绘内容与第16窟相近，尤其是乐舞图像，如四披垂幔下同样堆塑铃，下方绘飞天乐伎。通过比对，第12窟南披所绘三身乐伎除造型与本窟接近外，甚至所奏乐器也完全一致，由西向东同样为竖箜篌、腰鼓、琵琶，演奏琵琶的乐伎也是背向演奏[图26、27]。此外，第16窟北披中间飞天乐伎演奏的排箫也在第12窟相同位置出现。

　　我们知道，第12窟是由慕容家族主持营建的石窟，慕容家族曾世居瓜州并与归义军曹氏家族保持多代姻亲关系，其中主室甬道南壁自东向西第一身画像题名为"皇祖检校司空慕容归盈"，另一身画像题名为"施主紫亭镇遏使银青光禄大夫检校散骑常侍保实"，主室南壁、北壁及西壁门两侧下部分别绘有慕容归盈夫妇的《出行图》，段文杰认为该《出行图》是莫高窟第100窟曹议金夫妇《出行图》的缩小和简化。❶由于目前无法确定第12窟的主持营建者，也就难以推定其始建和完工的具体时间，但其营建的大致时限应该就在五代时期，陈明认为第12窟建成时间在940年之前，亦可作为参考。❷根据之前结论，第16窟的始建时间不应早于931年，说明第12和第16窟的营建时间相去不远，加之两窟分属当时瓜沙地区身份地位显赫的慕容氏与曹氏家族，也就不难解释两窟主室窟顶四披飞天乐伎有近似性的原因——洞窟很可能由同一批工匠营建，其中壁画绘制采用了类似的设计方案和画稿。事实上，这种近似性同样表现在两窟主室所

［图24］
正仓院所藏南仓112甘竹箫及腰苎
（图像采自：https://shosoin.kunaicho.go.jp/
treasures?id=1000002287）

［图25］
第16窟主室窟顶北披演奏鼗鼓与鸡娄鼓的飞天乐伎
（敦煌研究院供图）

---

❶ 段文杰《榆林窟的壁画艺术》，敦煌研究院编《中国石窟·安西榆林窟》，北京：
　 文物出版社，1989年，第169页。
❷ 陈明《慕容家族与慕容氏出行图》，《敦煌研究》2006年第4期，第30页。

［图26］
第12窟主室窟顶南披飞天乐伎
（敦煌研究院供图）

［图27］
第16窟主室窟顶南披飞天乐伎
（敦煌研究院供图）

绘经变画的题材选择、绘制风格以及乐舞图像等方面，下文还将做进一步的对比分析。如此，第16窟主室窟顶已崩毁的东、西披下沿同样各绘三身飞天乐伎，其演奏乐器应该包括第12窟相同位置所绘的横笛、尺八、拍板等乐器。❶

---

❶ 根据本书《榆林窟壁画乐舞图像内容总录》，第12窟主室窟顶四披及四角垂幔下端堆塑铃，下方绘飞天乐伎十二身，现存完整十身。东披，仅存一身，演奏乐器不明；南披，三身乐伎演奏乐器由西向东依次为竖箜篌、腰鼓、琵琶（背向）；北披，三身乐伎演奏乐器由东向西依次为不明、排箫、腰鼓；西披，三身飞天乐伎演奏乐器由北向南依次为横笛、尺八、拍板。

2. 东壁

东壁通壁绘《劳度叉斗圣变》一铺[图28]。《劳度叉斗圣变》多绘制在晚唐之后的敦煌石窟中，其主要依据佛教经典《贤愚经》的《须达起精舍品》和敦煌文献《降魔变文》绘制，讲述外道劳度叉与佛弟子舍利弗斗法失败遂弃邪归佛的故事，因此经变画的内容和情节构图均围绕两身中心人物展开。关于《劳度叉斗圣变》出现的乐舞图像，笔者在《唐代莫高窟壁画音乐图像研究》中曾分经变画、画稿和敦煌文献三类进行研究。通常来讲，《劳度叉斗圣变》文本如《降魔变文》中与乐舞相关的内容较多，但经变画或纸本画如敦煌文献 P.4524《降魔变图》中所绘乐舞图像只有外道击鼓与比丘敲钟，而且敦煌画稿 P.tib.1293 所绘的也是外道击鼓的图像。从现有的各类材料来看，外道击鼓和比丘敲钟的图像似乎在《劳度叉斗圣变》中具有标志性的意义。❶

本铺经变画左部中心人物为劳度叉，右部为舍利弗，在劳度叉和舍利弗的斜上方分别绘外道击鼓和比丘敲钟的图像，此外未见其他乐舞图像。画面中的鼓被悬挂在由方木组成的方形鼓架之内，鼓身与鼓面等大，鼓身中部以墨线绘团花纹样，但鼓面未出现在画面中，鼓架底部一方木为断裂状并呈将倾之势。一赤发外道一手攥于鼓架与鼓的连接处，另一手持槌，双腿呈弓箭步，双脚蹬于鼓架底部方木上，力图控制鼓架翻倒。外道双目圆睁，口部大张，准确地表现出其惊恐、慌张的情绪，说明外道在与佛教的斗法中已明显处于下风[图29]。在比丘敲钟的画面中，钟同样悬于方木钟架之内，钟外观呈圆筒形，通体石绿色并以墨线绘各种纹饰，钟与钟架均平稳立于地面，钟架左侧站立一比丘，持一细长钟杵做敲击状。比丘神情自若，气定神闲，与外道的惊慌失措形成鲜明反差，同时也意味着在斗法中舍利弗一方稳操胜券[图30]。

我们结合《降魔变文》的文本分析，发现鼓与钟在《劳度叉斗圣变》中主要有两重功能。第一，为佛教与外道斗法时每个回合胜负的信号或标志：

波斯匿王见舍利弗，即敕群僚，各须在意。佛家东边，六师西畔。朕在北面，官庶南边。胜负二途，各须明记。和尚得胜，击金鼓而下金筹；佛家若强，扣金钟而点尚字。各处本位，即任施张。❷

---

❶ 参见《唐代莫高窟壁画音乐图像研究》"唐代经变画中的音乐图像"和"敦煌画稿中的音乐图像"部分。朱晓峰《唐代莫高窟壁画音乐图像研究》，兰州：甘肃教育出版社，2020 年，第 84～88、98～101 页。
❷ 引文中"和尚"指六师外道一方。参见项楚《敦煌变文选注》（增订本），北京：中华书局，2006 年，第 733～734 页。

［图28］
第16窟主室东壁《劳度叉斗圣变》
（敦煌研究院供图）

[图29]
第16窟主室东壁《劳度叉斗圣变》外道击鼓图像
（敦煌研究院供图）

[图30]
第16窟主室东壁《劳度叉斗圣变》比丘敲钟图像
（敦煌研究院供图）

[图31]
晚唐第9窟主室南壁《劳度叉斗圣变》外道击鼓图像
（图像采自敦煌研究院编《中国石窟·敦煌莫高窟》第四卷，
北京：文物出版社，1987年，图版177）

[图32]
藏经洞白描类画稿
（图像采自饶宗颐《敦煌白画》第
三册，巴黎：法国远东学院，1978
年，第18页）

[图33]
敦煌文献P.4524《降魔变图》外道击鼓图像
（图像采自：http://idp.rlc.cn:80/database/oo_loader.
a4d?pm=Pelliot chinois 4524;img=25）

　　第二，鼓与鼓架在外道斗法失败后，呈现出鼓面开裂、鼓架崩散的状态，钟
与钟架则安然无恙，因此鼓与钟在经变画中亦可视作外道与佛教的法器。在本窟
《劳度叉斗圣变》画面中未出现鼓面，也就无法看到其开裂的状态，但在其他《劳
度叉斗圣变》图像中是有交代的，如莫高窟晚唐第9窟主室南壁《劳度叉斗圣变》
[图31]、敦煌画稿P.tib.1293（2）Bc[图32]以及敦煌文献P.4524《降魔变图》[图33]等。
而且这一部分画面内容在《降魔变文》中也没有提及，不过在经变画榜题中有明确
说明。如莫高窟第9窟《劳度叉斗圣变》的榜题：

外道击金鼓风吹皮破□（倾）倒时 ❶

此外，《降魔变文》中还有其他与乐舞相关的描写，但这一部分未在经变画中出现，如斗法伊始舍利弗出场时法螺与法鼓的演奏，斗法过程中舍利弗幻化的莲花中出现七位天女奏乐歌唱等。其文曰：

舍利弗忽从定起……然后吹法螺，击法鼓，弄刀枪，振威怒……
钟鼓轰轰声动天，瑞气明明而皎洁……
……
舍利见池奇妙，亦不惊嗟……华上有七天女，手搊弦管，口奏弦歌。声雅妙而清新，姿逶迤而姝丽。
……
手搊琴瑟奏弦歌，雅妙清新声合响。
共赞弥陀极乐国，相携祇劝同心往。❷

这一部分既有渲染助威的意义，又包含对佛教的赞颂以及对外道的教化，可见，《劳度叉斗圣变》尽管所绘乐舞图像数量不多，但如果将《降魔变文》也包括在内的话，其中乐舞具有的功能和作用在敦煌石窟经变画中是较为丰富的一类。

3. 南壁
（1）东部《报恩经变》中的乐舞图像
南壁东部绘《报恩经变》一铺，敦煌石窟所绘《报恩经变》主要依据七卷本《大方便佛报恩经》，译者佚名。《报恩经变》以及《大方便佛报恩经》主要宣扬报佛恩、君亲恩和众生恩的报恩思想，其中又以君亲恩作为重点，这与儒家的忠君孝悌思想一致。《报恩经变》在敦煌石窟中始见于盛唐，中唐时期逐渐增多，一直延续至宋代。❸《报恩经变》构图形式通常以佛在王舍城耆阇崛山说法场景为中心，描绘各品故事情节的图像如《序品》《孝养品》《论议品》《恶友品》《亲近品》或分布于说法场景四周，或以条幅形式出现在左右两侧，或以屏风画方式位于经变画下部，❹并题写各品的内

❶ 黄征《〈降魔变文〉研究》，《南京师大学报》（社会科学版），2002年第4期，第192页。
❷ 项楚《敦煌变文选注》（增订本），北京：中华书局，2006年，第729、742~743页。
❸ 参见殷光明《敦煌石窟全集·报恩经画卷》，敦煌研究院编《敦煌石窟全集》，香港：商务印书馆，2002年，第97页。
❹ 参见《敦煌学大辞典》李永宁撰"报恩经变"词条，季羡林主编《敦煌学大辞典》，上海：上海辞书出版社，1998年，第135页。

菩萨乐伎与舞伎

［图34］
第16窟主室南壁东部《报恩经变》
（敦煌研究院供图）

容作为榜题。本窟所绘《报恩经变》[图34]各品情节绘于经变画顶部和底端，中心画面同样为佛说法场景，经变画将该场景置于前后两进式宫殿之前，佛与二胁侍菩萨结跏趺坐位于前部宫殿，佛顶部为华盖。前部宫殿两侧绘双层配殿，中间以廊庑连接，前部宫殿殿前廊台上绘弟子、听法菩萨和天龙八部等部众听法，最前端为乐舞组合所在廊台。这是经变画主要的乐舞内容，也是《报恩经变》乐舞图像绘制的通常规律，即主要绘菩萨乐伎与舞伎入画，不鼓自鸣乐器以及迦陵频伽乐伎等图像不在经变画中出现。除此之外，部分《报恩经变》的《恶友品》绘善友太子弹筝图像，如莫高窟晚唐第85窟主室南壁《报恩经变》，但本窟经变画中未见该图像。

　　如前述，说法场景突前的廊台绘菩萨乐伎与舞伎的乐舞组合，菩萨乐伎与舞伎造型和服饰基本同于本窟前述的化生乐伎与飞天乐伎，此处从略。乐舞组合形式为"3+2+3"，六身菩萨乐伎纵向排列，左侧三身菩萨乐伎由内而外依次演奏拍板、筚篥和筝，右侧菩萨乐伎由内而外依次演奏拍板、贝和筚篥。其中两件拍板外形轮廓清晰，为上圆下方造型，板数为五。左侧筚篥管哨部分的壁面剥落，而右侧筚篥可以很明显看到管哨装置，加上乐伎演奏的手姿，管身长度均一致，故可以确定左侧第二身乐伎演奏的同为筚篥。筝面板不见琴弦与琴码，但筝头、筝尾以及乐伎演奏的手姿与其他敦煌石窟壁画所绘一致。贝的螺旋状壳顶清晰可辨，但画面呈现的只是由乐伎双手捧持并未吹奏。[图35]

按编制分析，尽管《报恩经变》较其他经变画菩萨伎乐乐队规模要小，但依然保证了吹奏、弹拨和打击三类乐器的完整性，如：

吹奏乐器：筚篥二、贝一
弹拨乐器：筝一、曲项琵琶一（舞伎）
打击乐器：拍板二

这种现象与前述第25窟主室南壁《观无量寿经变》基本一致，一方面乐队编制不全，如菩萨伎乐乐队通常的鼓类乐器未在乐队中出现；另一方面，与通常经变画菩萨伎乐乐队侧重打击乐器的特征不符，这也成为榆林窟经变画菩萨伎乐乐队编制的普遍性，而且同样表现在下文要谈及的三铺经变画之中。

《报恩经变》乐舞组合中的两身舞伎[图35]位于菩萨乐伎中间的方毯之上，方毯四周绘有流苏。两身舞伎相对站立，肩搭帔巾，帔巾呈"S"形曲线垂于舞伎周身。舞伎赤足单腿站立，另一腿为吸腿之姿。左舞伎双臂上举，双手合掌于头顶部位置，右舞伎则以反弹琵琶之姿起舞，琵琶背面朝向观者，可以明显看到琴头为曲项。

敦煌石窟经变画所绘舞伎反弹琵琶图像始自莫高窟盛唐第172窟，之后莫高窟中唐、晚唐、五代及宋代石窟经变画中均有此类图像出现，[1]榆林窟第16、33、34和38窟经变画绘有反弹琵琶图像，而且集中在五代时期。通过对比分析，敦煌石窟经变画所绘反弹琵琶的形式主要有两种：琴头向上、舞伎正面朝向观者；琴头向下，舞伎背面朝向观者。前一种如本窟《报恩经变》以及大多数经变画所绘，后一种如莫高窟晚唐第156窟主室北壁所绘《思益梵天所问经变》中持拨拨奏曲项琵琶的舞伎[图36]。另外，在经变画乐舞组合中出现持琵琶起舞的舞伎，也不全是以反弹的姿态出现的，如榆林窟第19窟主室北壁西部《药师经变》所绘舞伎[图37]就以正常姿态一手持拨，一手持曲项琵琶起舞。关于反弹琵琶的考证，笔者在《唐代莫

---

❶ 反弹琵琶图像出现的石窟计有盛唐第172窟，中唐第112、第231、第236、第237、第238、第240、第260、第369窟，晚唐第85、第156、第192、第196窟，五代第5、第22、第61、第98、第100、第108、第146以及宋第55窟。参见牛龙菲《敦煌壁画乐史资料总录与研究》，兰州：敦煌文艺出版社，1996年，第336页。

[图35]

第16窟主室南壁东部《报恩经变》乐舞组合

（敦煌研究院供图）

[图36]

莫高窟晚唐第156窟主室北壁《思议梵天所问经变》舞伎

（图像采自李月伯《莫高窟第156窟、第161窟》，段文杰主编《敦煌石窟艺术》，南京：江苏美术出版社，1995年，第124页）

[图37]

第19窟主室北壁西部《药师经变》舞伎

（敦煌研究院供图）

高窟壁画音乐图像研究》一书中已论，即根据现有的材料，难以确定其在历史上的真实存在。❶当然，如以现实角度视之，经变画乐舞图像只是乐舞瞬间画面的定格，因此上述三种持琵琶方式也可能只是同一种舞蹈不同舞姿的展现。

据前所述，《报恩经变》中通常只有乐舞组合或善友太子弹筝图像出现。但在其佛教典籍依据的《大方便佛报恩经》中，乐舞相关的记载较多，主要集中在《序品》《论议品》《恶友品》和《亲近品》中。如《序品》云：

> 如是我闻：一时，佛住王舍城耆阇崛山中，与大比丘众二万八千人俱，皆所作已办，梵行已立，不受后有……赍诸天上微妙香华，作天伎乐，住虚空中。
>
> ……
>
> 复有无量百千万种诸天伎乐，于虚空中不鼓自鸣。❷

《论议品》云：

> 王闻是语心生欢喜……设众供养种种肴膳、华香、伎乐。
>
> ……
>
> 尔时鹿母夫人烧众名香，作妙伎乐。❸

《恶友品》云：

> 善友善巧弹筝，其音和雅，悦可众心……时国王有一果园，其园茂盛，常患鸟雀……善友防护鸟雀，兼复弹筝以自娱乐。时利师跋王女将诸侍从入园观看……❹

《亲近品》云：

> 以诸华香、微妙伎乐、幡盖供养。❺

《序品》主要叙述众菩萨、弟子等眷属于耆阇崛山礼佛，与经变画说法场景相对应，如"作天伎乐""诸天伎乐"的描述恰好与乐舞组合相一致，只是经变画在

---

❶ 参见朱晓峰《唐代莫高窟壁画音乐图像研究》，兰州：甘肃教育出版社，2020年，第310～312页。
❷ 大藏经学术用语研究会编《大正新修大藏经》第三册，台北：新文丰出版公司影印，1992年，第124～125页。
❸ 大藏经学术用语研究会编《大正新修大藏经》第三册，台北：新文丰出版公司影印，1992年，第136、140页。
❹ 大藏经学术用语研究会编《大正新修大藏经》第三册，台北：新文丰出版公司影印，1992年，第145页。
❺ 大藏经学术用语研究会编《大正新修大藏经》第三册，台北：新文丰出版公司影印，1992年，第164页。

天际部分未绘入经文所言"不鼓自鸣"的天乐。这很可能与《报恩经变》绘制的通用形式相关，因为在敦煌石窟中很少看到此类经变画在天际位置绘不鼓自鸣乐器。《恶友品》关于善友太子以弹筝驱鸟和自娱对应的图像在本窟经变画中未出现。总体而言，《报恩经变》所绘乐舞图像具有的主要功能依然是对佛国世界的装饰，对佛的赞颂、供养以及对佛法的渲染。

（2）西部《药师经变》中的乐舞图像

南壁西部绘《药师经变》一铺。《药师经变》是敦煌石窟壁画中乐舞图像较多出现的一类经变画，几乎每一铺《药师经变》中都有乐舞图像绘入，类型主要包括菩萨乐伎与舞伎的乐舞组合、不鼓自鸣乐器和迦陵频伽伎乐。但中唐之后《药师经变》中乐舞多以乐舞组合为主。与《药师经变》相关的佛教经典《药师经》在历史上先后出现过五个译本，根据施萍婷研究，中唐之后的《药师经变》主要依据玄奘译《药师琉璃光如来本愿功德经》[1]绘制：画面中心为佛说法场景，在该场景前部绘"十二药叉大将"以及乐舞组合，两侧分别以条幅形式绘"十二大愿"和"九横死""斋僧燃灯"等内容。本窟《药师经变》基本以此方式绘制，只是未见条幅形式的"九横死""十二大愿"等内容。

位于画面中心的佛结跏趺坐于莲花宝座上，顶部为三层华盖，两侧为胁侍菩萨。主尊身后为前后纵置的两进式宫殿，两侧为双层配殿。在后方宫殿最外侧，各有一六角攒尖式角楼骑跨于廊庑顶部，即经楼与钟楼。左侧经楼内置经卷，右侧钟楼内悬钟。主尊身前为一倒"凹"字形廊台，廊台两侧各绘六身药叉大将与若干听法菩萨，二者头光、服饰、姿态均相近，药叉大将以内侧一身、外侧五身的方式排列，面部多绘胡须，形象刚猛，与周边菩萨的清秀形成鲜明对比。廊台前部又延伸出位于八功德水之上的两进廊台，之间以纵向平桥连接，形成乐舞组合所在廊台，两廊台上各有一乐舞组合，下文分别以乐舞组合Ⅰ和乐舞组合Ⅱ表示[图38]。经变画中乐舞组合分组绘制，在敦煌石窟净土类经变画中较常见，榆林窟除本窟外，第19、33和34窟经变画中皆有类似形式。

本铺经变画乐舞图像主要包括钟楼内所悬的钟以及两组乐舞组合。关于钟楼及经楼的考证，在前文第25窟主室南壁《观无量寿经变》中已有涉及：一方面，钟楼与经楼的入画是经变画遵循现实佛教寺院建筑的表现，另一方面，钟楼内的钟在佛

---

[1] 参见《敦煌学大辞典》施萍婷所撰"药师经变"词条。季羡林主编《敦煌学大辞典》，上海：上海辞书出版社，1998年，第125～126页。

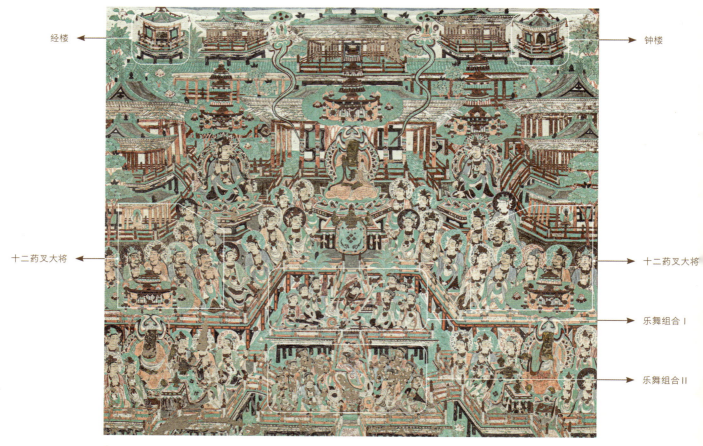

経楼 ←

钟楼 →

十二药叉大将 ←

十二药叉大将 →

乐舞组合 I →

乐舞组合 II →

[图38]

第16窟主室南壁西部《药师经变》

（敦煌研究院供图）

教寺院以及经变画中具有的功能相同，即报时装置与法器的结合。

　　乐舞组合 I 乐舞组合形式为"3+1+4"：左侧三身菩萨乐伎由内而外演奏乐器依次为拍板、笙箫、筝；右侧四身由内而外演奏乐器依次为横笛、排箫、笙箫、拍板，位于中间的舞伎单腿立于方毯上，另一腿呈吸腿之姿，双臂高举，双手持长巾起舞，此类舞姿在敦煌石窟经变画中比较常见，通常称其为"巾舞"。❶

　　乐舞组合 I 所在壁面较完好，乐器描绘清晰，尤其是菩萨乐伎所奏两件笙箫，可以清晰分辨出土黄色管哨与赭石色管身[图39]。另外，我们发现此处的菩萨乐伎排列为不对称方式，这是目前榆林窟经变画乐舞组合中发现的唯一一例。通过对比，乐舞组合 I 左侧菩萨乐伎演奏乐器与前述《报恩经变》同位置的排列不仅一致，菩萨乐伎的姿态以及乐器器身的轮廓、颜色也是相近的[图40]，加上

---

❶ 参见王克芬、柴剑虹《箫管霓裳：敦煌乐舞》，兰州：甘肃教育出版社，2007年，第12~21页。

[图39]
第16窟主室南壁西部《药师经变》乐舞组合Ⅰ
（敦煌研究院供图）

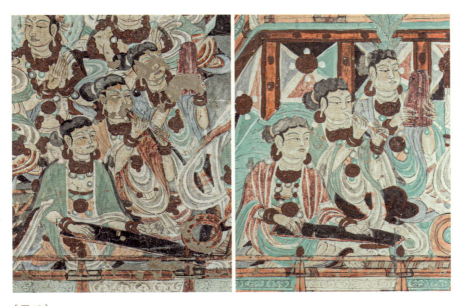

[图40]
第16窟主室南壁《报恩经变》与《药师经变》乐舞组合（部分）
（敦煌研究院供图）

两铺经变画均被绘制在主室南壁，我们认为经变画这一部分乐舞图像的绘制很可能出自同一画稿。由于未发现乐舞组合Ⅰ右侧菩萨乐伎在同窟经变画中的重复现象，因此还无法确定乐伎排列不对称的原因究竟是使用不同画稿造成的，还是绘制过程中的省略或刻意为之。

乐舞组合 II 由十身一组菩萨伎乐乐队和一身舞伎组成，乐舞组合形式为"5+1+5"[图41]。舞伎立于两侧菩萨乐伎之间，同样持长巾起舞，但画面定格的动作是侧面朝向观者，不同于乐舞组合 I 舞伎正面朝向观者。乐舞组合所在壁面剥落较严重，通过仔细辨认，每件乐器基本能够确定。左侧菩萨乐伎由内而外演奏乐器依次为笙、筚篥、横笛、羯鼓、筚篥；右侧菩萨乐伎由内而外分别演奏笙、拍板、筚篥、横笛、曲项琵琶。三件筚篥与前述乐舞组合 I 绘制方式一致，同样交代出筚篥的两部分结构——管哨与管身。两件笙的笙斗、笙管和吹管也较清晰，而且用于固定笙管的笙箍也有明确标示。

位于左最外侧菩萨乐伎结半跏趺坐，羯鼓置于腿上，以双手拍击鼓面演奏，其中左臂抬起，五指分开，显示出拍击的力度感，右手则自然伸展做辅奏状。鼓身呈桶状，饰团花纹样，由于鼓斜向固定，壁面上可以看到一侧鼓面。鼓的外形与敦煌石窟壁画出现的羯鼓基本近似，所以该乐器为羯鼓应当无疑。根据笔者调查，榆林窟羯鼓图像仅在两铺经变画出现，另一铺为五代第19窟主室北壁东侧《报恩经变》，而且两处所绘羯鼓外观、演奏方式基本一致。[图42]

如果将榆林窟壁画羯鼓图像与文献记载以及莫高窟壁画羯鼓图像[图43]做一对比，我们发现其中有两点区别：第一，榆林窟壁画中未出现用于承放羯鼓的牙床，即鼓床；第二，榆林窟壁画羯鼓演奏方式是以手击之，非以杖击之。

《通典》卷一百四十四"乐四"记载：

羯鼓，正如漆桶，两头俱击。以出羯中，故号羯鼓，亦谓之两杖鼓。❶

《羯鼓录》载：

羯鼓出外夷，以戎羯之鼓，故曰羯鼓。其音主太簇一均，龟兹部、高昌部、疏勒部、天竺部皆用之，次在都昙鼓、答腊鼓之下，（都昙似带鼓而小。答腊鼓者，即揩鼓也。）鸡娄鼓之上。纛如漆桶，（山桑木为之。）下以小牙床承之。击用两杖，其声焦杀鸣烈，尤宜促曲急破，作战杖连碎之声；又宜高楼晚景，明月清风，破空透远，特异众乐。杖用黄檀、狗骨、花楸等木，须至干紧绝湿气，而复柔腻；干取发越响亮，腻取战象健举……❷

_____

❶（唐）杜佑撰，王文锦等点校《通典》，北京：中华书局，1988年，第3677页。
❷（唐）南卓撰，罗济平点校《羯鼓录》，沈阳：辽宁教育出版社，1998年，第1页。

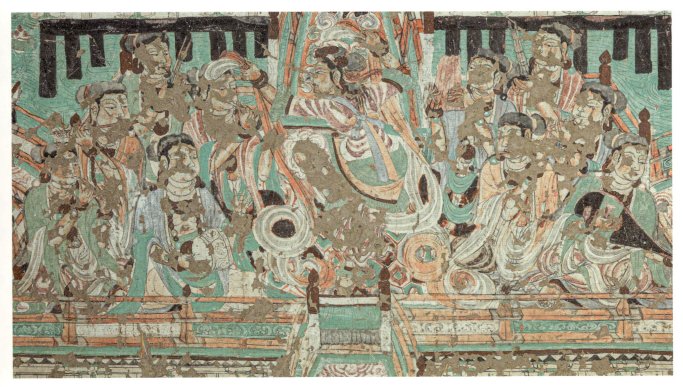

[图41]

第16窟主室南部西部《药师经变》乐舞组合 II

（敦煌研究院供图）

[图42]

榆林窟五代第16、19窟壁画所绘羯鼓图像

（敦煌研究院供图）

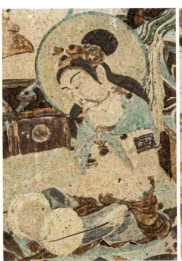

[图43]

莫高窟盛唐第172窟主室东壁门上和中唐第112窟主室南壁《金刚经变》所绘羯鼓图像

（敦煌研究院供图）

《乐书》卷一百二十七《乐图论·八音》"胡部（革之属）"载：

> 羯鼓，龟兹、高昌、疏勒、天竺部之乐也，状如漆桶，下承以牙床，用两杖击之。❶

莫高窟壁画所绘羯鼓图像与文献记载大致能够对应，不过莫高窟第172窟所绘羯鼓也未看到鼓床，第112窟羯鼓则是一手杖击、一手拍击的方式。但榆林窟如前述除外形如桶，即鼓面与鼓身直径大致相等，以及双面击鼓的方式外，其余与莫高窟壁画和记载均有出入，以下试逐条分析。

首先，有无鼓床可能并不是羯鼓形制方面的必要条件，因为我们在除前引文献之外的记载中找到了印证。

如《乐书》卷一百二十七引《大周正乐》记载曰：

> 《大周正乐》所传羯鼓之制，其色尚赤，上无带，下无座。盖与唐代乐图后世教坊者异矣，世俗亦谓之两杖云（鼓）。❷

引文中"座"即鼓床，说明羯鼓也有无鼓床的形式存在，这恰好与榆林窟和莫高窟第172窟所绘羯鼓一致。其次，前引文献中均提及羯鼓又称"两杖鼓"，即以两杖双面击鼓，如莫高窟第172窟壁画中就有明确绘制，说明杖击之于羯鼓的重要性，这在前引《羯鼓录》有详细叙述，之所以用杖就是为表现羯鼓音色的"焦杀鸣烈"和"破空透远"，以突出羯鼓之"特异众乐"。当然，从乐器演奏实际来讲，既然可以杖击，手击亦无可厚非，只是截至目前未发现可以支撑榆林窟第16、19窟双手击鼓或莫高窟第112窟单杖击鼓图像的文献记载。另外需要说明的是，目前所见羯鼓图像中鼓身形制并非只有图38、39所示无鼓绳一种，在莫高窟盛唐第148窟主室东壁北部《药师经变》、中唐第154窟主室北壁东部《报恩经变》、五代王建墓棺床石刻东侧面以及日本《信西古乐图》中出现的羯鼓图像均有固定两端蒙皮及调音的鼓绳装置。❸

---

❶（宋）陈旸《乐书》，《文渊阁四库全书》第二一一册，上海：上海古籍出版社，2012年，第553页。

❷ 通过与《文献通考》卷一百三十六核对，引文中"座""盖"二字原序颠倒，"鼓"为"云"字。（宋）陈旸《乐书》，《文渊阁四库全书》第二一一册，上海：上海古籍出版社，2012年，第553页；（元）马端临《文献通考》，北京：中华书局，1986年，第1207页。

❸ 参见郑汝中《敦煌石窟全集·音乐画卷》，敦煌研究院编《敦煌石窟全集》，香港：商务印书馆，2002年，图版69、201；[日]岸边成雄著，樊一译《王建墓棺床石刻二十四乐妓》，《四川文物》1988年第4期，第78页；中国音乐研究所编《信西古乐图》，北京：音乐出版社，1959年，图版2。由于版面限制，本书不再一一附图。

以下，来看《药师经变》乐舞组合Ⅰ与乐舞组合Ⅱ的乐舞组合编制信息[表1]：

表1　榆林窟第16窟主室南壁经变画乐舞组合编制分类对比

	榆林窟第16窟 主室南壁东部《药师经变》 乐舞组合Ⅰ	榆林窟第16窟 主室南壁东部《药师经变》 乐舞组合Ⅱ	榆林窟第16窟 主室南壁西部《报恩经变》 乐舞组合
乐舞组合形式	3+1+4	5+1+5	3+2+3
吹奏乐器	竽篥二、横笛一、排箫一	竽篥三、横笛二、笙二、	竽篥二、贝一
弹拨乐器	筝一	曲项琵琶一	筝一
打击乐器	拍板二	拍板一、羯鼓一	拍板二
舞伎及舞种	舞伎一身，持长巾起舞	舞伎一身，持长巾起舞	舞伎两身，一身双手合掌起舞，另一身反弹琵琶起舞

通过对比，两组合编制具有的特征与同壁《报恩经变》是一致的，即保持了敦煌石窟经变画通常三类乐器的完整性，但依然未突出打击乐器尤其是鼓类乐器在乐队中的使用，相反地，吹奏乐器的数量远远超出其他两类乐器。这种规律虽然与前述莫高窟唐代经变画有出入，但也成为榆林窟自唐代经变画乐舞组合一以贯之的原则。

《药师经变》乐舞组合在经变画中的功能主要包括两种。第一种，是将乐舞作为药师佛所发"十二大愿"之"第十二大愿"中理想世界的标准之一。《药师琉璃光如来本愿功德经》曰：

第十二大愿：愿我来世得菩提时，若诸有情，贫无衣服，蚊虻寒热，昼夜逼恼；若闻我名，专念受持，如其所好，即得种种上妙衣服，亦得一切宝庄严具，华鬘涂香，鼓乐众伎，随心所玩，皆令满足。❶

第二，将乐舞作为对药师佛的供养。《药师琉璃光如来本愿功德经》言：

以种种花香、涂香、末香、烧香、花鬘、璎珞、幡盖、伎乐，而为供养。

---

❶ 大藏经学术用语研究会编《大正新修大藏经》第十四册，台北：新文丰出版公司影印，1992年，第405页。

......

欲供养彼世尊药师琉璃光如来者，应先造立彼佛形像，敷清净座而安处之；散种种花，烧种种香，以种种幢幡庄严其处……鼓乐歌赞，右绕佛像。❶

4. 北壁

（1）东部《天请问经变》中的乐舞图像

北壁东部绘《天请问经变》一铺，根据玄奘译《天请问经》绘制。敦煌文献中有《天请问经》的写本大致有二十余件，如 S.2089、S.3916、P.2401、P.2374、北图6661 等。此外，还有三件文献为《天请问经变》榜题底稿：S.1397V、P.3352V 和北图5408背。❷《天请问经》简明扼要，全文约700余字，主要通过"天"与佛九问九答的偈颂形式阐述佛教持戒忍辱、乐善好施、少欲知足、"无生第一乐"的义理，其中的"天"在经文中未明确解释。《天请问经疏》载："或是六欲诸天，或是四静虑诸天，或是五净居诸天，或是十王果报菩萨诸天，或是佛所化天，为物请疑，发起深法也。此天独来，故言'一'也。"❸

根据统计，敦煌石窟现存《天请问经变》共计38铺，其中榆林窟现存5铺，分别绘制在第16、第19、第31、第34和第38窟，时代集中在五代和宋。《天请问经变》的构图形式，通常包括三种：不分栏、左中右三栏和上下两栏。这三种形式的共性为经变画主体均为佛说法场景，其中有经文序言和一部分内容的榜题。主体说法场景前部或左右两侧均为小型说法图，其中亦有经文问答部分作为榜题。经变画上部中间位置多绘方形庭院表示忉利天宫，主体说法场景中则多出现宫殿、楼阁、水池廊台和乐舞场景，与净土类经变画类似。❹

本铺经变画[图44]的构图即不分栏形式，主体说法场景位于整铺经变画中心位置，主尊与两侧胁侍菩萨位于主体宫殿内，其两侧为配殿，宫殿前绘听法菩萨等法众整齐排列。主尊华盖顶部绘有一方形庭院，四周以栏杆围之，此即忉利天宫。说法场景前部为三进式平台，每进平台均呈阶梯式递进，最前部为乐舞平台。三进平台均立于水池之上，水池边缘绘带状方格纹将整个说法场景与经变画下端小型说法图隔开。该区域中间位置和每个说法图一侧均有长方形榜题，应该是经文序言和内

❶ 大藏经学术用语研究会编《大正新修大藏经》第十四册，台北：新文丰出版公司影印，1992年，第406页。
❷ 参见王惠民《关于〈天请问经〉和天请问经变的几个问题》，《敦煌研究》1994年第4期，第174~185页。
❸ （唐）文轨《天请问经疏》，方广锠主编《藏外佛教文献》第一册，北京：中国人民大学出版社，1991年，第68页。
❹ 参见贺世哲《敦煌石窟全集·楞伽经画卷》，敦煌研究院编《敦煌石窟全集》，香港：商务印书馆，2003年，第202页。

菩萨乐伎
与舞伎

[图44]
第16窟主室北壁东部《天请问经变》
（敦煌研究院供图）

容，但字迹已漫漶难辨。

　　本铺经变画所绘乐舞图像绘于主体说法场景最前部平台之上，包括十四身一组菩萨伎乐乐队和一身舞伎，乐舞组合形式为"7+1+7"。左侧菩萨乐伎由内而外演奏乐器依次为排箫、琵琶、笙、筝、拍板、横笛、筚篥；右侧乐伎分别演奏：排箫、筚篥、笙、竖箜篌、拍板、横笛、筚篥；中间舞伎双手拍击腰鼓起舞。左侧菩萨乐伎所奏琵琶为指弹方式，但琴头被其身前乐伎遮挡，所以无法准确判断该琵琶为直颈还是曲项。除该乐伎之外的菩萨乐伎和舞伎的装饰、衣着，乐伎所奏乐器和舞伎所持腰鼓的外观、形制与前述经变画基本接近，故不再重复[图45、46]。

　　该菩萨伎乐乐队乐器的编制信息如下：

　　吹奏乐器：排箫二、笙二、横笛二、筚篥三

　　弹拨乐器：琵琶一、筝一、竖箜篌一

　　打击乐器：拍板二、腰鼓一（舞伎）

[图45]

第16窟主室北壁东部《天请问经变》菩萨伎乐乐队

（敦煌研究院供图）

通过与同窟主室南壁所绘《报恩经变》和《药师经变》菩萨伎乐乐队编制对比，依然可以看到上述乐队对吹奏类乐器的偏重。据目前研究，这一特征在榆林窟基本保持了一致性，后文将专门分析其成因。

按照敦煌石窟经变画一般规律，经变画绘入乐舞图像的一个重要原因就是其所依据的佛经中有关于乐舞内容的描述，但也并非所有经变画都遵循这一规律。也就是说，在经变画中出现乐舞图像一方面是佛经内容的忠实反映，但同时也是经变画模式化的表现之一，本窟《天请问经变》便是一例，因为《天请问经》中没有与乐舞相关的内容。❶除此之外，敦煌石窟禅宗类经变画如《金刚经变》《楞伽经变》中的乐舞图像也具有模式化绘制的特征。究其原因，乐舞图像的入画应该与经变画主体说法场景布局的绘制模式如出一辙，只不过说法场景布局主要来自于净土类经变画，而乐舞图像的出现除了参照净土类经变画外，可能与佛教将乐器、乐舞视作法

---

❶《天请问经》全文如下：如是我闻：一时薄伽梵在室罗筏国，住誓多林给孤独园。时有一天，颜容殊妙，过于夜分，来诣佛所，顶礼佛足，却住一面。是天威光，甚大赫奕，周遍照曜誓多园林。尔时彼天以妙伽他而请佛曰："云何利刀剑？云何碜毒药？云何炽盛火？云何极重暗？"尔时世尊亦以伽他告彼天曰："瘂（粗）言利刀剑，贪欲碜毒药，瞋恚炽盛火，无明极重暗。"天复请曰："何人名得利？何人名失利？何者坚鞕冐？何者利刀杖？"世尊告曰："施者名得利，受者名失利，忍为坚鞕冐，慧为利刀杖。"天复请曰："云何为盗贼？云何智者财？谁于天世间，说名能劫盗？"世尊告曰："邪思为盗贼，尸罗智者财，于诸天世间，犯戒能劫盗。"天复请曰："谁为最安乐？谁为大富贵？谁为恒端严？谁为常丑陋？"世尊告曰："少欲最安乐，知足大富贵，持戒恒端严，破戒常丑陋。"天复请曰："谁为善眷属？谁为恶心怨？云何极重苦？云何第一乐？"世尊告曰："福为善眷属，罪为恶心怨，地狱极重苦，无生第一乐。"天复请曰："何者爱非宜？何者宜非爱？何者极热病？谁是大良医？"世尊告曰："诸欲爱非宜，解脱宜非爱，贪为极热病，佛是大良医。"天复请曰："谁能覆世间？世间谁所魅？谁令舍亲友？谁障碍生天？"世尊告曰："无智覆世间，世间痴所魅，悭贪舍亲友，染着障生天。"天复请曰："何物火不烧，风亦不能碎，非水所能烂，能浮持世间？谁能与王贼，勇猛相抗敌，不为人非人，之所来侵夺？"世尊告曰："福非火所烧，风亦不能碎，福非水所烂，能浮持世间。福能与王贼，勇猛相抗敌，不为人非人，之所来侵夺。"天复请曰："我今犹有疑，请佛为除断。今世往后世，谁极自欺诳？"世尊告曰："若多有珍财，而不能修福，今世往后世，彼极自欺诳。"尔时彼天闻佛世尊说是经已，欢喜踊跃，叹未曾有，顶礼佛足，即于佛前欻然不现。大藏经学术用语研究会编《大正新修大藏经》第十五册，台北：新文丰出版公司影印，1992年，第124～125页。

[图46]
第16窟主室北壁东部《天请问经变》舞伎
（敦煌研究院供图）

器或是赞颂、供养、礼拜的传统有关。因此，如《天请问经变》一类经变画乐舞图像的功能已无具体所指，它只是泛化为对佛国世界的装饰、对佛的赞颂以及对佛法的渲染等。

（2）西部《西方净土变》中的乐舞图像

北壁西部绘《西方净土变》一铺，《西方净土变》顾名思义就是表现阿弥陀佛所在西方净土世界功德庄严的经变画。在敦煌石窟经变画中，其实是以"净土三经"为依据绘制的《无量寿经变》《阿弥陀经变》和《观无量寿经变》的统称。[1] 在敦煌石窟中，除了上述三种经变画外，部分早期图像以单尊像或说法图形式绘制，如莫高窟西魏第285窟主室东壁北部有"无量寿佛"题名的说法图；[2] 还有一部分图像"并非忠实地反映一部经典的内容，而是将《阿弥陀经》《无量寿经》《观无量寿经》的内容组合起来，同时并不一定与它们完全一致"。[3] 如莫高窟初唐第220窟主室南壁所绘经变画，所以这些经变画通常就以《西方净土变》称之，而本窟该经变画在《安西榆林窟内容总录》中定名为《西方净土变》[4] 的原因应该就是上文所述的后一种情况。榆林窟壁画现存《西方净土变》共计五铺，除第3窟主室北壁为西夏时期绘制外，其余均为五代时期绘制，如第12、第16、第19和第33窟。本铺经变画[图47]以阿弥陀佛说法场景为主，在经变画两部和下部均未见"十六观"和"未生怨"入画，画面整体构图、主殿、配殿、角楼形制以及主体说法场景的廊台设计与同窟南壁对应的《药师经变》基本相似，也说明整个石窟壁画在绘制中的确存在模式化痕迹。

经变画所绘乐舞图像共包括三类：经变画上部绘有钟楼，内悬一钟；净土天际位置绘不鼓自鸣乐器；主尊说法场景前部廊台绘乐舞组合。本经变画钟楼骑跨于连接主体宫殿与配殿之间的右侧廊庑顶部，形制为圆形攒尖式，顶有相轮，六柱，其

---

❶ 参见施萍婷《敦煌经变画》，《敦煌研究》2011年第5期，第6页。
❷ 参见王惠民《西方净土变形式的形成过程与完成时间》，《敦煌研究》2013年第3期，第80页。
❸ [日]八木春生著，李梅译《敦煌莫高窟第220窟南壁西方净土变相图》，《敦煌研究》2012年第5期，第12页。
❹ 参见霍熙亮整理《安西榆林窟内容总录》，敦煌研究院编《敦煌石窟内容总录》，北京：文物出版社，1996年，第209页。

经楼 ← 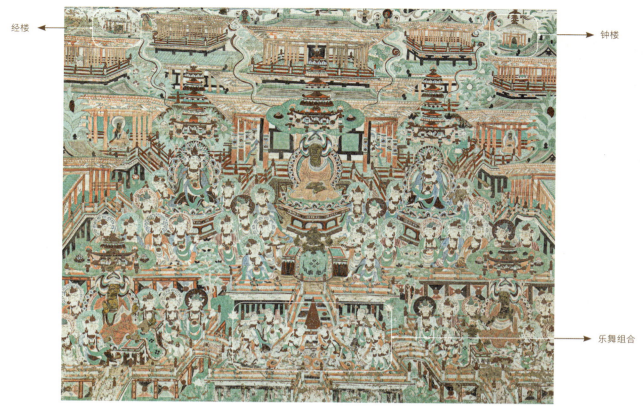 → 钟楼

→ 乐舞组合

［图 47］
第 16 窟主室北壁西部《西方净土变》
（敦煌研究院供图）

［图 48］
第 16 窟主室北壁西部《西方净土变》经楼与钟楼
（敦煌研究院供图）

[图49]
第16窟主室北壁西部《西方净土变》不鼓自鸣乐器（局部）
（敦煌研究院供图）

内部有类似簨簴的钟架，架上悬钟，钟表面绘以纹饰。钟楼对应的左侧廊庑顶为经楼，形制与钟楼相同，其内部可以明显看到经帙包裹[图48]。

在经变画最上部净土天际的位置，绘有不鼓自鸣乐器九件，由西至东依次为腰鼓、阮咸、拍板、排箫、横笛、笙、琵琶、横笛、筚篥[图49]。阮咸通体黑色，琴颈处系有飘带，乐器外观除具备"盘圆柄直"的特征外，其余如琴头、弦轴、琴颈、音箱的细节均因壁面漫漶而难以获知。与之同样的还有琵琶，图像仅仅交代其音箱外观呈梨形，琴头、弦轴、音箱的细节同样被省略，与阮咸不同的是，琵琶在面板上标示出了石绿色的捍拨。腰鼓、拍板、排箫和笙的乐器外观较清晰，与通常敦煌石窟壁画乐器图像的基本特征一致。

一般说来，在敦煌石窟壁画所绘不鼓自鸣乐器中，单管吹奏乐器是较难辨识的一类，因为不鼓自鸣决定了这些乐器在图像中是无演奏主体的，从而导致无法以持握姿势判定这类乐的演奏方式，只能依乐器有限的细部特征如是否有管哨、管径大小等进行对比或排除；加之不鼓自鸣乐器在整铺经变画内容中所占比重较小，而且其通常绘在经变画最上部，这一部分壁面往往又是漫漶或损毁的重灾区，这就为辨识带来更多不利。但在本铺经变画中，我们发现对单管类不鼓自鸣乐器的绘制是以其悬空姿态来表示吹奏方式的：如乐器横置，说明其吹奏方式为横吹；如乐器纵置，则说明其为竖吹[图49]。通过仔细观察，经变画中横置的两件乐器均绘制了吹孔和指孔，而纵置的管乐器上部有明显的管哨装置，这就进一步明确了横置的两件乐器为横笛，纵置的乐器为筚篥。这也为我们今后辨识单管不鼓自鸣乐器提供了更多辅助性参考，而这种参考正是基于经变画绘制对乐器真实性的要求和局部细节的重视。

[图50]

第16窟主室北壁西部《西方净土变》菩萨伎乐乐队

（敦煌研究院供图）

乐舞组合位于主体说法场景最前部的廊台上，相较于同窟南壁西部《药师经变》，二者廊台安排方式一致，只是前者仅在最前部廊台上绘乐舞组合，而后者在相同位置的前后两进廊台上各绘一组乐舞组合。《西方净土变》乐舞组合由八身一组菩萨伎乐乐队和两身舞伎组成，乐舞组合形式为4+2+4。左侧菩萨乐伎由内而外演奏乐器依次为拍板、横笛、筚篥、筝；右侧乐伎分别演奏拍板、横笛、笙、筚篥[图50]；中间舞伎一身双手拍击腰鼓起舞，另一身反弹曲项琵琶起舞[图51]。与北壁东部《天请问经变》同样，该经变画乐舞组合中菩萨乐伎和舞伎的外形、装束，所持乐器的外观、形制在前文中均有类似描述。

该菩萨伎乐乐队乐器的编制信息如下：

吹奏乐器：横笛二、筚篥二、笙一

弹拨乐器：筝一、曲项琵琶一（舞伎）

打击乐器：拍板二、腰鼓一（舞伎）

为验证本书之前提到的关于经变画菩萨伎乐乐队编制的普遍性，我们将本窟中除《药师经变》外仅有一组乐舞组合的三铺经变画编制对比如下：

[图51]
第16窟主室北壁西部《西方净土变》舞伎
（敦煌研究院供图）

表2　榆林窟第16窟主室南、北壁经变画乐舞组合编制分类对比

	榆林窟第16窟 主室南壁西部 《报恩经变》乐舞组合	榆林窟第16窟 主室北壁东部 《天请问经变》乐舞组合	榆林窟第16窟 主室北壁西部 《西方净土变》乐舞组合
乐舞组合形式	3+2+3	7+1+7	4+2+4
吹奏乐器	竽篥二、贝一	排箫二、笙二、横笛二、竽篥三	横笛二、竽篥二、笙一
弹拨乐器	筝一	琵琶一、筝一、竖箜篌一	筝一
打击乐器	拍板二	拍板二	拍板二
舞伎及舞种	舞伎两身，一身双手合掌起舞，另一身反弹琵琶起舞	舞伎一身，双手拍击腰鼓起舞	舞伎两身，一身双手拍击腰鼓起舞，另一身反弹琵琶起舞

　　可以看出，不论乐舞组合的规模如何变化，但对于吹奏类乐器的侧重是以上三组乐舞组合的共同点，即便将舞伎所持乐器包括在内也是如此。三组乐舞组合中对竽篥、横笛、笙、筝、拍板以及曲项琵琶的使用也基本一致。尤其是拍板，都是左右各一、相互对应的双拍板设置，而且均位于乐队突前的位置，这也与其在唐、宋现实音乐中用于指挥和节乐的功能相契合。❶

---

❶ 参见朱晓峰《〈张议潮统军出行图〉仪仗乐队乐器考》，《敦煌研究》2015年第4期，第29页。

......

尔时，三千大千世界六种震动，大光普照十方国土，百千音乐自然而作，无量妙华芬芬而降。❶

按经文内容，《佛说无量寿经》所谓"天乐"是指诸菩萨在虚空中演奏乐器和歌唱的声音，应属伎乐范畴，与不鼓自鸣的天乐是有区别的，但复又言"百千音乐自然而作"，这与不鼓自鸣是符合的。

再来看伎乐在"净土三经"中的描述，《佛说观无量寿佛经》曰：

众宝国土，一一界上，有五百亿宝楼。其楼阁中，有无量诸天，作天伎乐。此众音中，皆说念佛、念法、念比丘僧。❷

《佛说无量寿经》载：

世间帝王有百千音乐，自转轮圣王乃至第六天上，伎乐音声展转相胜千亿万倍。第六天上万种乐音，不如无量寿国诸七宝树一种音声千亿倍也。亦有自然万种伎乐，又其乐声无非法音，清畅哀亮，微妙和雅，十方世界音声之中最为第一。

......

一切诸天皆赍天上百千华香、万种伎乐供养其佛及诸菩萨、声闻大众，普散华香，奏诸音乐，前后来往更相开避。当斯之时，熙然快乐不可胜言。❸

通过经文对比，我们发现《佛说阿弥陀经》未言及伎乐，却对净土类经变画常见的迦陵频伽伎乐有详细的叙述：

彼国常有种种奇妙杂色之鸟：白鹄、孔雀、鹦鹉、舍利、迦陵频伽、共命之鸟。是诸众鸟，昼夜六时出和雅音……其土众生闻是音已，皆悉念佛、念法、念僧……是诸众鸟皆是阿弥陀佛欲令法音宣流变化所作。❹

与此相同的内容在《佛说观无量寿佛经》中也有出现，经文称"百宝色鸟"，其曰：

❶ 大藏经学术用语研究会编《大正新修大藏经》第十二册，台北：新文丰出版公司影印，1992年，第273、279页。
❷ 大藏经学术用语研究会编《大正新修大藏经》第十二册，台北：新文丰出版公司影印，1992年，第341~342页。
❸ 大藏经学术用语研究会编《大正新修大藏经》第十二册，台北：新文丰出版公司影印，1992年，第271、273页。
❹ 大藏经学术用语研究会编《大正新修大藏经》第十二册，台北：新文丰出版公司影印，1992年，第347页。

极乐国土有八池水，一一池水七宝所成，其宝柔软从如意珠王生……从如意珠王出金色微妙光明，其光化为百宝色鸟，和鸣哀雅，常赞念佛、念法、念僧，是为八功德水想，名第五观。❶

按内容，"百宝色鸟"应该也是迦陵频伽等众鸟的统称，但《佛说无量寿经》中没有与此相关记载。根据之前的梳理可知，敦煌石窟《阿弥陀经变》中通常都有迦陵频伽出现，而本窟《西方净土变》中未见迦陵频伽。另外，该经变画所绘天乐在《佛说无量寿经》中也没有准确经文对应。综合上述，按照经文与经变画对应原则，"净土三经"中只有《佛说观无量寿经》对乐舞的描述与经变画乐舞图像是完全对应的，因此以乐舞角度将该经变画称为《观无量寿经变》可能更恰当。

5. 南、北壁经变画中菩萨伎乐乐队的编制问题

本窟主室南、北壁共绘四铺经变画，分别是《报恩经变》《药师经变》《天请问经变》和《西方净土变》。每铺经变画均有乐舞组合出现，根据前文分别列表对比，四组乐舞组合中菩萨伎乐乐队编制具同一性，即在保证吹奏、弹拨和打击乐器完整性的基础上侧重对吹奏乐器的使用，而且数量明显倍于其余两类。从榆林窟现有经变画分析，这种特征始自榆林窟第25窟主室南壁《观无量寿经变》乐舞组合，也就是说，榆林窟唐至五代经变画乐舞组合的乐队编制是一致的。但这种编制却与莫高窟唐代经变画乐舞组合有明显差异，莫高窟经变画反映的编制信息与唐代文献记载的真实用乐（主要指宫廷燕乐系统用乐）特点是符合的，即突出打击乐器尤其是鼓类乐器在乐队中的数量。❷那么，莫高窟五代时期经变画乐舞组合的乐队编制又是怎样的？下面选择同样由曹元德主持营建的第100窟进行对比。

莫高窟第100窟主室南、北所绘经变画共计六铺，其中除南壁西部所绘《弥勒经变》和北壁西部《思益梵天所问经变》外，其余四铺与榆林窟第16窟主室基本一致，唯一区别在于第100窟南壁中部绘《阿弥陀经变》，第16窟北壁西部绘《西方净土变》（即本书《观无量寿经变》）。以下，来看第100窟所绘四铺相同经变画乐舞组合的乐队编制。

❶ 大藏经学术用语研究会编《大正新修大藏经》第十二册，台北：新文丰出版公司影印，1992年，第342页。
❷ 参见朱晓峰《唐代莫高窟壁画音乐图像研究》，兰州：甘肃教育出版社，2020年，第216～223页。

表3 莫高窟第100窟主室南、北壁经变画乐舞组合编制分类对比

	莫高窟第100窟 主室南壁东部 《报恩经变》乐舞组合	莫高窟第100窟 主室南壁中部 《阿弥陀经变》乐舞组合 I	莫高窟第100窟 主室北壁东部 《天请问经变》乐舞组合	莫高窟第100窟 主室北壁中部《药师经变》 乐舞组合 II
乐舞组合形式	8+1+8	7+1+7	7+1+7	7+1+7
吹奏乐器	筚篥二、横笛二、排箫一、笙一	筚篥二、横笛二、排箫二、笙一	筚篥二、横笛二、笙一、排箫二	横笛二、筚篥二、笙二贝一
弹拨乐器	琵琶一、筝一、竖箜篌一、凤首弯琴一	琵琶一、竖箜篌一	琵琶二、筝一、凤首弯琴一	琵琶二、筝一、竖箜篌一
打击乐器	拍板二、钹一、方响一、	拍板二	拍板二、钹一	拍板二、钹一
舞伎及舞种	舞伎一身,双手拍击腰鼓起舞	舞伎一身,双手拍击腰鼓起舞	舞伎一身,反弹琵琶起舞	舞伎一身,双手持长巾起舞

表3中《阿弥陀经变》和《药师经变》分别出现两组乐舞组合,本书各选取其中菩萨乐伎较多的一组作为比对样本。可以明显看到,第100窟经变画乐舞组合反映的编制特征与榆林窟第16窟一致:吹奏乐器数量较多,打击乐器数量较少,特别是未见鼓类乐器。此外,莫高窟五代第61、第98、第146等窟所绘经变画乐舞组合编制与第100窟基本相近。这说明,至五代时期,莫高窟和榆林窟经变画乐舞组合中的菩萨伎乐乐队编制均有改变。只是这种改变在莫高窟和榆林窟的起始时间不一致:莫高窟应该是从五代开始,前已有论,直至晚唐时期莫高窟经变画菩萨伎乐乐队依然以打击乐器数量为首,而榆林窟自唐代就已如此且延续至五代时期。当然,从真实用乐或乐队实际演奏效果来讲,莫高窟唐代经变画反映的乐队信息更加可信,同时也有史料支撑。反观五代经变画乐队编制,由于缺少以鼓类乐器为主的低音声部,假设以实际演奏效果作为衡量,可能并不符实。

由于莫高窟唐代经变画菩萨伎乐乐队与唐代真实用乐间的近似性,说明莫高窟在绘制经变画乐队时很可能受到了来自中原的影响,那么五代时期的经变画乐队绘制是否同样受到了影响呢?抑或说五代时期经变画乐队编制与同时期的真实用乐间是否有一定关联?首先来看关于五代时期用乐的记载,《新五代史》无"乐志"卷,❶《旧五代史》存"乐志"两卷,《五代会要》存"论乐""雅乐""庙乐"等一卷余,后两者记载大致相近。本书将以《旧五代史》"乐志"为例说明,其中"乐志上"开篇所论和后周显德六年(959年)枢密使王朴为详定雅乐所上的奏疏中乐舞之沿革颇

---

❶ 参见(宋)欧阳修《新五代史》,北京:中华书局,1974年,第1923~1924页。

具代表性，分别见《旧五代史》卷一百四十四《志第六·乐志上》：

> 洎唐季之乱，咸、镐为墟；梁运虽兴，英、茎扫地。庄宗起于朔野，经始霸图，其所存者，不过边部郑声而已，先王雅乐，殆将泯绝。当同光、天成之际，或有事清庙，或祈祀泰坛，虽簨虡犹施，而宫商孰辨？遂使磬襄、𫔶武，入河、汉而不归；汤濩、舜韶，混陵谷而俱失。洎晋高祖奄登大宝，思迪前规，爰诏有司，重兴二舞。旋属烽火为乱，明法罔修，汉祚几何，无暇制作。周显德五年冬，将立岁仗，有司以崇牙树羽，宿设于殿庭。世宗因亲临乐悬，试其声奏，见钟磬之类，有设而不击者，讯于工师，皆不能对。世宗恻然，乃命翰林学士、判太常寺事窦俨参详其制，又命枢密使王朴考正其声。朴乃用古累黍之法，以审其度，造成律准，其状如琴而巨，凡设十三弦以定六律、六吕旋相为宫之义。世宗善之，申命百官议而行之。今亦备纪于后，以志五代雅乐沿革之由焉。❶

卷一百四十五《志第七·乐志下》：

> 唐太宗复古道，乃用祖孝孙、张文收考正雅乐，而旋宫八十四调复见于时，在悬之器，方无哑者。安、史之乱，京都为墟，器之与工，十不存一，所用歌奏，渐多纰缪。逮乎黄巢之余，工器都尽，购募不获，文记亦亡，集官详酌，终不知其制度。❷

可见，唐代雅乐自安史之乱、黄巢农民战争之后，用于宫廷礼乐的乐器、乐工和记录已大多不存，再加上王朴奏疏未言唐亡之后藩镇割据战乱，可以想象前代雅乐基本消失殆尽。至五代时期，引文分别以"扫地""泯绝"描述后梁、后唐的雅乐，后晋、后汉则是因为战乱爆发和国祚过短未修定礼乐，只有在后周时才新制雅乐，但记载仅是针对雅乐，至于燕乐的情况未提及。照此推测，政治动荡势必会使其受到极大冲击，很可能一部分已散佚，保留下来的或存于宫廷，或流散至民间。即便如此，可以肯定用于唐代燕乐的大部分乐器应该都留存了下来，否则我们也不会在宋代的文献记载和图像中再次见到。

如果五代时期中原处于"乐坏"的境地，那么同时期敦煌石窟营建中关于乐舞的绘制应该得不到来自中原真实用乐的影响，所以经变画中偏重吹奏乐器和去掉鼓

---

❶ （宋）薛居正等《旧五代史》，北京：中华书局，1976年，第1937页。
❷ （宋）薛居正等《旧五代史》，北京：中华书局，1976年，第1937页；（宋）王溥《五代会要》，上海：上海古籍出版社，1978年，第112页。

类乐器的做法就只能是瓜、沙地区内的某种"创新"或"规则"，而曹氏归义军时期成立的画行、画院等专业绘画机构以及画师、绘画手、丹青上士等绘画从业人员❶为此提供了现实基础。之所以称其为创新，是因为敦煌石窟唐代和五代经变画乐舞组合的乐队编制完全不同，如果说榆林窟的不同是因为五代时期的营建没有太多可资参考的唐代经变画，那么莫高窟唐代石窟众多，但五代时期仍未继承前代的乐队编制就只能理解为是一种突破前代传统的求新、求变。曹氏归义军政权大规模的造窟需求导致画行、画院的出现，同时新制作的包括乐舞在内的画稿也在造窟活动的促使下逐渐流行，导致莫高窟和榆林窟五代时期出现的乐队编制不同于唐代，但需要明确的是，这种创新并无类似唐代的真实用乐依据，只是在为变而变。

6．西壁

西壁门南侧和北侧五代绘《文殊变》《普贤变》各一铺。事实上，《文殊变》《普贤变》并不是严格意义上的敦煌石窟经变画，原因有三：第一，佛教中没有之对应的经典，在《大方广佛华严经》"入法界品"中，只是将普贤菩萨和文殊师利菩萨列为毗卢遮那佛座前诸菩萨之上首，故有"华严三圣"的称谓；❷第二，画面只是以文殊或普贤菩萨作为画面主尊表现说法或出行情景，除此之外并无其他内容的展开；第三，在最初绘制此内容时，《文殊变》《普贤变》也不是其原始名称，贺世哲在《莫高窟第192窟〈发愿功德赞文〉重录及有关问题》论曰："《敦煌莫高窟内容总录》中将西壁龛帐门两侧的壁画定名为《文殊变》与《普贤变》，但在《发愿文》中却写作'文殊、普贤各一躯并士（侍）从'，并无'变'字。伯3564号莫高窟第36窟《功德记》中也是这么写的。"❸当然，即便称为《文殊变》《普贤变》也并不妨碍我们对其画面内容的解读和研究，故本书将以《敦煌莫高窟内容总录》最初的定名为准。敦煌石窟所绘《文殊变》《普贤变》通常为相互对应布局，多绘于主室正壁左、右部或窟门两侧，也有在主室两侧壁绘制的情况。经变画构图基本一致，分别以文殊和普贤作为画面中心，侍从包括梵天、帝释天、天王、天龙八部、力士和菩萨乐伎等，另外绘坐骑、华盖、幢幡、彩云和鲜花等。

❶ 参见段文杰《莫高窟晚期的艺术》，敦煌文物研究所编《中国石窟·敦煌莫高窟》第五卷，北京：文物出版社，1987年，第161～163页；姜伯勤《敦煌礼乐宗教与艺术文明》，北京：中国社会科学出版社，1996年，第13～35页。
❷ 《大方广佛华严经》"入法界品"曰："尔时，佛在舍卫城，祇树给孤独园，大庄严重阁讲堂，与五百菩萨摩诃萨俱，普贤菩萨、文殊师利菩萨而为上首。"大藏经学术用语研究会编《大正新修大藏经》第九册，台北：新文丰出版公司影印，1992年，第676页。
❸ 贺世哲《莫高窟第192窟〈发愿功德赞文〉重录及有关问题》，《敦煌研究》1993年第2期，第4页。

榆林窟所绘《文殊变》《普贤变》多集中在五代时期，包括第3、第4、第6、第12、第14、第15、第16、第19、第21、第22、第25、第32、第34、第35、第36和第38等窟，其中除第35窟采用主室两侧壁通壁绘制的方式以及第38窟绘制在前甬道两侧壁外，其余均绘制在窟门两侧。本窟《文殊变》《普贤变》[图52]构图与前述一致，画面主体内容为文殊菩萨乘坐青狮、普贤菩萨乘坐六牙白象，分别由六身菩萨乐伎组成的菩萨伎乐乐队各自立于青狮和白象身前。《文殊变》中乐伎的排列形式为前、后排各三身，演奏乐器依次为横笛、琵琶、筚篥、拍板、排箫、笙；《普贤变》排列形式则是前排两身、后排四身，演奏乐器依次为横笛、筚篥、拍板、排箫、琵琶、笙。菩萨乐伎除以站姿演奏与本窟其他经变画菩萨乐伎不同外，其余如发式、服饰、造型和所奏乐器的形制皆一致。从编制看，两乐队采用的形式均为吹奏乐器四，横笛、筚篥、排箫、笙；弹拨乐器一，琵琶；打击乐器一，拍板，这种突出吹奏乐器的特征与榆林窟经变画乐舞组合中的乐队也是相同的。

上文提到，榆林窟第35窟《文殊变》《普贤变》采用主室两侧壁通壁绘制的方式，加之时代同为五代时期，因此，为全面掌握不同绘制方式下《文殊变》《普贤变》乐舞图像的内容和布局，我们对第35窟所绘经变画也进行讨论，以便得出更全面、完整的结论。

第35窟《文殊变》《普贤变》[图53、54]分别绘于主室北壁和南壁，《文殊变》上部绘千佛，下部绘壶门供宝九幅和女性供养人五身；《普贤变》上部绘千佛，下部绘壶门供宝十幅和男性供养人四身。《文殊变》《普贤变》横向构图的画面尽管不同于前述纵向构图，但也只是将纵向画幅拉伸为横向画幅，在这个转换过程中除画面各类形象的数量增加外其相互之间的间距也由紧密变得松散稀疏，但经变画基本构图未发生本质改变：如一身主尊扩大为九身，即一身主身加八身分身的形式，八身分身同样骑乘坐骑围绕在主身周围，同时将纵向构图中仅有菩萨乐伎的乐队扩大为乐舞组合，画面中侍从的数量也有所增加。除此之外，经变画天际位置同样绘华盖、幢幡、飞天和鲜花，梵天、帝释天、天王、天龙八部等侍从位于一侧，与另一侧的乐舞组合相呼应[图53、54]。

《文殊变》中的乐舞组合安排在画面右部，同样与《普贤变》中左部的乐舞组合遥相对应。《文殊变》乐舞组合[图55]由七身一组菩萨伎乐乐队和两身舞伎组成，组合形式为7+2。菩萨乐伎自上而下、从左至右演奏乐器依次为排箫、鼗鼓、横笛、琵琶、铜钹、筚篥、拍板。乐队右侧两身舞伎一身拍击腰鼓起舞，另一身持棳拨奏

［图 52］
第 16 窟主室西壁门南部《文殊变》和北部《普贤变》及菩萨伎乐乐队
（敦煌研究院供图）

乐舞组合

[图53]
第35窟主室南壁《普贤变》
（敦煌研究院供图）

乐舞组合

[图54]
第35窟主室北壁《文殊变》
（敦煌研究院供图）

[图 55]
第 35 窟主室南壁《普贤变》乐舞组合
（敦煌研究院供图）

[图 56]
第 35 窟主室北壁《文殊变》乐舞组合
（敦煌研究院供图）

琵琶起舞。其中演奏鼗鼓乐伎右手持槌，通常鼗鼓为播奏方式，所以槌应为演奏鸡娄鼓而绘，但固定鸡娄鼓的乐伎臂弯位置恰好被前排乐伎头部遮挡，无法确定该乐伎是否为鼗鼓与鸡娄鼓兼奏。《普贤变》乐舞组合[图56]所在壁面剥落，菩萨乐伎仅存四身，自上而下依次演奏笙、竖箜篌、琵琶、筚篥，其余菩萨乐伎及舞伎数量和演奏乐器不明，推测其组合形式同样为7+2。两铺经变画所绘乐伎、舞伎和乐器与前述经变画基本一致，不再重复描述。

从乐舞的排列组合方式看，这种一侧乐伎、一侧舞伎的方式应该是对纵向构图的《文殊变》和《普贤变》中菩萨伎乐乐队的扩展，舞伎的加入就是这种扩展在经变画上的具体表现，但这种扩展是以不对称的方式出现的，这与通常经变画乐舞对称的方式有区别。当然，除乐舞组合之外，经变画对于画面其他内容的扩展也没有遵循对称原则，这说明第35窟《文殊变》和《普贤变》画幅变化的直接原因是石窟壁面的改变，就其中的乐舞组合而言，与通常的经变画乐舞组合并无直接的关系。因此，应该将其视作第35窟《文殊变》和《普贤变》的独有形式。

那么，在榆林窟壁画中是否有类似经变画对称形式绘制的《文殊变》和《普贤变》？答案是肯定的，绘制于五代时期的第32窟主室东壁门南侧《文殊变》和北侧《普贤变》[图57、58]正是以此方式绘制的。尽管第32窟《文殊变》和《普贤变》被绘制在东壁门南、北两侧，但采用的依然是类似第35窟的横向构图方式。经变画中

菩萨乐伎 ←

[图57]
第32窟主室东壁南侧《文殊变》乐舞组合
（敦煌研究院供图）

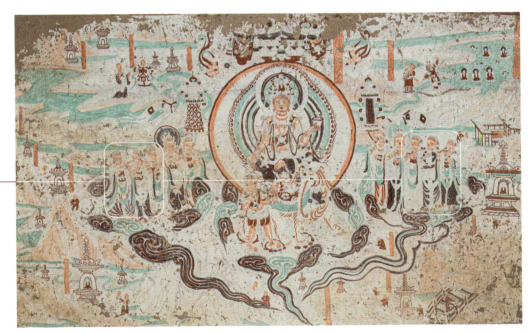

菩萨乐伎 ←

[图58]
第32窟主室东壁门北侧《普贤变》乐舞组合
（敦煌研究院供图）

心各有一身骑乘青狮的文殊菩萨和六牙白象的普贤菩萨为主尊，主尊两侧各有五身供养菩萨和菩萨乐伎呈"八"字形对称排列。与前述不同的是，第32窟《文殊变》和《普贤变》画面中加入了佛教史迹画的内容，如《文殊变》中主尊周围以五台山作为背景，画面下部绘佛陀波利巡礼五台山圣迹故事，右上部绘阿育王建八万四千塔故事，另外，通常为文殊菩萨牵狮的昆仑奴在此处也变为头戴毗沙门天冠、身着襕袍的于阗王。《普贤变》右上部绘舍利弗与毗沙门天王决海故事，右下部绘牛头山圣迹，左部则同为阿育王建八万四千塔故事。《文殊变》主尊两侧最内为供养菩萨，左、右各两身，分别手持鲜花和宝幢；再外左、右各三身菩萨乐伎，左侧乐伎由内而外依次演奏拍板、横笛、筚篥，右侧乐伎依次演奏笙、横笛、曲项琵琶。《普贤变》采用同样排列方式，最内侧左、右各两身为供养菩萨，分别手持宝幢和长幡；其余左、右各三身为菩萨乐伎，左侧乐伎由内而外依次演奏拍板、横笛、筚篥，右侧乐伎依次演奏笙、曲项琵琶、筚篥。从整体来看，第32窟《文殊变》和《普贤变》无论是供养菩萨、菩萨乐伎还是故事画内容，基本是围绕主尊为中心对称安排的，尤其是菩萨乐伎的排列方式，与通常经变画乐舞组合中菩萨伎乐乐队完全一致。所以，对称式构图、佛教史迹画的加入、类似乐舞组合的菩萨乐伎排列以及于阗王的出现，都说明第32窟所绘《文殊变》和《普贤变》是五代时期出现的一种全新样式。

以上，本书以第16窟所绘《文殊变》和《普贤变》作为发端，相继讨论了榆林窟五代时期具特殊形式的《文殊变》和《普贤变》，各经变画的主要特征和异同可参照表4所示。我们发现，当经变画整体的构图、画幅和内容产生变化时，其中所绘的乐舞图像的布局和种类也在随之改变，如经变画为非对称构图，其中所绘的乐舞图像也是非对称的；而当经变画为对称形式的构图，乐舞图像也相应是对称的。同时也应该看到乐舞图像之于五代时期《文殊变》和《普贤变》的重要性，本书之前就已谈及，《文殊变》和《普贤变》主要表现文殊和普贤菩萨出行或说法的场景，因此其中乐舞图像的功能多以装饰佛国世界、渲染出行气氛为主，而第32窟中的菩萨乐伎与供养菩萨被绘于同一阵列，说明乐舞图像在经变画中也兼具供养和赞颂的功能。

本节主要讨论了五代时期第16窟壁画所绘乐舞图像，该窟乐舞图像的种类和数量在整个榆林窟中位于前列，同时也是五代时期乐舞图像具代表性的洞窟之一。具体而言，第16窟在前室、主室甬道和主室内均有乐舞图像绘入，尤其是主室，

表4　榆林窟五代时期所绘《文殊变》和《普贤变》对比

	榆林窟第16窟 主室西壁门南、北侧	榆林窟第35窟 主室南、北壁	榆林窟第32窟 主室东壁门南、北侧
绘制时代	五代	五代	五代
画幅及壁面	纵向、非通壁	横向、通壁	横向、非通壁
构图方式	非对称	非对称	对称
主尊	一身	一身主身加八身分身	一身
乐舞内容	六身菩萨乐伎组成的菩萨 伎乐乐队	七身菩萨乐伎和两身舞伎 的乐舞组合	六身菩萨乐伎组成的 菩萨伎乐乐队
乐舞排列方式	单侧排列	单侧排列	对称排列
佛教史迹画	无	无	有

乐舞图像遍布窟顶四披和四壁。乐舞所在壁画的种类也比较丰富，如供养人画像、《梵天赴会》和《帝释天赴会》以及经变画等。从乐舞的规模看，以本窟为代表的五代时期已明显超越唐代，可以说是对唐代石窟乐舞图像的全面继承和发展。此外，不同形式的《文殊变》和《普贤变》出现相应的乐舞图像，说明五代时期乐舞图像在继承经变画绘制模式化的同时，也在形式上追求一定的创新和变化。当然，一斑之窥不足以察全豹。虽然本书对五代时期乐舞图像的位置、种类、数量进行了初步考察，但第16窟未涉及的壁画类型中依然有乐舞图像绘入，如佛教史迹画和佛传故事画，这将是接下来讨论的重点。

榆林窟第 33 窟
乐舞图像

一、洞窟基本情况

榆林窟第 33 窟位于窟区西侧崖面，南、北侧分别与第 32、第 34 窟毗邻。洞窟由前室甬道、前室、主室甬道和主室构成（图 59、60），前室形制一面披顶，主室为覆斗形顶，设有中心佛坛，坛上清代塑佛塑像一身。第 33 窟前室、主室甬道和主室所绘壁画均为五代时期原作，其中前室窟顶存坐佛一身，西壁门上存原文题榜一方，坐佛五身，门北绘菩萨两身，北壁绘天王图像，其余均已不存。主室窟顶四披、四角垂幔下端绘铃，下绘飞天乐伎和千佛，西壁绘《说法图》，下部绘壶门供宝，南壁绘《药师经变》《佛教史迹画》各一铺及瑞像十三身，北壁绘《西方净土变》《佛传故事画》各一铺，东壁门上绘《地狱变》，门南、北侧分别绘《龙王赴会》。

主室甬道南壁垂幔下分别绘曹元忠父子供养人画像各一身，北壁垂幔下绘曹元忠夫人翟氏与长女供养人画像各一身以及侍女像三身，[1]此部分壁面中上部分内容较为完好，中下部均已漫漶，结合壁面以及张伯元《安西榆林窟》中的录文，曹元忠的题名为"推诚奉国保塞功臣敕归义军节度使特进检校太师兼中书令谯郡开国公食邑（后缺）"，其子即南壁第二身供养人像的题名仅余"男司马"三字。翟氏题名的原字数较少，故基本保留了完整内容："敕受凉国夫人浔阳郡翟氏一心（后缺）"。[2]根据时间分析，曹元忠题名中出现"太师"，其官居太师的时间大约为建隆三年

---

[1] 参见霍熙亮整理《安西榆林窟内容总录》，敦煌研究院编《敦煌石窟内容总录》，北京：文物出版社，1996 年，第 216 页。
[2] 参见张伯元《安西榆林窟》，成都：四川教育出版社，1995 年，第 238 页。

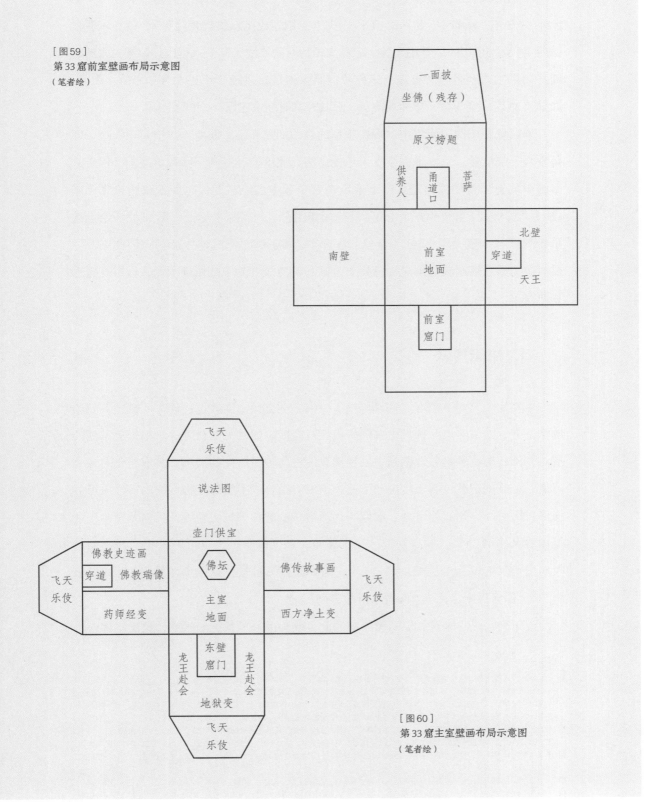

[图59]
第33窟前室壁画布局示意图
（笔者绘）

[图60]
第33窟主室壁画布局示意图
（笔者绘）

（962年）至乾德二年（964年）；❶曹元忠夫人称"凉国夫人"的最早记载来自敦煌文献P.2982《显道（德）四年九月梁（凉）国夫人浔阳翟氏结坛供僧舍施疏》，此卷末署显德四年（957年）九月。❷由于曹元忠称太师的时间要晚于其夫人翟氏称凉国夫人的时间，如果二人题名同时出现上述称号，那应该是在建隆三年（962年）之后。因此，如果第33窟确定为曹元忠的功德窟，那其开凿时间也应以962年为上限。

本窟壁画乐舞图像集中出现在主室的窟顶四披和南、北壁，其中窟顶四披、四角垂幔下端绘铃，垂幔下方绘飞天乐伎，南、北壁的经变画、佛教史迹画、佛传故事画中均有乐舞图像出现。由于本章在第一节中已经对五代时期石窟所绘飞天乐伎、《药师经变》和《西方净土变》所绘乐舞组合进行了深入讨论，第16窟所绘上述乐舞图像与本窟大同小异，（参见《榆林窟壁画乐舞图像内容总录》），因此本节主要对敦煌石窟壁画较为鲜见的佛教史迹画和佛传故事画中的乐舞图像进行重点梳理和研究。

二、主室南壁

本窟主室南壁东部绘《药师经变》一铺，西部绘《佛教史迹画》一铺，下部绘瑞像及男、女供养人。佛教史迹画是敦煌石窟壁画的常见题材之一，根据史苇湘的观点，佛教史迹画是敦煌壁画中表现佛教传说与传播历史的壁画，多取材于对各个高僧、圣迹的记载，属于传说和圣迹、圣像等结合或附会的产物。按内容性质可分为佛教历史画、感通故事画、瑞像图、高僧事迹画和佛教图经等，具体到壁画中各类内容又多有交叉，如高僧类，又有灵异、神变的事迹，也可列入感通类，而佛教历史类又有高僧和感通的事迹。❸正因如此，马世长称这一类图像为"感应故事画"❹，孙修身则之称为"佛教东传故事画"。❺

近年来，张小刚对敦煌石窟绘制的此类壁画进行了系统的研究，提出以佛教经

---

❶ 将"归义军节度使特进检校太师兼中书令"的称号作为曹元忠供养人画像题名的石窟还有榆林窟第19、25和34窟，敦煌文献S.2687《大汉（宋）乾德二年（964年）四月廿二日归义军节度使敦煌王曹元忠之凉国夫人翟氏施巾题记》中明确记载曹元忠称号中包含"太师"。参见中国社会科学院历史研究所等编《英藏敦煌文献》第四卷，成都：四川人民出版社，1991年，第190页；荣新江《归义军史研究——唐宋时代敦煌历史考索》，上海：上海古籍出版社，1996年，第120~121页。

❷ 贺世哲《从供养人题记看莫高窟部分石窟的营建年代》，敦煌研究院编《敦煌莫高窟供养人题记》，北京：文物出版社，1986年，第227页；上海古籍出版社、法国国家图书馆《法藏敦煌西域文献》第二十册，上海：上海古籍出版社，2002年，第314页。

❸ 参见《敦煌学大辞典》史苇湘撰"佛教史迹画"词条完整解释。季羡林主编《敦煌学大辞典》，上海：上海辞书出版社，1998年，第152页。

❹ 马世长《莫高窟第323窟佛教感应故事画》，《敦煌研究》1982年第1期，第80~96页。

❺ 孙修身《敦煌石窟全集·佛传东传故事画卷》，"前言"，敦煌研究院编《敦煌石窟全集》，香港：商务印书馆，1999年。

典的原始记载为准称其为"佛教感通画",并分为瑞像类、圣迹类、神僧类和传说类。按照张小刚观点,本窟主室南壁西部所绘图像属圣迹类,具体称为"释迦牟尼住牛头山瑞像",即牛头山圣迹和牛头山瑞像的组合。这类图像以画面有无"天梯"为标准分为两大类,"天梯"即画面中牛头形山岩的牛头额上或嘴内伸出的阶梯。无天梯出现的此类壁画如莫高窟第53、第449、第85等窟所绘,有天梯出现的壁画如莫高窟第9、第39、第98、第340、第454以及榆林窟第33窟所绘。❶

本窟所绘牛头山瑞像为横向构图,画面安排类似经变画,主体为释迦牟尼于牛头山上,牛头山为写实的牛头造型,牛角上翘,口部大开,鼻梁上有一方榜题。牛头山正上方为主体宫殿,其结构与经变画常见的宫殿相类似,只是结构较为简单。宫殿呈前后两进,为前高后低的设计,前部宫殿中间内绘释迦牟尼结跏趺坐,手结禅定印,呈白衣造型,两侧各绘一身胁侍菩萨,胁侍菩萨身前各绘一身世俗乐伎和一身舞伎。宫殿上方又有一身立佛,着深色佛衣。两身佛位置一上一下、姿态一坐一立、佛衣一深一浅,形成明显对比。牛口处垂直延伸出一天梯直至画面下部,天梯类似经变画常见的平桥,天梯两侧有栏杆,梯上绘五身世俗乐伎。主体画面左、右分别绘小型佛教故事画并以榜题标示内容或情节,如"舍利弗与毗沙门天王决海"、"阿育王建八万四千塔"等。[图61]

根据前述,该壁画中所绘乐舞图像共计三处,呈倒"品"字形分布于主体宫殿内两侧和天梯上。乐、舞伎服饰均为典型的唐代装束,其中男性均头戴幞头,身着团领襕袍,襕袍颜色包括土黄、赭石、黑和白色。女性则头束高髻,面绘面靥,唇涂唇脂,身穿袒领长衫,肩搭披帛。主体宫殿左侧胁侍菩萨身前绘一身乐伎和一身舞伎,均为男性,乐伎演奏一竖吹管乐器,口部似有管哨,应为筚篥。舞伎双臂展开,一臂向上,一臂向下,以长袖呈起舞动态。主体宫殿右侧胁侍菩萨身前绘两身乐伎,一男一女:左侧女性乐伎一手按弦,另一手持椓拨奏琵琶;右侧男性乐伎演奏拍板,拍板上圆下方。[图62]

天梯上似有五身世俗乐伎,由四男一女组成,按上三下二的方式排列:上方三身乐伎从左至右所持乐器依次为琵琶、腰鼓和竖箜篌;下方两身乐伎一左一右分别位于梯面两侧,左侧一身手掌打开,似在做击掌的动作,右侧一身侧向站立,动作不明,但明显未持乐器。通过仔细辨识实际壁面和图片,发现此处图像有两个疑

---

❶ 参见张小刚《敦煌佛教感通画研究》,兰州:甘肃教育出版社,2015年,第1~8页、202~208页。

世俗乐、舞伎

世俗乐伎

[图61]
榆林窟第33窟主室南壁西部所绘《佛教史迹画》
（敦煌研究院供图）

[图62]
榆林窟第33窟主室南壁西部所绘《佛教史迹画》中的世俗乐、舞伎
（敦煌研究院供图）

点：第一，通常演奏乐器和手持乐器在图像中是有本质区别的，演奏乐器是将演奏
的动态定格于壁面，演奏者与乐器间存在互动关系，如手指做按弦、弹拨的动作，
手部置于鼓面上方，口部做吹奏状同时手指做按孔动作等，而此天梯上的三身乐
伎可以明显看出只是手持乐器并未演奏[图63]，左侧第一身乐伎右手按于琵琶面板，
将琵琶固定在胸前，左手则是高高扬起，双腿跨于阶梯上，整个身体呈回首姿态；
中间一身乐伎不见双臂，背向观者，身体呈背鼓前行的姿态；右侧女性乐伎则半侧
身朝向观者，竖箜篌的音箱、横肘、琴弦和绦轸均清晰可辨，双手却未在画面中出
现，表明不是演奏状态。如果三身乐伎中有一身或两身未演奏乐器，尚可理解为有

［图63］
榆林窟第33窟主室南壁西部所绘
《佛教史迹画》中的世俗乐伎
（敦煌研究院供图）

［图64］
榆林窟第33窟主室南壁西部所绘《佛教史迹画》中的世俗乐伎
（敦煌研究院供图）

轮奏的可能，但三身均未演奏，此现象值得注意。第二，梯面上除可以明显看到的五身完整乐伎，仔细辨认在牛口部似乎还有一身着黑色襕袍乐伎，其上半身已没入牛口，同样也是一腿在前一腿在后的行进姿态，其右腋下还露出乐器一角，似为腰鼓。［图64］这样一来，梯面上共有三身乐伎呈行进姿态，画面似乎是要表现依次拾级而上至牛头山之巅的状态。

画面为何做这样的处理？天梯上的乐伎手持乐器却不演奏乐器，而且这种现象仅出现在天梯上，同壁画中胁侍菩萨身前的乐伎却明显是演奏姿态。我们试着从牛头山瑞像本身和天梯的作用入手进行分析。

牛头山，是位于于阗的一处佛教圣地。《大唐西域记》称瞿室餕伽山或牛角山：

瞿萨旦那国……好学典艺，博达伎能。众庶富乐，编户安业。国尚乐音，人好歌舞……崇尚佛法，伽蓝百有余所，僧徒五千余人，并多习学大乘法教。王甚骁武，敬重佛法，自云毗沙门天之祚胤也……王城西南二十余里，有瞿室餕伽山。（唐言牛角）山峰两起，岩隒四绝，于崖谷间建一伽蓝，其中佛像时烛光明。昔如来曾至此处，为诸天人略说法要，悬记此地当建国土，敬崇遗法，遵习大乘。❶

---

❶（唐）玄奘、辩机著，季羡林等校注《大唐西域记校注》，卷十二，北京：中华书局，2000年，第1001~1013页。

根据记载可知，于阗举国上下崇信佛教，佛教兴盛。敦煌作为于阗通往中原的门户，在佛教东传的大趋势下，于阗佛教思想、故事、图像就会在敦煌及其周边地区出现，尤其是曹氏归义军与于阗政权间结成姻亲关系后，[1]莫高窟、榆林窟壁画中出现了大量与于阗相关的佛教图像，其中就包括牛头山瑞像。虽然在记载中也提到于阗国人"尚乐音，好歌舞"，但这与牛头山瑞像尤其是本窟所绘图像无直接联系，据前述本窟所绘的乐伎和舞伎均为典型的唐代服饰，因此将乐舞的绘入理解为是该图像传入中国后在唐代的再创作似乎更合理。

　　我们再来分析天梯的作用。将牛头山瑞像牛口部的阶梯称为"天梯"的，主要出自孙修身编《敦煌石窟全集·佛传东传故事画卷》[2]和张小刚著《敦煌佛教感通画研究》中。张小刚对"天梯"进行了相关考证，认为类似牛头山瑞像天梯一类的阶梯，其作用是登而升天。[3]佛教与历史文献中是有"天梯"一词的，如唐湛然《止观辅行传弘决》卷一称天台山本名天梯，[4]唐慧琳《一切经音义》引《国语》《说文解字》称天梯为梯阶、木阶。[5]尽管如此，壁画所绘乐伎沿天梯而上的动作是明确的，而且《止观辅行传弘决》也解释了天梯在佛教语境下的象征意义，其卷一曰：

　　次渐则去，释行相中云渐如梯磴者。梯者，说文云：木阶也，极高用梯，次高用磴。故大经（《大般涅槃经》，笔者注）第八云：为欲化度诸世间故，种种示现差别之相，如彼梯磴。大论（《大智度论》，笔者注）四十云：譬如登楼，得梯则易。八十八云：譬如登梯，始从初桄，渐渐向上。上处虽高，亦能得至。故用譬渐也。磴字亦可从足，谓升蹑也，从木者，非此所用。从石者，谓山坂渐高也，亦可义用。正应从阜，作此隥字，亦梯类也，可以升高也，始自人天，终至实相故也。[6]

❶ 于阗王李圣天曾娶曹议金女，曹延禄曾娶于阗金玉国皇帝第三女。荣新江《于阗王国与瓜沙曹氏》，《敦煌研究》1994年第2期，第114~117页。
❷ 孙修身《敦煌石窟全集·佛传东传故事画卷》，敦煌研究院编《敦煌石窟全集》，香港：商务印书馆，1999年，第83、84、97页。
❸ 张小刚《敦煌佛教感通画研究》，兰州：甘肃教育出版社，2015年，第202页。
❹ 大藏经学术用语研究会编《大正新修大藏经》第四十六册，台北：新文丰出版公司影印，1992年，第149页。
❺ 大藏经学术用语研究会编《大正新修大藏经》第五十四册，台北：新文丰出版公司影印，1992年，第850页。
❻ 大藏经学术用语研究会编《大正新修大藏经》第四十六册，台北：新文丰出版公司影印，1992年，第150页。

[图65]
莫高窟五代第98窟和宋代第454窟主室甬道顶所绘《佛教史迹画》（局部）
（图像采自孙修身《敦煌石窟全集·佛传东传故事画卷》，图版82、85）

[图66]
莫高窟五代第72窟南壁所绘《佛教史迹画》（局部）
（图像采自孙修身《敦煌石窟全集·佛传东传故事画卷》，
图版135）

结合《大般涅槃经》❶和《大智度论》❷的记载，可以将天梯在佛教中的功能归纳为：第一，世间百态有高下差别之相，类似阶梯；第二，将天梯比作修行佛法进阶的工具，所谓"得梯则易"；第三，以登梯由低到高的过程比喻研习佛法逐步深入、提高而渐入佳境的过程。如果将壁画所绘天梯上的乐伎视作世俗的人，不考虑其乐舞的属性，那么上述天梯的功能与壁画所绘天梯的意义不仅不矛盾，甚至还可相互对应。前文也强调了壁画中天梯上乐伎呈现的是顺阶梯而上的动态，甚至有一身已经进入牛口中。笔者曾调查过敦煌石窟所绘的牛头山瑞像，其中凡出现天梯者通常均绘有攀登者，如莫高窟五代第98、401窟和宋代第25、454窟主室甬道顶所绘牛头山瑞像，只是梯的形制以及在牛头山的位置略有差异[图65]，但以持乐器形式出现的仅有本窟壁画一例。此外，在佛教史迹画这个敦煌石窟壁画类别中，也不是只有牛头山瑞像出现乐舞图像，如莫高窟五代第72窟主室南壁所绘刘萨诃瑞像中就有乐舞图像绘入。与牛头山瑞像不同的是，刘萨诃瑞像[图66]中是由左坐右立的九身男性世俗乐伎组成的乐队为戴竿之戏伴奏，以此作为佛头安放成功的庆典。

---

❶ 经核对，《止观辅行传弘决》所言"大经第八"对应《大正新修大藏经》之《大般涅槃经》卷八，引文与原经文字一致。参见大藏经学术用语研究会编《大正新修大藏经》第十二册，台北：新文丰出版公司影印，1992年，第410页。
❷ 经核对，《止观辅行传弘决》所言"大论四十"和"八十八"分别对应《大正新修大藏经》之《大智度论》卷三十五和卷八十七，引文与原经文一致。参见大藏经学术用语研究会编《大正新修大藏经》第二十五册，台北：新文丰出版公司影印，1992年，第320、669页。

至于乐伎为何只是持而非奏乐器，目前无法进一步探明，但不论乐伎是否在演奏，其乐伎的身份应该是明确的。这种处理可能是在指代世俗生活之百态，因为同样方式在敦煌石窟经变画中亦有出现，如上文提到的刘萨诃瑞像中以世俗伎乐乐队和戴竿来表现世俗社会中的庆典，在《维摩诘经变》中以宴饮之乐象征世俗生活，在《法华经变》中以世俗乐、舞伎指代世俗社会，在《楞伽经变》中以世俗乐伎伴奏的缘竿图像来表达"凡事皆幻"之意。本窟壁画位于主体宫殿两侧胁侍菩萨身前世俗乐伎和舞伎应该就是为展现对佛的赞颂和供养绘入的，但需要明确的是，既然壁画以世俗形式展现乐舞，那么其功能就包含有世俗的意义，这是要与菩萨乐伎、飞天乐伎等佛教形象的乐舞功能区别看待的。

三、主室北壁

本窟主室北壁东部绘《西方净土变》一铺，西部绘《佛传故事画》一铺，下部绘男、女供养人。佛传故事画也是敦煌石窟壁画常见题材之一，从十六国至元代的敦煌石窟均有绘制，佛传故事画主要表现释迦牟尼成道行化的事迹，主要有八相：下生、入胎（住胎）、出胎、出家、降魔、成道、初转法轮和入涅槃。佛传故事画所依据的佛教经典，主要包括《佛行本起经》《佛说太子瑞应本起经》《普曜经》《过去现在因果经》《杂阿含经》等。敦煌石窟佛传故事画或表现八相的完整内容，如莫高窟北周第290窟人字披所绘长卷式连环画和五代第61窟主室西、南、北壁所绘屏风画；或以某一情节作为画面表现内容，如乘象入胎、夜半逾城、树下思惟以及本窟北壁所绘的降服魔众。❶

降服魔众，又称《降魔变》。❷这一主题画之所以称"变"，一方面是由于其构图采用经变画构图形式——画面中心为释迦牟尼，魔众向心式围绕其周身，主要表现释迦牟尼即将成佛时以佛法降服魔众的情节；另一方面，其内容同样依据佛教经典绘制。但由于记载该内容的佛教经典数量较多，因而无法确定具体是哪一部经典能够与图像对应，因此，也称其为佛传故事画中的《降魔图》。据统计，敦煌石窟壁画绘制的此类图像共计10铺，包括莫高窟北魏第254、第260、第263窟，北

---

❶ 参见《敦煌学大辞典》樊锦诗撰"佛传故事画""第290窟佛传故事画""第61窟佛传故事画"词条完整解释。季羡林主编《敦煌学大辞典》，上海：上海辞书出版社，1998年，第89页。
❷ 参见《敦煌学大辞典》樊锦诗撰"降魔变"词条完整解释。季羡林主编《敦煌学大辞典》，上海：上海辞书出版社，1998年，第93页。

雷公与
魔众击鼓

魔女

老妇

[图67]
第33窟主室北壁西部《佛传故事画》
（敦煌研究院供图）

周第428窟，唐代第23、[1]第112、第156窟，西千佛洞北周第12窟和榆林窟五代第33窟，西夏第3、第10窟。[2]

　　本窟所绘降服魔众图像根据经变画构图形式绘制[图67]，主体画面中释迦牟尼结禅定印，结跏趺坐于莲花座上，表现的是其潜心修行即将成佛的情景，释迦牟尼顶部绘华盖，身后为火焰纹背光。在华盖两侧和背光周围均为魔王波旬所率之魔众，魔众手持兵器，怒目圆睁，妄图以武力令释迦屈服，其中画面左上部，分别绘雷公击鼓和一身牛首魔众背鼓。在画面左下部，绘波旬三女，手持乐器奏乐，表现以音声美色扰乱释迦修行的情节。与此部分对应的右部，同样有三身老妇形象，均年老色衰，蓬头厉齿，这是三魔女被佛法幻化之后的形态。在莲花座正前方有三身地神形象，是为证明释迦降魔成道而绘。主体画面左、右绘有左右对称的条幅式画面，此部分主要为十二个佛传故事，如车匿还宫、释迦苦行、度化众生、释迦涅槃等。总体来看，壁画主体画面为释迦降服魔众的情节，左、右条幅则是围绕此内容

---

❶ 经查，第23窟该图像绘于主室甬道顶部，为五代时期绘制，现仅存部分。
❷ 参见《敦煌学大辞典》樊锦诗撰"降魔变"词条完整解释。季羡林主编《敦煌学大辞典》，上海：上海辞书出版社，1998年，第93页。

[图68]

第33窟主室北壁西部《佛传故事画》中的雷公与魔众
（敦煌研究院供图）

[图69]

第33窟主室北壁西部《佛传故事画》中的三身魔女
（敦煌研究院供图）

绘制，因此樊锦诗先生将该画称为"独特的经变式佛传故事画"。❶

降服魔众中与乐舞相关的内容就是上述画面左上部的雷公和牛首魔众击鼓以及下部的三身魔女奏乐。雷公为类人造型，头部有兽耳，上身赤裸，下身着裈。颈部戴项圈，上臂有臂钏，手腕、脚腕有腕钏。其周身围绕12面以鼓面相对方式排列的鼓，每面鼓鼓身绘圈状纹，外观均为广腹纤首，与敦煌早期石窟所见的担鼓图像近似。图像中的雷公四肢展开，位于12面鼓形成的鼓圈内，悬于云端做击鼓布雷状。雷公及雷公鼓右前方，绘一身牛首人身的魔众，佩戴项圈、臂钏及腕钏，上身赤裸，双眼圆睁，口部大张，牛舌外露。魔众双肩背负一面大鼓，双手于胸前紧握用于固定大鼓的肩带，大鼓鼓身绘团花纹样，外观同样呈广腹纤首状，画面中仅有该魔众背鼓的图像，未见击鼓者[图68]。

魔女均头束高髻，髻前戴花；面部为典型的唐代妆容，额间贴花钿，面颊绘面靥，双唇涂唇脂；身着长衫，袒领，阔袖，肩有披帛。三身魔女手持乐器演奏，乐器从左至右依次为琵琶、竿篪和拍板[图69]。右侧魔女所持琵琶音箱较清晰，音箱面板上可以看到石绿色的捍拨，魔女持楸拨奏，其余细节不清。中间魔女所持乐器所在壁面漫漶，经仔细辨认，魔女口部似含有吹嘴，推测该乐器为竿篪。左侧魔女手持拍板，拍板通体土黄色，五板，皆上圆下方。从乐器分类看，三件乐器为吹奏、弹拨和打击乐器各一件，这与榆林窟壁画乐器图像的分类一致，说明壁画绘制对乐器的选择并非率性而为，而是保证了乐器种类的

---

❶ 参见樊锦诗《敦煌石窟全集·佛传故事画卷》，敦煌研究院编《敦煌石窟全集》，香港：商务印书馆，2004年，第173~174页。

完整性，这很可能是榆林窟壁画乐舞图像绘制在当时形成的规范。前已有论，除飞天伎乐不具备规则排列的特征外，其他经变画菩萨伎乐乐队编制均是如此。

　　为进一步掌握乐舞图像在此类佛传故事画中的规律，我们对前述樊锦诗先生统计的莫高窟第254、第260、第263、第428、第23、第112、第156窟，西千佛洞第12窟和榆林窟第3、第10窟所绘降服魔众图像进行了逐一调查，通过调查发现，魔女和老妇形象为降服魔众的典型内容，除个别石窟所绘壁画因残损不见此内容如第23、第112等窟，其余石窟均有魔女和老妇入画，而且大多被绘制在释迦牟尼左下和右下对称的位置，其数量除第428窟壁画[图70]中各为两身外，其余均各为三身[图72、73]。相对而言，雷公击鼓和魔众背鼓图像出现较少，其中与魔众背鼓类似的魔众击鼓图像除第33窟外，在莫高窟第156窟亦有绘制。雷公击鼓在降服魔众的佛传故事画中出现，目前仅见第33窟一例，而且雷公击鼓图像在榆林窟也仅此一例。此外，在莫高窟第329窟西壁龛顶乘象入胎佛转故事画[图74]和敦煌绢画Stein painting 100.Ch.xxvii.001苦行及尼连禅河沐浴佛转故事画[图75]中均绘有雷公击鼓图像，该图像自莫高窟早期洞窟出现一直延续至五代时期，作为一种传统文化与佛教文化融合的图像形式，雷公击鼓主要是作为雷的图像式转化出现在敦煌石窟壁画中的，本窟该图像也是同样，本书将在下文作进一步交代。

　　在敦煌早期石窟中，如第254、第260、第263、第428窟和西千佛洞第12窟所绘魔女均未持乐器，画面只是呈现其手舞足蹈或搔首弄姿的动态[图70]。另外，与上述石窟时代相近的德国柏林亚洲艺术博物馆藏新疆克孜尔石窟第76窟壁画所绘魔女形象[图71]也未持乐器，但其中最前部上身赤裸的魔女呈现出典型的西域舞姿。演奏乐器的魔女形象始见于莫高窟晚唐第156窟前室顶中部[图72]，此外，在榆林窟五代第33窟也就是本窟壁画中同样出现。自五代之后，魔女形象又回归无乐器演奏的状态，如榆林窟西夏第3窟主室东壁中部《八塔变》的降服魔众图像[图73]和榆林窟西夏第10窟主室南壁东部元代绘降服魔众图像。

　　如果将绘有魔女奏乐的两铺壁画内容做一对比可以发现，莫高窟第156窟出现的三身魔女位于画面左下部，从左至右依次演奏琵琶、拍板和笙，此种乐器设计同样也是弹拨类、打击类和吹奏类乐器各一件，这与榆林窟第33窟的乐器图像是一致的；而且第156窟所绘魔女发型、服饰和妆容与第33窟魔女形象接近。这似乎说明在晚唐五代时期的瓜、沙地区曾流行过一种新的降服魔众的画稿，该画稿最主要的特征就是将魔女处理为奏乐形式，但降服魔众图像在敦煌石窟绘制数量较少，现

魔女 ←　　　　　　　　　　　　　　　　　　　　　　　　→ 老妇

［图70］

莫高窟北周第428窟主室北壁《佛传故事画》

（敦煌研究院供图）

魔女 ←

［图71］

克孜尔石窟第76窟主室右壁《佛传故事画》

［图像采自《中国新疆壁画艺术》编辑委员会编《中国新疆壁画艺术》第一卷（克孜尔石窟1），乌鲁木齐：新疆美
术摄影出版社，2009年，图版133］

击鼓魔军 ←

奏乐魔女 ←

→ 老妇

[图72]
莫高窟第156窟前室顶中部
《佛传故事画》
（敦煌研究院供图）

→ 魔女

[图73]
榆林窟第3窟主室东壁中部
《八塔变》中的魔女
（敦煌研究院供图）

[图74]
莫高窟初唐第329窟主室西壁龛顶《佛传故事画》中的雷公
（敦煌研究院供图）

[图75]
敦煌绢画Stein painting 100.Ch.xxvii.001苦行及尼连禅河沐浴佛转故事画（部分）
（图像采自韦陀编《西域美术·大英博物馆藏斯坦因收集品》第1卷，东京：讲谈社，1982年，图版39-3）

存仅有第156窟和第33窟出现演奏乐器的魔女，因此该结论也仅仅是推测。再来看第156窟和第33窟所绘魔女和老妇图像的差别，第156窟中魔女和老妇的排列方式并未遵循第33窟所示的对应原则，三身魔女纵向整齐排列，而三身老妇横向排列且呈现佝偻蹒跚、惊慌失措的状态，这样处理使画面对比更加鲜明，也展示出极强的动态和张力。

如前所述，在第156窟三身魔女上方绘有一身击鼓的魔众，这与第33窟类似，只是前者是明显的击鼓状态，而后者仅呈现背鼓的动作。此外，樊先生曾敏锐地捕捉到降服魔众图像与《劳度叉斗圣变》的相似性，[1]那么降服魔众中的魔众击鼓、背鼓与《劳度叉斗圣变》中的外道击鼓也可以支撑二者具有相似性的观点。单就击鼓而言，将鼓作为外道或魔众的法器，应该是敦煌石窟壁画的共性。除了上述两类图像外，《金光明经变》中也有婆罗门桴击金鼓的图像。

通过前文降服魔众中魔女形象的梳理可知，魔女已成为此类图像的符号式内容，而魔女入画的依据是佛经文本，这是毫无疑问的。那么将魔女处理为奏乐形式是否也是对佛经原典的对应呢？我们来看佛教经典的记载，事实上这也有助于我

---

❶ 参见樊锦诗《敦煌石窟全集·佛传故事画卷》，敦煌研究院编《敦煌石窟全集》，香港：商务印书馆，2004年，第173页。

们进一步认识乐舞在降服魔众图像中的功能。在此之前，需要首先了解佛经对魔女在释迦牟尼降魔成道中承担作用的具体阐释。如隋阇那崛多译《佛本行集经》卷二十七《魔怖菩萨品》言：

尔时，魔王波旬不取长子商主咨谏，告其诸女，作如是言："汝等诸女，各各相共听用我言，汝宜至彼释种子边，试观其心，有欲情不？"其诸魔女，听父敕已，相与安详向菩萨所。到彼处已，去离菩萨，不近不远，示现种种妇女媚惑谄曲之事。所谓覆头，或复露头，或复半面，或出全面……或歌或舞，或动腰身，或作意气……❶

其他佛经的记载与此相似，此不再赘引。由引文可知，魔女的出现就是为考验释迦牟尼是否依然具有人间的情欲，因此魔女才会呈现种种谄媚之态，注意此处有"或歌或舞"的叙述，说明经文将歌舞作为魔女扰乱释迦修行的方式之一，这是对乐舞娱乐化和世俗化的处理。

同样，在接下来魔女诱惑释迦的过程中，对乐舞的功能进行了进一步深化。《佛本行集经》卷二十八《魔怖菩萨品》曰：

尔时，彼等魔诸女辈，善解妇女妖幻之事，更复别为余诳惑法，媚乱菩萨，而说偈言：

……

我等身体可喜容，如是众相庄严具。

技能一切皆备足，快解作诸种音声。

复巧歌舞悦众心，诸天见我皆欢喜。❷

再来看释迦牟尼是如何应对的，同卷《魔怖菩萨品》言：

尔时，菩萨以偈报言：

……

其诸魔女出百伎，炫惑菩萨不动移。

菩萨如象师子王，犹如须弥住无动。

彼等诱诳既不得，心生惭愧各低头。❸

---

❶ 大藏经学术用语研究会编《大正新修大藏经》第三册，台北：新文丰出版公司影印，1992年，第781页。
❷ 大藏经学术用语研究会编《大正新修大藏经》第三册，台北：新文丰出版公司影印，1992年，第782页。
❸ 大藏经学术用语研究会编《大正新修大藏经》第三册，台北：新文丰出版公司影印，1992年，第783页。

此处依然强调了魔女"伎"的性质，而"伎"除了指技术、技法外，也有乐舞技艺或专门从事乐舞艺人的含义，如《旧唐书》卷七十六"列传第二十六""太宗诸子"记载：

　　（承乾）常命户奴数十百人专习伎乐，学胡人椎髻，翦彩为舞衣，寻橦跳剑，昼夜不绝，鼓角之声，日闻于外。❶

　　通过对上述佛经文本的分析可知，经文中虽然没有魔女演奏乐器这一明确描述，但依然将乐舞的属性赋予魔女，将其作为诱惑的手段之一来考验释迦的修行，同时反衬出释迦降魔成道的定力和决心。那么，可否这样理解：如果壁画中出现魔女奏乐的内容，可将其视作对佛经内容的具象式转化，以奏乐来指代或概括魔女的诸多诱惑行为；如果壁画中未出现魔女奏乐的内容，其呈现的种种姿态、表情以及衣着就成为其行为的表征，这也是符合佛经文本的。可见，降服魔众图像出现魔女奏乐或不奏乐的原因并不是追求是否与佛经对应，而是在宏观上与不同时期、地域形成的总体艺术风格有关，在具体层面上与壁画制作者对该佛传故事的理解相关，其实在之前的图像中我们已经能够觉察到不同时期、地域的魔女形象在衣着装饰上与其所在壁画的时代特征是同步的。按此推论，在晚唐之前，对于壁画中魔女这一形象的设计主要通过身形姿态来表现其魅惑的一面。到了晚唐五代时期，为进一步深化主题加入奏乐这一形式，将乐舞做工具化处理来凸显其娱乐的功能，当然就文本而言该处理不仅无可厚非，而且也说明壁画绘制对这一内容的理解更加深入。五代之后，图像中的魔女不再演奏乐器，说明总体艺术风格和石窟壁画绘制又出现迭代。

　　除魔女外，降服魔众中所绘的雷公击鼓和魔众击鼓图像也是能够在佛经中找到对应的，我们继续以《佛本行集经》为例说明，其卷二十九《魔怖菩萨品》曰：

　　尔时，魔众如是异形，或乘白象，或复骑马，或骆驼、水牛、犀牛诸车乘等，四面云集……或于虚空出大黑云，或虚空里飞风散雨，出大闪电，震动雷声，空中下雹，雨诸山石，或下碎石，霹雳大树……或作大云，放于闪电及震大雷、雨雹及石。❷

❶（后晋）刘昫等《旧唐书》，北京：中华书局，1975年，第2648页。
❷ 大藏经学术用语研究会编《大正新修大藏经》第三册，台北：新文丰出版公司影印，1992年，第786～788页。

同卷《菩萨降魔品》曰：

尔时魔众尽其威力，胁菩提树，不
能惊动菩萨一毛。有偈说言：
天魔军众忽然集，
处处打鼓震地噪，
吹螺及贝诸种声，
唱言子欲作何事？
今见此魔大军众，
何不起走离此中？
……❶

[图76]
莫高窟五代第61窟主室西壁五台山图（局部）
（敦煌研究院供图）

根据经文描述，其中的雷电风雨等主要是魔众云集时的环境渲染，同时以
各种夸张的自然现象如黑云、大闪电、雷雹、碎石、霹雳等来衬托魔众势力之强
悍，这正与该品的名称——"魔怖菩萨"相呼应，因此壁画以雷公击鼓布雷作为
上述情景之指代，这种方式在莫高窟第61窟西壁五台山图也有出现，[图76]而且五
台山图中有清晰的榜题："雷雹云中现"。至于魔众击鼓，经文同样由明确的描述：
"处处打鼓震地噪"，鼓在此处既可以理解为魔众的法器，同时也是魔众借以宣威
的工具，甚至成为魔众以唱作诘时的伴奏乐器，对应到图壁画中，既有如莫高窟第
156窟的持鼓敲击，又有如本窟的双肩背负，但不论如何设计画面，鼓在其中应该
是主要表现的内容。

❶ 大藏经学术用语研究会编《大正新修大藏经》第三册，台北：新文丰出版公司影印，1992年，第790页。

小　结

　　前文已作交代，榆林窟的五代时期等同于曹氏归义军时期，因此本章选择做专题研究的第16窟和第33窟均为曹氏家族主持开凿的石窟，两个石窟始建的上限大致在931年和962年，恰好处于曹氏归义军的前期和中后期。从洞窟所在位置而言，第16窟位于榆林窟东侧崖面，第33窟位于西侧崖面，两窟沿河谷遥相呼应。就乐舞图像的内容来看，第16窟的研究主要针对经变画乐舞图像展开，而第33窟的研究重点是《佛教史迹画》和《佛传故事画》乐舞图像；此外在具体研究过程中，还引入第12、第19、第32、第35、第40窟五代时期乐舞图像作为研究内容的补充，同时将莫高窟和克孜尔部分洞窟壁画乐舞图像一同纳入进行对比研究。总之，将第16窟和第33窟作为榆林窟五代时期乐舞图像研究的核心，并辐射其他石窟乐舞图像，目的是从不同时期、不同石窟和不同乐舞内容三个方面入手，尽可能勾勒五代时期乐舞图像在榆林窟壁画上的全貌。

　　榆林窟五代时期洞窟中乐舞图像的位置与前代大致相类，在前室、主室甬道和主室均会有乐舞图像出现，如前室的《梵天赴会》《帝释天赴会》中通常出现"品"字形排列的化生乐伎，化生乐伎的形象主要有菩萨和孩童两类。在主室甬道两侧壁的供养人图像中，也有零星乐舞图像入画，如第16窟主室甬道北壁曹议金夫人身后一身侍女手持由琴袋或丝织物包裹的琴，该图像在榆林窟五代时期的洞窟中尽管数量不多，但鉴于供养人画像的纪实性，我们认为这反映了曹氏归义军政权对中原礼乐制度的服膺。在主室四披下沿或四壁上沿的垂幔底端绘制或堆塑铃是榆林窟常见的装饰，尤其在五代时期，这种方式在洞窟中比比皆是。在铃下方的位置，通常会出现飞天乐伎，根据对比研究发现，五代时期石窟间飞天乐伎的绘制具有一定的相似性，主要表现在绘制技法和所持乐器的排列方式两个方面。

　　洞窟主室四壁的经变画，是敦煌石窟壁画乐舞图像集中出现的位置，五代时期的榆林窟也不例外。本章主要以第16窟所绘《劳度叉斗圣变》《报恩经变》《药师经变》《天请问经变》《西方净土变》《文殊变》《普贤变》所绘乐舞图像为内容，从经变画数量就足见乐舞图像的丰富程度。通过本章研究，五代时期榆林窟经变画乐舞图像绘制呈现出一定的规律，其中最明显的是经变画菩萨伎乐乐队的编制明显侧重对吹奏乐器的使用，这与侧重打击乐器的唐代经变画菩萨伎乐乐队以及唐代真实音乐反映的乐队编制有明显区别。五代时期的榆林窟和莫高窟似乎更像是一个封闭空间，乐舞图像所采用的编制并未受到来自前代石窟经变画乐舞的影响，对于其中成因的全面分析是该研究需要持续关注的。

通过研究发现，既然不同经变画乐舞图像具有不同的特征，不同佛教经典对乐舞的描述也是有区别的，那么乐舞图像理应可以作为区分不同经变画的参照之一。据此，本章通过研究第16窟主室北壁西部《西方净土变》中的乐舞图像，尝试反向推论出该经变画名称具体为《观无量寿经变》。另外，本章对出现乐舞图像的第16、32、35窟所绘《文殊变》《普贤变》进行对比研究，发现构图形式与其中乐舞图像间具有同一性，即对称构图的经变画中乐舞图像的排列同样是对称的，反之亦然。

对于第33窟的研究，主要针对《佛教史迹画》和《佛传故事画》中出现的乐舞图像，这一部分在敦煌乐舞研究中相对薄弱，以往的研究通常将其忽略或一语带过。当然，上述两类壁画所绘的乐舞图像的确不多，但其中乐舞具有的特殊性正是大多敦煌乐舞图像所不具备的。众所周知，敦煌乐舞中绝大多数的图像是以佛教形式存在的，能够与世俗乐舞相对应的图像较少，从现实性来讲，对世俗乐舞的研究可以省略佛教这个中间环节，也更容易与乐舞史做对比研究，这就是佛教史迹画所绘乐舞图像的重要价值。另一方面，在佛传故事画降服魔众中，出现了魔女奏乐，雷公击鼓，魔众击（背）鼓的图像，魔女形象是该壁画的典型内容，因此奏乐形式的附加就成了"典型之典型"，如果以此作为分析不同时代同类壁画的参照，就能够为壁画绘制传承关系的梳理增加新的证据，如本书提到的第33窟与莫高窟晚唐第156窟所绘降服魔众图像间就应该存在这种关系。

总体上看，榆林窟五代时期乐舞图像作为整个榆林窟壁画乐舞的主体，在数量、类型和形式上都达到了空前的高度。瓜、沙地区政治上短暂的稳定，归义军政权对开窟活动的热衷以及画行、画院的设立都在客观上促进了这一时期洞窟数量和规模的增大，来自洞窟壁画的乐舞图像自然也不例外，因此我们将五代时期视作榆林窟壁画乐舞图像的鼎盛阶段。

第四章

宋代
榆林窟壁画乐舞图像

MUSIC AND DANCE IMAGES OF MURALS
IN YULIN GROTTOES IN SONG DYNASTY

敦煌石窟的五代时期大致是从曹议金任归义军节度使的乾化四年（914年）至北宋王朝建立的建隆元年（960年），按此，宋代敦煌石窟的划分应以960年为上限，以西夏全面占领瓜、沙地区的景祐三年（1036年）为下限。与此同时，还应考虑这种划分与敦煌历史之间具体的对应，我们知道，960年前后的敦煌地区依然由曹氏归义军第四任节度使曹元忠掌权，曹元忠于开宝七年（974年）去世后，其侄曹延恭和曹延禄先后任归义军节度使，直至曹延禄于咸平五年（1002年）身死，又由曹延禄族子曹宗寿和曹宗寿子曹贤顺分别掌权归义军至大中祥符七年（1014年）以后。[1]可见，宋代的敦煌地区依然以晚期的曹氏归义军为主体，这种政治上的连续性也导致了石窟艺术的一脉相承，尤其是莫高窟第53、第55和第61窟的营建，都是跨越了五代、宋两个时代，[2]因此对乐舞图像的研究需要着重突出两个时代在洞窟营建，壁画绘制间的共性与区别。

此外应该认识到，该时段也是曹氏归义军由盛转衰的多事之秋，其内部出现频繁的政权更迭和军民暴动，周边回鹘、党项等少数民族不断进逼，这种内外交困的危局很可能导致当时开窟活动的相对减缓。就榆林窟而言，现存洞窟由宋代开凿的仅有第14窟，其余均是对前代洞窟的重修。[3]洞窟、壁画数量的急剧下降也是乐舞图像减少的直接原因。据调查，包括新开凿和重修的榆林窟宋代乐舞图像仅在第6、第14、第15、第17、第21和第22窟出现，而且乐舞图像也缩减为铃、飞天伎乐和壶门伎乐，经变画乐舞组合更是无处寻觅。因此，本章将以第14窟和第17窟宋代所绘乐舞图像为中心，围绕上述两类图像中的乐伎和乐器展开讨论。

❶ 参见荣新江《归义军史研究——唐宋时代敦煌历史考索》，上海：上海古籍出版社，1996年，第95～127页。
❷ 史苇湘《关于莫高窟内容总录》，敦煌研究院编《敦煌石窟内容总录》，北京：文物出版社，1996年，第234页。
❸ 参见霍熙亮整理《安西榆林窟内容总录》，敦煌研究院编《敦煌石窟内容总录》，北京：文物出版社，1996年，第204～221页。

榆林窟第14窟乐舞图像

一、洞窟基本情况

榆林窟第14窟位于窟区东侧崖面南段第一层，南、北侧分别与第13、第15窟毗邻。开凿于宋代，后经清代和民国初重修。洞窟由前室甬道、前室、主室甬道和主室构成，前室形制一面披顶，南、北壁设马蹄形像台。主室为覆斗形顶，中心佛坛有宋塑清修坐佛一身，清代塑菩萨四身和民国初塑力士两身分别位于佛两侧。前室甬道壁面仅存少量清代壁画，前室内有移置的唐、五代残像四身，四壁宋代绘窟廊木构图像。主室甬道南、北壁垂幔下分别绘幢、幡各一具及壶门供宝两幅。主室壁画基本为宋代原作，窟顶四披绘边饰垂幔，垂幔下绘飞天。四壁中除主尊身后的东壁中间上绘华盖，下绘火焰纹背光外，东壁其余部分及南、北、西壁上部同样绘垂幔，垂幔下端绘铃。东壁中间除华盖、背光外，两侧各绘弟子一身，菩萨两身，下绘壶门供宝。南、北壁各绘赴会菩萨六身及《净土变》一铺，下部绘壶门供宝。西壁门南侧绘《文殊变》，门北侧绘《普贤变》，下部绘壶门供宝，主室壁画内容及布局如图1所示。

二、主室窟顶四披

经查，第14窟主室所绘乐舞图像包括窟顶四披垂幔下方所绘飞天伎乐和四壁上沿垂幔底端所绘的铃[图2]。关于石窟内该位置所绘的铃已在第三章中进行过考证，就功能而言，具有石窟装饰与佛教法器的双重属性。

在洞窟披面垂幔下方或壁面垂幔上方的部分，通常绘飞天图像，此处的飞天一般有两种形式：手持乐器呈演奏状或持供养物呈供养状。这两种形式的飞天均穿插出现于同一披面或壁面，本窟即是如此。本窟窟顶四披部分壁面崩毁，现存完整飞天共八身[图3]，其中四身为飞天乐伎。每身飞天由祥云衬托，呈俯身飞翔的姿态。飞天为典型的菩萨装造型，头部高束发髻，戴山形头冠，头冠两侧有赭石色缯带；额间绘白毫，双唇涂唇脂，双耳饰耳珰，颈部佩项圈，上臂戴臂钏，手腕

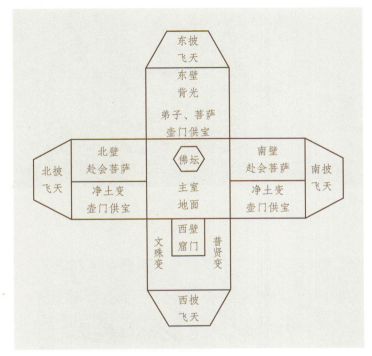

[图1]
第14窟主室壁画布局示意图
（笔者绘）

[图2]
第14窟主室东披披面与壁面
（敦煌研究院供图）

[图3]
第14窟主室东披飞天乐伎
（敦煌研究院供图）

[图4]
第14窟主室南披飞天乐伎
（敦煌研究院供图）

饰腕钏；上身肩搭外赭石内石绿的帔巾，下身外系石绿围腰，内着赭石长裙，赤足；头冠两侧、双肩处的缯带和裙摆均顾长飘逸，与舒展修长的身形共同表现出飞天翔于天际的动势。

东披存完整飞天乐伎一身，演奏拍板，拍板通体土黄色，由五板组成，拍板外观上下皆方，与以往壁画所见上圆下方的外观略有区别。另一侧壁面崩毁后以白灰覆盖，所幸的是残存飞天乐伎的双手及乐器铜钹清晰可见[图3]，铜钹为圆盘形，通体石绿色，中间凸起且贯以赭石色的韦或绳带，乐伎右手托一钹片，左手持另一钹片击之。南披现仅存一身飞天乐伎[图4]，乐伎面部所在壁面已漫漶，但其演奏的横笛依然完整出现在壁面上。北披现存两身飞天[图5]，均一手托花盘，盘中盛有鲜花，另一手在鲜花上方呈拈花状。

西披现存完整的三身飞天[图6]，其中两身为飞天乐伎，另一身飞天持鲜花供养。右侧飞天乐伎演奏鼗鼓，鼗鼓形制、演奏方式与通常的敦煌石窟壁画所绘相比较为特别，值得注意。形制上，该鼓为一柄叠一鼓，而非一柄叠二鼓的普通形制，整个鼓体造型为纤首广腹，不同于通常的首腹等大，鼓身绘有与榆林窟壁画腰鼓鼓身类似的纹样；演奏方式上，乐伎仅演奏鼗鼓，而非鼗鼓与鸡娄鼓兼奏，而且该鼓鼓身两侧并无通常用以击打鼓面发声的小型球体装置，因此其发声方式就从持鼓柄播奏变为壁画所示的以鼓槌敲击。[图7]

[图5]
第14窟主室北披供养飞天
（敦煌研究院供图）

[图6]
第14窟主室西披飞天乐伎
（敦煌研究院供图）

[图7]
第14窟主室西披飞天乐伎演奏的扁鼓和鼗鼓
（敦煌研究院供图）

[图8]
板鼓实物和《清朝续文献通考》所附班鼓图像
（图像采自：https://image.baidu.com；
《清朝续文献通考》，第9429页）

[图9]
《乐书》所附节鼓图像
（图像采自《乐书》卷一百三十八，
第632页）

左侧所绘飞天乐伎双手各持一圆头细长的鼓槌，敲击绘于身前的鼓，该鼓为扁圆形，鼓身（鼓腔）略大于鼓面，单面蒙皮，以鼓钉固定，蒙皮边缘以波浪形垂于鼓身周围。[图7]此类形制的鼓多出现在榆林窟五代、宋和西夏时期的壁画中，据统计共有10面，具体石窟及位置可参见《榆林窟壁画乐舞图像内容总录》和《榆林窟壁画打击乐器分类统计表》，出现形式大致包括不鼓自鸣、飞天乐伎演奏和菩萨乐伎演奏。

关于此鼓的定名，最早见于庄壮的《榆林窟壁画伎乐》，该文对榆林窟壁画所见乐器进行了简单排比："榆林窟壁画伎乐出现的乐器有拍板、腰鼓、羯鼓、楷（揩）鼓、鼗鼓、单皮鼓、铜钹、铜锣、方响、排箫、横笛、竖笛、筚篥、笙、海螺、琵琶、五弦、阮咸、箜篌、筝、琴、一弦琴、胡琴等二十四种。"[1]对本窟飞天乐伎所演奏的鼓并未专文说明，如果对应起来，很可能就是指"单皮鼓"。单皮鼓即板鼓，或称班鼓，多用于戏曲和传统器乐合奏，是乐队中带有指挥性质的乐器。板鼓外观扁圆，单面蒙皮和双鼓箭敲击的演奏方式与本窟壁画所绘的鼓接近[图8]，这应该是庄壮定名的缘由。

单皮鼓、板鼓、班鼓在文献记载中多一语带过，目前仅《清朝续文献通考》对其有一定描述并附图[图8]，其卷一百九十五《乐考八》记载：

> 班鼓，一名搭鼓，音嘁急，为各器之领袖，击法甚不易。[2]

引文中称班鼓又名搭鼓，但《乐书》认为搭鼓即腰鼓，其卷一百八十八《乐图论》"俗部"曰：

> 鼓架部唐鼓架部乐有拍板、搭鼓（腰鼓也）、两杖鼓。[3]

此外，《音乐百科辞典》"板鼓"条称："唐代的清商乐中

---

❶ 庄壮《榆林窟壁画伎乐》，《交响：西安音乐学院学报》1988年第2期，第40页。
❷ （清）刘锦藻撰《清朝续文献通考》，王云五编《万有文库》，上海：商务印书馆，1936年，第9429页。
❸ （宋）陈旸《乐书》，《文渊阁四库全书》第二一一册，上海：上海古籍出版社，2012年，第847页。

已用这种乐器，名为节鼓。"❶事实上，节鼓多用于唐代典礼和卤簿仪仗，而且按文献记载似乎与板鼓不合，如《通典》卷第一百四十四《乐四》言：

节鼓，状如博局，中开圆孔，适容其鼓，击之以节乐也。❷

按文意，节鼓应该有用于安置鼓的类似棋盘的鼓床，而板鼓是以鼓架承之。节鼓鼓体本身的外观《通典》未交待，但按照《乐书》卷一百三十八《乐图论·八音》"俗部（革之属）"中节鼓的图像[图9]，其鼓身为桶形，与板鼓扁圆的鼓身也相差较大。

相较而言，壁画所绘的鼓与板鼓较近似，但依然有两个疑点值得注意。第一，目前可见的板鼓记载和图像多来自清代之后，但此鼓在榆林窟出现的时间上限是五代时期，五代与清代之间缺乏能够接续的文字记载或图像证据。第二，板鼓是由鼓架悬而固定的，这既是由板鼓鼓腔（鼓膛）内锥形构造决定的——悬之利于腔体的共鸣，也与实际演奏姿势相关，鼓体扁圆需通过鼓架增加高度以便于演奏。但壁画所绘的鼓却完美地规避了鼓架的上述作用，壁画中的鼓由飞天乐伎演奏，本身就悬处虚空，而且飞天乐伎是俯身姿态，毋需加高便可演奏，这在壁画中一目了然。因此，假设飞天乐伎演奏的鼓实际存在且就是板鼓，在壁画图像设定的环境中是不需要鼓架的。这就为定名带来了困难，以板鼓而言，鼓架是其重要的组成部分，那么仅凭鼓体外观及双槌敲击的方式是否就能确定为板鼓一类呢？在榆林窟其他洞窟壁画中，我们发现了两幅与此鼓相近的图像，似乎可以帮助解决这一问题。一幅为第38窟主室窟顶北披五代所绘飞天乐伎[图10]，该乐伎演奏的鼓外观与第14窟所绘基本一致，蒙皮方式也是单面蒙皮，演奏方式同样为持双槌敲击。所不同的是，第38窟的鼓被托于祥云之上，这可能意味着壁画拟为原型的鼓是有鼓架的，只是在本窟壁画中被处理为祥云图像。从壁画绘制的角度分析，将鼓架替换为祥云更符合飞天乐伎飞翔的状态，也更契合壁画的佛教语境。

比之第38窟所绘的鼓，第35窟所绘的图像更接近现实，其中的鼓由菩萨乐伎在乐舞平台上演奏，并非悬空状态。图像具体位于第35窟主室西壁五代绘《观无量寿经变》乐舞组合的右侧，尽管壁面剥落较严重，不过依然能够明显看出菩萨乐伎左手所持鼓槌与第14窟飞天乐伎所持鼓槌一致，而且乐伎身前也有一面呈扁圆

❶ 简其华撰 "板鼓" 词条，缪天瑞主编《音乐百科辞典》，北京：人民音乐出版社，1998年，第40页。
❷（唐）杜佑撰，王文锦等点校《通典》，北京：中华书局，1988年，第3677页。

[图10]
榆林窟第38窟主室窟顶北披五代绘飞天乐伎
（敦煌研究院供图）

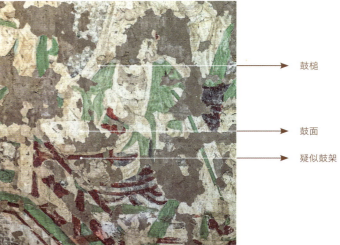

鼓槌

鼓面

疑似鼓架

[图11]
榆林窟第35窟主室西壁五代绘《观无量寿经
变》乐舞组合右侧菩萨乐伎
（敦煌研究院供图）

外观的鼓，以土黄色表示鼓面蒙皮[图11]。此鼓下方似乎有鼓架固定，只是由于壁面剥落，加之该身乐伎位于乐队右侧内向位置，此处所绘栏杆与疑似鼓架的部分均以同一颜色绘制，因此即便以技术手段对图像进行了处理（图10为处理后的图像），也很难确言该鼓下部就是鼓架。假设该部分就是鼓架一类的装置，那至少说明榆林窟壁画所绘的扁圆外观的鼓应该有鼓架存在，但有鼓架的鼓是否就是板鼓，依然存疑。此外，在东千佛洞西夏第7窟主室东壁《药师经变》乐舞组合中也有一身菩萨乐伎演奏类似的鼓[图12]，此鼓由庄壮最早撰文介绍并命名为"花盆鼓"，[1]在此一并提出。

除将壁画所绘的鼓称为板鼓的观点外，郑汝中在《敦煌壁画乐器分类考略》一文中将其称为"手鼓"，之所以称手鼓，也是出于二者外观皆扁平且单面蒙皮。[2]现代手鼓通常指新疆维吾尔族打击乐器达卜[图13]，而且郑文中也提到壁画所绘的鼓"形似今日新疆手鼓"，[3]虽然二者有相似性，但手鼓是以手执鼓且以手指拍击鼓面演奏，这与壁画所示的鼓明显不合。

❶ 庄壮《西夏的胡琴和花盆鼓》，《敦煌研究》1997年第4期，第45～48页。
❷ 该文未附乐器图像，为确定文中所言手鼓即为本窟所绘的鼓，笔者查阅了《敦煌石窟全集·音乐画卷》，该书图版210附文将榆林窟第15窟主室窟顶飞天乐伎所奏乐器称为手鼓，此鼓与第14窟所绘鼓完全一致。参见郑汝中《敦煌壁画乐器分类考略》，《敦煌研究》1988年第4期，第19页；郑汝中《敦煌石窟全集·音乐画卷》，敦煌研究院编《敦煌石窟全集》，香港：商务印书馆，2002年，图版210。
❸ 郑汝中《敦煌壁画乐器分类考略》，《敦煌研究》1988年第4期，第19页。

[图12]
东千佛洞第7窟主室东壁《药师经变》乐舞组合左侧菩萨乐伎线描图
（图像采自《西夏的胡琴和花盆鼓》，第48页）

[图13]
达卜（手鼓）实物
（图像采自：https://image.baidu.com）

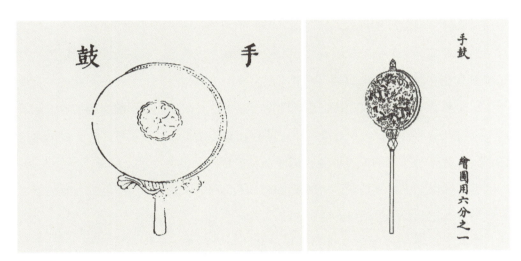

[图14]
《三才图会》和《御制律吕正义后编》所附手鼓图像
（图像采自《三才图会》，第1133页；《御制律吕正义后编》，第174页）

　　明《三才图会·器用三卷》，"乐器类"中有手鼓的记载和附图[图14]，其曰：

　　手鼓，其制扁而小，亦有柄。今歌者左手执而右手击之。❶

---

❶（明）王圻、王思义编集《三才图会》，上海：上海古籍出版社，1988年，第1133页。

除基本形制外，《三才图会》没有说明手鼓的来源，仅提到手鼓是由歌唱者手持演奏的，可见明代记载的手鼓有为歌唱伴奏之作用。

《御制律吕正义后编》也载有清代宫廷清乐所用手鼓并附图[图14]，其卷六十九《乐器考八》曰：

> 手鼓，以木为匡，冒以革。面径九寸一分零二毫，为倍夷则之度，腰径一尺零二分四厘，为倍蕤宾之度，厚二寸一分六厘，为半南吕之度，顶高二寸，柄并托云共长一尺五寸，鼓面粉油，匡柄朱油绘五彩云龙，绿边镀金钉，顶及托云皆涂金，左手持而右手以槌击之。

> 案：手鼓之制不知其所，自起隋唐以来，燕乐鼓名不一，而其制不详。明王圻《三才图会》手鼓制匾而小，今清乐用之。《周礼》小师小乐事鼓棷此，或其遗意欤。[1]

清代清乐手鼓由木制鼓框、蒙皮、鼓柄、顶、托云和鼓槌等部分组成，按记载，此手鼓形制来源不明，按清人推测，与《周礼》记载的小师在小祭祀、小乐事中使用的棷一类的小鼓相近。[2]

明清之前的文献中未见到有关于手鼓的记载，当然无记载并不能说明手鼓一类乐器不存在，但可以肯定的是，明清时期出现的手鼓是同一类型的鼓，此鼓鼓身扁平，至于是否为单面蒙皮，按记载和图像无法确言。如除去以手演奏的因素，此鼓是以手持鼓柄演奏的，说明此鼓与手之间存在直接关系，这也是称其为手鼓的直接原因。反观壁画所绘的鼓，如除去以手演奏的因素，此鼓与手之间并无直接关系，因为壁画明确交代此鼓是双手持槌演奏的，因此我们认为壁画所绘的鼓与目前能够见到的手鼓记载和图像依然有差距。

除本窟壁画所绘的鼓之外，榆林窟其实另有两种鼓的图像与手鼓更为接近，一种是绘于西夏第10窟主室窟顶西披下沿有飞天乐伎演奏的鼓[图15]，此鼓将在下一章中专文进行考证。另一种是绘于第19、第34、第35窟五代时期经变画中的槃鞞[图16]，槃鞞图像在莫高窟壁画中也有绘制，如莫高窟盛唐第172窟东壁门上部

---

❶（清）允禄、张照等撰《御制律吕正义后编》，《文渊阁四库全书》第二一七册，上海：上海古籍出版社，2012年，第175页。
❷《周礼注疏》卷第二十三小师记载："小师掌教鼓鼗、柷、敔、埙、箫、管、弦、歌……凡小祭祀小乐事，鼓。"（十三经注疏整理委员会《周礼注疏》，北京：北京大学出版社，2000年，第722、724页）《乐书》卷第一百四十八《乐图论·雅部·八音（革之属下）》记载："棷鼓，《周官》'小师'：凡小乐事，鼓棷。《仪礼》'大射'：一建鼓在其南，东鼓，朔鼙在其北。有瞽诗曰：'应田悬鼓'。先儒以田为棷，则朔鼙皆小鼓也，以其引鼓，故曰棷，以其始鼓，故曰朔。《仪礼》有朔无棷，《周礼》有棷无朔，互备故也。然鼓棷小师之职，而大师非不与也，特令奏之而已，后世乐府有左鼙右应之鼓，设而不击，用四散鼓在悬四隅，击以为节，不合仪礼之制，革而正之可也。"（宋）陈旸《乐书》，《文渊阁四库全书》第二一一册，上海：上海古籍出版社，2012年，第500页。

[图15]
榆林窟西夏第10窟主室窟顶西披下沿飞天乐伎
（敦煌研究院供图）

[图16]
榆林窟五代第19窟主室南壁《天请问经变》和第34窟主
室南壁《药师经变》菩萨乐伎
（敦煌研究院供图）

经变画中右上第一身菩萨乐伎所奏乐器即为槃鞞，笔者在《唐代莫高窟壁画音乐图像研究》一书中已进行考证。[1]上述鼓的图像与本窟壁画所绘的鼓无直接关联，在此仅作为辅助性资料提出以供参考。

以上从两种不同的定名出发，对第14窟所绘外观扁圆，单面蒙皮，双槌敲击的鼓进行了考证，我们发现不论是称为板鼓还是手鼓，比之壁画所绘的鼓均有或多或少的差距，相较于手鼓，板鼓与壁画所绘的鼓近似性更多，但即便壁画所绘的鼓是有鼓架的，也不能证明其就是板鼓。关键的问题是，板鼓和手鼓都是明清之后才逐渐流行的鼓类乐器，但壁画中的鼓绘制的时间是五代，期间缺乏有效的证据佐证，而且就定名规则而言，也不能用后代的名称去定义前代的乐器。据此，我们以此鼓最典型的外观特征将其称为扁鼓，其目的就是说明此鼓与板鼓、手鼓具有差异性，以避免之后的研究出现误解。可以肯定的是，此种形制的鼓一直存在于现实的音乐实践中，时间也早于壁画绘制的五代时期，如南京江宁上坊孙吴晚期墓葬发掘出土的青瓷击鼓俑[图17]，其中的鼓就与第14窟所绘的鼓基本接近，期待今后有更多证据，为此鼓定名画上圆满的句号。

本书第三章在讨论五代时期洞窟主室窟顶四披所绘飞天乐伎时，就曾将第16窟与第12窟相同位置所绘飞天乐伎进行对比研究，发现两洞窟之间具明显的传承关系，甚至很可能是由同一批工匠营建或使用同一套洞窟四披壁画的画稿，与此相

---

[1] 朱晓峰《唐代莫高壁画音乐图像研究》，兰州：甘肃教育出版社，2020年，第316~320页。

[图17]

南京江宁上坊孙吴晚期墓葬发掘出土的青瓷击鼓俑实物和线描图

（图像采自：南京市博物馆、南京市江宁区博物馆《南京江宁上坊孙吴墓发掘简报》，《文物》，2008年第12期，图31、67-3）

同的现象也在本窟和与之毗邻的第15窟主室窟顶四披上出现，再次以乐舞图像的角度证明洞窟与洞窟间真实存在的近似关系。根据前文梳理，第14窟主室窟顶四披共绘九身飞天，其中八身基本完整。第15窟主室窟顶四披垂幔下的飞天绘制时代同样为宋代，形式也是持鲜花供养飞天与飞天乐伎穿插在同一披中绘制，以下将两洞窟相同披面所绘内容做如下对比：

表1　榆林窟第14窟和第15窟主室窟顶四披飞天对比

	东披		南披		北披		西披	
	飞天乐伎	供养飞天	飞天乐伎	供养飞天	飞天乐伎	供养飞天	飞天乐伎	供养飞天
第14窟 主室窟顶	两身 演奏拍板、钹	—	一身 演奏横笛	—	—	两身 鲜花供养	两身 演奏扁鼓、鼗鼓	一身 鲜花供养
第15窟 主室窟顶	一身 演奏拍板	—		一身 鲜花供养	一身 演奏曲项琵琶	一身 鲜花供养	两身 演奏扁鼓、鼗鼓	两身 鲜花供养

[图18]

榆林窟第14窟和第15窟主室窟顶西披演奏扁鼓飞天乐伎
（敦煌研究院供图）

[图19]

榆林窟第14窟和第15窟主室窟顶西披演奏鼗鼓飞天乐伎
（敦煌研究院供图）

　　第14窟和第15窟窟口均向西，因此西披所绘的壁画受光照和风沙侵害相对较小，现存的壁画内容也相对完整。通过对比，两窟现存飞天形象有重复现象，具体为东披和西披演奏拍板、扁鼓和鼗鼓的飞天乐伎，西披和北披持鲜花的供养飞天，尤其是西披所绘飞天乐伎演奏的扁鼓和鼗鼓，这两种鼓类乐器在榆林窟壁画所绘数量本来就不多，而恰恰在两洞窟的同一位置同时出现，这已经说明这种近似关系的存在。为进一步证明这种关系，我们选取两个洞窟部分重复的图像做一对比。可以看到，除飞天乐伎的朝向相反，鼗鼓形制略有不同外，其余构图、设色、服饰、所持乐器形制均表现出明显的一致性，尤其是两个洞窟所绘扁鼓图像如出一辙[图18]。鼗鼓在第15窟壁画中为一柄叠二鼓形制，更符合现实中使用的鼗鼓形制，只是由于鼗鼓鼓体体形较大，乐伎以双手持鼓柄，故未见第14窟中击鼓所用的鼓槌[图19]。据此，我们有理由相信两窟主室窟顶四披崩毁前的壁面所绘飞天应该是相同的。

本文在研究唐代榆林窟壁画乐舞图像时曾提到，在研究的同时，应将有限的图像结合唐代敦煌乐舞总体规律进行重构作为最终的学术目的。宋代榆林窟壁画乐舞图像研究，也存在资料和图像缺乏的问题，因此同样需要做尝试性"还原"来寻求其全貌。以上述两石窟四披飞天而言，通过实地调查和对比后发现，第14窟和第15窟由宋代绘制的飞天原始状态为每披各四身，其中两身为飞天乐伎，两身为供养飞天，两类飞天分别穿插绘制。供养飞天均持鲜花供养，而四披飞天乐伎持不同乐器演奏，目前可以确定的是东披两身飞天乐伎分别演奏拍板和铜钹，西披两身分别演奏扁鼓和鼗鼓，南披一身演奏横笛，北披一身演奏曲项琵琶。当然，目前能够做的推测也仅能到此，需要强调的是这种"还原"的基础是两个洞窟在飞天图像上具有的相似性，而且第14窟和第15窟主室窟顶四披飞天的布局和绘制方式也只代表宋代飞天图像风格的一个"点"，而不是整个"面"。因为在榆林窟第21窟和第22窟主室窟顶四披同样为宋代所绘飞天乐伎，❶根据数量分析，这两个洞窟窟顶四披均绘飞天乐伎，每披数量为四身，但由于第21窟窟顶东披壁面完全崩毁，第22窟窟顶东披和南披完全崩毁，加上现存飞天乐伎演奏乐器间重复性不足，也就无法类似第14窟和第15窟做相应的对比和"还原"。

根据飞天伎乐在石窟主室的位置分析，其被绘制在四披具装饰性的垂幔间且与供养飞天一同出现，因此飞天伎乐的功能主要包括装饰和供养两个方面。装饰功能不仅可以在洞窟内直观感受到，而且飞天伎乐在文献中的记载也以装饰的方式出现。《洛阳伽蓝记》卷第二中载：

> 石桥南道有景兴尼寺，亦阉官等所共立也。有金像辇，去地三丈，上施宝盖，四面垂金铃、七宝珠，飞天伎乐，望之云表。作工甚精，难可扬榷。❷

不过在洞窟中，飞天伎乐的装饰性应该是双重的：作为石窟内部的装饰，这与窟顶藻井图案、纹样以及四披的垂幔、铃的作用是同样的；作为石窟所营造的佛国世界的装饰，以飞天乐伎奏乐来表现佛国妙音无处不在的景象。至于其供养的功能，应该与前述其他洞窟壁画乐舞图像一致，即以音乐作为对佛和佛法的供养。

---

❶ 第21窟和第22窟主室窟顶四披所绘飞天伎乐的具体内容，见本书《榆林窟壁画乐舞图像内容总录》部分。
❷ （魏）杨衒之撰，周祖谟校释《洛阳伽蓝记校释》，北京：中华书局，2010年，第64页。

第二节 ══════════════ 榆林窟第 17 窟
乐舞图像

一、洞窟基本情况

榆林窟第 17 窟位于窟区东侧崖面南段第一层，南、北侧分别与第 16、第 18 窟
毗邻。开凿于唐代，后经五代、宋代、回鹘和清代重修。洞窟由前室甬道、前室、
主室甬道和主室构成，前室形制一面披顶，主室前部为人字披形顶，后部为平顶，
有中心柱。前室甬道顶崩毁，南、北壁回鹘分别绘《梵天赴会》和《帝释天赴会》
各一铺。前室四壁中，除东壁门两侧宋代绘《净土变》各一铺外，其余壁画内容均
为宋代绘垂幔、飞天、赴会菩萨和壶门供宝。

主室中心柱四面各开一圆券形龛，西向面龛内有清代塑坐佛一身，宋代绘华
盖、团花火焰纹背光与项光以及飞天两身、弟子两身。龛外两侧宋代绘垂幔，垂幔
下绘赴会佛各一身、菩萨各一身。龛下坛分两层，上层绘十三幅壶门供宝，下层绘
三幅壶门供宝，其下部壶门内绘壶门伎乐，但多已漫漶。其余南、北、东向面龛内
均为唐塑清重修的坐佛一身，龛外壁画内容大致与西向面一致，由于无乐舞图像出
现，故不赘述。主室四壁中，南、北壁西部宋代各绘《净土变》三铺，西壁门南、
北侧宋代各绘《净土变》一铺，其余壁面与前室布局一致，均为宋代绘垂幔、飞
天、赴会菩萨和壶门供宝。

事实上，就开凿时间而言，第 17 窟并非宋代开凿的石窟，宋代只是此窟的重
修年代，而且调查可知该窟壁画中出现的乐舞图像极其稀少，仅有前室和主室垂幔
下端所绘铃和主室中心柱西向面龛下所绘壶门伎乐。但考虑到此窟主室中心柱所绘
的壶门伎乐是榆林窟目前仅存的宋代壶门伎乐图像，加之榆林窟宋代石窟数量同样
不多，因此将其单列一节进行讨论。

二、前室与主室

第17窟窟内乐舞图像仅有两类，即铃和壶门伎乐，其中铃出现位置较多，分别为前室四壁上沿垂幔下端[图20]、主室中心柱四面龛内主尊华盖下垂幔下端[图21]和主室四壁上沿垂幔下端[图22]。关于垂幔及其下端所悬铃的形制和功能应该与前述一致，此处不再重复。

按《安西榆林窟内容总录》中的描述，第17窟主室中心柱西向面龛下南、北各残存有三身乐伎。[1]经实地调查，该位置所绘为壶门乐伎无疑，而且根据壶门大致轮廓判断，最初应该如《总录》所言南、北各绘三身乐伎，但由于壁面漫漶极其严重，甚至部分壁面仅剩地仗层，目前所能辨识仅北部一身壶门乐伎，演奏乐器为笙，其余乐器不明[图23、24]。该乐伎造型与菩萨乐伎相同，头束高髻并戴花冠，耳珰、项圈、臂钏和腕钏皆全，上身着袒露右肩的天衣，双臂有帔巾环绕，似半跏趺坐于圆毯之上。乐伎双手捧持笙斗，口含与笙斗相连接的弯形吹嘴，笙管位置的壁面被破坏，细节已缺失。

[图20]
榆林窟第17窟前室南壁上沿
（敦煌研究院供图）

[图21]
榆林窟第17窟主室中心柱西向面龛内华盖
（敦煌研究院供图）

[图22]
榆林窟第17窟主室南壁上沿
（敦煌研究院供图）

❶ 参见霍熙亮整理《安西榆林窟内容总录》，敦煌研究院编《敦煌石窟内容总录》，北京：文物出版社，1996年，第209页。

[图23]
榆林窟第17窟主室中心柱西向面龛下南部
（敦煌研究院供图）

[图24]
榆林窟第17窟主室中心柱西向面龛下北部
（敦煌研究院供图）

[图25]
榆林窟第20窟主室东壁下部五代绘壶门伎乐
（敦煌研究院供图）

[图26]
榆林窟第34窟主室西壁下部五代绘壶门供宝
（敦煌研究院供图）

　　壶门，为传统建筑的部件之一，指殿堂阶基，具体是指佛床、佛帐须弥座束腰部分各柱之间形似葫芦形曲线边框的部分。在敦煌石窟中，主要绘于中唐以后各代窟内塑像佛床（坛）的侧面、四壁屏风画和供养人画像下部。佛床须弥座及晚期壁画下部墙裙亦绘此形装饰。壶门内所绘内容较丰富，通常包括乐伎、乐器、鲜花、动物和摩尼宝珠等。[1]壶门一方面是石窟内的装饰之一，而所绘内容又具有供养的性质，因此壶门伎乐的功能与前述飞天伎乐是一致的，即兼具装饰性和供养性。

　　榆林窟壁画壶门伎乐数量不多，现存仅有本窟宋代所绘壶门伎乐图像和第20窟主室东、南和北壁下部五代所绘的十五幅壶门伎乐图像[图25]。此外，第34窟主室西壁下部五代所绘十一幅壶门供宝图像中，左数第二幅为具法器性质的金刚铃图像[图26]。这里选取第20窟吹奏笙的壶门乐伎与第17窟吹奏笙的壶门乐伎进行对比，二者在壶门内部轮廓、乐伎衣饰、帔巾、坐姿和笙的结构上多有近似之处，而且金刚铃图像中的壶门内部轮廓，缠绕金刚铃器身的飘带也与上述二者相似，这也从壶门图像的角度说明榆林窟壁画乐舞从五代至宋代具有一脉相承的特征。

---

[1] 参见《敦煌学大辞典》孙儒僴撰"壶门"、欧阳琳撰"壶门图案"词条。季羡林主编《敦煌学大辞典》，上海：上海辞书出版社，1998年，第31、208页。

小 结

　　根据《安西榆林窟内容总录》的调查，[1]榆林窟现存宋代开凿石窟数量较少，其中出现乐舞图像的石窟仅有第14窟，如将宋代重修时绘入的乐舞图像也算在内，整个榆林窟宋代乐舞图像也不过第6、第14、第15、第17、第21和第22等窟。通常，言之有物是乐舞图像研究的前提，但研究敦煌石窟乐舞图像最重要的一类内容——经变画乐舞组合在榆林窟宋代壁画中的整体缺失，导致无法如前述的唐代壁画乐舞一样对宋代进行尝试性"重构"。目前尚不明确造成这一现象的准确原因，但归纳起来有以下几种可能：第一，榆林窟宋代开窟本来较少导致壁画数量有限；第二，现存榆林窟宋代石窟数量较少导致壁画数量减少；第三，本书依据的《安西榆林窟内容总录》中分期和断代的宋代石窟的数量较少；第四，宋代榆林窟营建风格导致经变画乐舞组合的缺失。之前也曾提到，乐舞图像作为石窟壁画的组成部分，对石窟壁画风格和时代的确定仅具有补充性或辅助性的证据作用，它无法直接决定石窟壁画的风格和时代，因此本研究就只能局限在石窟内垂幔下端所绘铃、飞天伎乐和壶门伎乐三类图像之内的简单梳理。

　　在研究过程中，结合已有学术观点，本章主要对宋代所绘外观扁圆、单面蒙皮的鼓的图像做了相关考证，并将其定名为扁鼓。从现存三类乐舞图像的特征看，宋代乐舞图像基本接近五代时期的风格，除个别乐器如扁鼓在五代时期壁画中未见以外，其他如垂幔在石窟中的位置及其下端铃的形制，飞天伎乐和壶门伎乐在石窟中的位置以及乐器的形制和外观都是五代时期乐舞图像的延续。因此，我们将宋代视作榆林窟壁画乐舞的继承阶段，当然这种继承是以乐舞图像的整体式微为前提的，因此宋代更像是壁画乐舞自唐代起始经五代鼎盛之后的尾声。从下一章开始，榆林窟壁画乐舞将迎来一个具全新风格的转变阶段。

---

[1] 参见霍熙亮整理《安西榆林窟内容总录》，敦煌研究院编《敦煌石窟内容总录》，北京：文物出版社，1996年，第204～222页。

第五章

西夏
榆林窟壁画乐舞图像

MUSIC AND DANCE IMAGES OF MURALS
IN YULIN GROTTOES IN WESTERN XIA
DYNASTY

宋大中祥符七年（1014年），曹宗寿子曹贤顺继任节度留后。同年，遣使入贡于宋，宋以曹贤顺为归义军节度使，其弟贤惠为检校刑部尚书，知瓜州。[1]天禧三年（1019年），辽封曹贤顺为敦煌郡王。[2]至天圣六年（1028年），（李）德明遣子元昊攻甘州，拔之。八年（1030年），瓜州王以千骑降于夏。[3]景祐三年（1036年），元昊取瓜、沙、肃三州。[4]自此，瓜沙地区正式步入西夏时期，"但是，元昊据河西后，主要精力投放在与宋、辽的战事上，对瓜沙仅实行有效控制而已。直到惠宗秉常（1068年）至崇宗乾顺年（1139年）的六七十年间，西夏才加强对瓜、沙二州的统治。"[5]直至西夏宝义二年（1227年），蒙古破沙州，瓜、沙州废。[6]

由于西夏当权者积极倡行佛教，在统治瓜沙地区将近两百年时间里留下了数量可观的石窟遗存，如榆林窟第16窟前室北壁有西夏天赐礼盛国庆五年（1073年）墨书的《阿育王寺释门赐紫惠聪俗姓张住持窟记》，其中有"（山谷）内霤水常流，（树）木稠林，白日圣香烟起，夜后明灯出现"[7]的记载，说明西夏时期榆林窟的佛事活动已颇具规模。近年来，诸多学者对西夏时期部分洞窟的时代进行了专门的考证和研究，关于此和西夏时期洞窟分期研究综述在《敦煌西夏洞窟分期及存在的问题》《敦煌西夏石窟研究综述》《敦煌西夏石窟研究的成就及面临的问题》等文中均有详细的梳理，[8]此处不再赘述。但即便如此，我们依然无法对西夏时期的敦煌石窟形成准确的认知，这主要是因为西夏时期文献资料缺乏，无法形成清晰的西夏统治瓜沙地区时间线，加之包括西夏在内的敦煌晚期石窟中重修以及不同时期壁画层叠的现象较为普遍，这就很可能导致分期遭遇失之毫厘谬以千里的尴尬和困境，因此西夏石窟的分期和断代需要进行大量和反复的甄别、对比、排除、归纳，这是一项长久而艰巨的任务，此问题在西夏时期乐

❶（元）脱脱等撰《宋史》卷四百九十《列传第二百四十九·外国六·沙州》，北京：中华书局，1977年，第14124页；史苇湘编《敦煌莫高窟大事年表（五）》，敦煌文物研究所编《中国石窟·敦煌莫高窟》第五卷，北京：文物出版社，1987年，第239页。

❷（元）脱脱等撰《辽史》卷十六《本纪第十六·圣宗七》，北京：中华书局，1974年，第185页；史苇湘编《敦煌莫高窟大事年表（五）》，敦煌文物研究所编《中国石窟·敦煌莫高窟》第五卷，北京：文物出版社，1987年，第239页。

❸（元）脱脱等撰《宋史》卷四百八十五《列传第二百四十四·外国一·夏国上》，北京：中华书局，1977年，第13992页。

❹（元）脱脱等撰《宋史》卷四百八十五《列传第二百四十四·外国一·夏国上》，北京：中华书局，1977年，第13994页；（宋）李焘《续资治通鉴长编》卷一一九《仁宗·景祐三年》，北京：中华书局，1985年，第2814页；（宋）李焘《续资治通鉴长编》，北京：中华书局，1985年。史苇湘编《敦煌莫高窟大事年表（五）》，敦煌文物研究所编《中国石窟·敦煌莫高窟》第五卷，北京：文物出版社，1987年，第240页。

❺ 史金波、白滨《莫高窟榆林窟西夏文题记研究》，《考古学报》1982年第3期，第367页。

❻（明）宋濂撰《元史》，《元史》卷六十《志第十二·沙州路》，北京：中华书局，1976年，第1450～1451页；史苇湘编《敦煌莫高窟大事年表（五）》，敦煌文物研究所编《中国石窟·敦煌莫高窟》第五卷，北京：文物出版社，1987年，第242页。

❼ 张伯元《安西榆林窟》，成都：四川教育出版社，1995年，第210页；胡开儒《安西榆林窟》，乌鲁木齐：新疆大学出版社，1997年，第29页。

❽ 参见王惠民《敦煌西夏洞窟分期及存在的问题》，《西夏研究》，2011年第1期，第59～65页；张世奇、沙武田《敦煌西夏石窟研究综述》，《西夏研究》，2014年第4期，第90～107页；刘宏梅、杨富学《敦煌西夏石窟研究的成就及面临的问题》，《西夏研究》，2020年第S01期，第85～92页。

舞图像研究上同样存在，因此笔者在综合现有榆林窟西夏时期洞窟分期研究成果基础上，❶选择第3和第10窟为例对西夏时期敦煌乐舞进行研究。之前本书曾强调，敦煌乐舞研究之于敦煌石窟考古的价值之一就是为石窟壁画的时代和风格划定提供佐证和支撑，因此本章在研究并归纳西夏时期壁画乐舞图像总体特征的同时，需要尝试完成来自西夏石窟壁画中的乐舞图像对于西夏石窟整体风格的反证。

---

❶ 根据霍熙亮整理《安西榆林窟内容总录》的分期断代，现存榆林窟由西夏时期开凿的洞窟包括：第2、第3、第10和第29窟，经西夏时期重修的洞窟包括：第6、第15、第18、第22和第28窟。如以出现乐舞图像的第2、第3、第10和第29窟而论，1982年刘玉权《敦煌莫高窟、安西榆林窟西夏洞窟分期》一文中将第2、第3和第29窟被划入西夏第三期。在1998年的《敦煌西夏洞窟分期再议》中，也是将第2、第3和第29窟列为西夏时期开凿洞窟，只是分期改为西夏后期。关于榆林窟第10窟，除《安西榆林窟内容总录》划为西夏时期外，关友惠在《敦煌宋西夏石窟壁画装饰风格及其相关的问题》一文中也将其列入西夏时期。2014年张世奇和沙武田《敦煌西夏石窟研究综述》一文中，以上四个洞窟同样被列入西夏时期。除上述观点外，向达1951年的《莫高、榆林二窟杂考》认为第2窟（一号）、第3窟（二号）和第29窟（二十号）壁画出于元人之手。张伯元《安西榆林窟》中，第2、第3窟时代为西夏或元代，第10窟时代为元代，第29窟为西夏。胡开儒《安西榆林窟》中，第2、第3、第29窟时代均为西夏时期。杨富学等人认为榆林窟第2、第3窟亦为元代洞窟。参见霍熙亮整理《安西榆林窟内容总录》，敦煌研究院编《敦煌石窟内容总录》，北京：文物出版社，1996年，第204~222页；刘玉权《敦煌莫高窟、安西榆林窟西夏洞窟分期》，敦煌文物研究所编《敦煌研究文集》，兰州：甘肃人民出版社，1982年，第273~318页；刘玉权《敦煌西夏石窟分期再议》，《敦煌研究》1998年第3期，第1~4页；关友惠《敦煌宋西夏石窟壁画装饰风格及其相关的问题》，敦煌研究院编《2004年石窟研究国际学术会议论文集（下）》，上海：上海古籍出版社，2006年，第1111至1141页；向达《莫高、榆林二窟杂考》，《文物参考资料》1951年第5期，第80~81页；张伯元《安西榆林窟》，成都：四川教育出版社，1995年，第86~148页；胡开儒《安西榆林窟》，乌鲁木齐：新疆大学出版社，1997年，第11~54页；张世奇、沙武田《敦煌西夏石窟研究综述》，《西夏研究》，2014年第4期，第93页；杨富学、刘璟《榆林窟第3窟为元代西夏遗民窟新证》，《敦煌研究》，2022年第6期，第1~12页；杨富学、刘璟《再论榆林窟第3窟为元代皇家窟而非西夏皇家窟》，《形象史学》，2022年第2期，第261~275页。

一、洞窟基本情况

榆林窟第3窟位于东侧崖面第一层，南、北侧分别与第4和第2窟毗邻。洞窟开凿于西夏，后经元代和清代重修。按刘玉权《敦煌西夏洞窟分期再议》的分期，该窟开凿时代大致处于西夏后期，即1140～1227年。[1]洞窟由甬道和主室构成，主室形制为浅穹隆顶形，设八角形中心佛坛，佛坛和四壁前有清代塑佛、观音、力士和罗汉造像共计四十身。甬道顶现已不存，南壁上部存西夏女性供养人三身，下部存元代女性供养人五身。北壁上部存西夏男性供养人四身，下部存元代男性供养人五身。主室窟顶绘金刚界曼荼罗，中心位置绘五方佛，四周绘边饰、千佛及垂幔，垂幔下端悬铃。东壁中部绘《八塔变》一铺，南部绘《五十一面千手观音经变》一铺，北部绘《十一面千手观音经变》一铺；南壁东部绘《曼荼罗》一铺，中部绘《观无量寿经变》一铺，西部绘《曼荼罗》一铺；北壁东侧绘《曼荼罗》一铺，中部绘《净土变》一铺，西部绘《曼荼罗》一铺；西壁门上残存《维摩诘经变》一铺，门南绘《普贤变》一铺，门北绘《文殊变》一铺。壁画内容的安排展现出显密结合、密教为重的整体格局，而且部分壁画制式带有明显的藏传佛教特征。具体内容及布局如图1所示。

---

[1] 西夏第一期（即西夏前期）洞窟的上限定在元昊占据瓜、沙、肃三州这一年，下限定在乾顺去世后（1036～1139年前后）。西夏第二期（即西夏后期）洞窟的上限定在仁孝在位前后，下限定在蒙古攻占沙州时期（即1140～1227年）。参见刘玉权《敦煌西夏石窟分期再议》，《敦煌研究》1998年第3期，第3页。

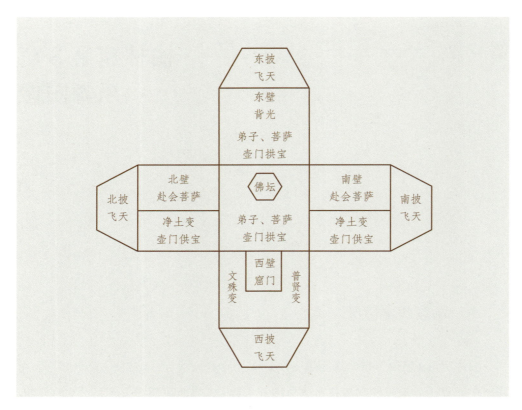

[图1]

第3窟主室壁画布局示意图

（笔者绘）

    以上定名均来自《安西榆林窟内容总录》，[1]但除东、西两壁六铺壁画外，学界对于其余南、北壁所绘壁画定名出入较大，可以说"有多少种相关研究成果就有多少种定名"，具体可参见表1。通过对比，差异主要集中出现在南、北壁两侧的密教类图像的定名上，具体而言是对曼荼罗内部所绘主尊的认识或说法不同，说明敦煌石窟壁画密教图像研究亟待统一范式，以便各类图像研究中能够表述一致，避免误解。本文主要涉及本窟绘有乐舞图像的壁画，将暂时以《安西榆林窟内容总录》中的壁画定名为准，并对出现乐舞图像的壁画定名做简要讨论。

    根据调查，第3窟主室所绘乐舞图像种类和数量较多，包括主室窟顶下沿垂幔下端所绘的铃、东壁南部《五十一面千手观音经变》中的不鼓自鸣乐器和世俗舞伎，东壁北部绘《十一面千手观音经变》中的乐器类法器，南壁东部《曼荼罗》中

● 参见霍熙亮整理《安西榆林窟内容总录》，敦煌研究院编《敦煌石窟内容总录》，北京：文物出版社，1996年，第204～205页。

表 1　榆林窟第 3 窟主室南、北壁壁画定名对比[❶]

	榆林窟第 3 窟主室南壁		
	东部	中部	西部
《安西榆林窟内容总录》	《曼荼罗》	《观无量寿经变》	《曼荼罗》
《榆林窟第 3 窟〈千手经变〉研究》	《曼荼罗八臂母塔》	《西方净土变》	《曼荼罗五方佛》
《榆林窟壁画艺术》	《观音曼荼罗》	《观无量寿经变》	《胎藏界曼荼罗》
张伯元《安西榆林窟》	《六臂观音曼荼罗》	《西方净土变》	《五方佛曼荼罗》
胡开儒《安西榆林窟》	《坛城》	《西方净土变》	《坛城》
《敦煌石窟全集·密教画卷》	《观音曼荼罗》	《观无量寿经变》	《金刚界曼荼罗》
《榆林窟第 3 窟壁画研究》	《顶髻尊胜佛母五尊曼荼罗》	《观无量寿经变》	《九佛顶恶趣清净曼荼罗》

	榆林窟第 3 窟主室北壁		
	东部	中部	西部
《安西榆林窟内容总录》	《曼荼罗》	《净土变》	《曼荼罗》
《榆林窟第 3 窟〈千手经变〉研究》	《曼荼罗八臂母塔》	《西方净土变》	《曼荼罗五方佛》
《榆林窟壁画艺术》	《五方佛曼荼罗》	《天请问经变》	《金刚界曼荼罗》
张伯元《安西榆林窟》	《八臂观音曼荼罗》	《西方净土变》	《五方佛曼荼罗》
胡开儒《安西榆林窟》	《坛城》	《东方药师变》	《坛城》
《敦煌石窟全集·密教画卷》	《不空绢索观音曼荼罗》	《净土变》	《三十七尊曼荼罗》
《榆林窟第 3 窟壁画研究》	《摩利支天五尊曼荼罗》	《观无量寿经变》或《药师经变》	《金刚界三十七尊曼荼罗》

[❶] 霍熙亮整理《安西榆林窟内容总录》，敦煌研究院编《敦煌石窟内容总录》，北京：文物出版社，1996年，第204～205页；刘玉权《榆林窟第3窟〈千手经变〉研究》，《敦煌研究》1987年第4期，第15页；段文杰《榆林窟壁画艺术》，敦煌研究院编《中国石窟·安西榆林窟》，北京：文物出版社，1989年，第172页；张伯元《安西榆林窟》，成都：四川教育出版社，1995年，第89页；胡开儒《安西榆林窟》，乌鲁木齐：新疆大学出版社，1997年，第15页；彭金章《敦煌石窟全集·密教画卷》，敦煌研究院编《敦煌石窟全集》，香港：商务印书馆，2003年，第216～222页；贾维维《榆林窟第3窟壁画研究》，首都师范大学博士学位论文，2014年，第55～56页。

的密教乐伎和舞伎，南壁中部《观无量寿经变》中的乐舞组合，北壁东、西两部分《曼荼罗》中的密教舞伎，北壁中部《净土变》中的不鼓自鸣乐器和乐舞组合。下文将依次进行梳理和考证。

二、主室东壁

1. 南部

主室东壁南部西夏绘《五十一面千手观音经变》一铺[图2]，经变画前有六臂观音坐像一身和男性胁侍人物立像两身。整铺经变画为纵向方形，上方以群青绘出天际，左、中、右各有一身化佛，其间以鲜花填充。画面主体部分呈深褐色，上绘无数观音手，其外缘轮廓呈石绿色的圆角方形，占整铺经变画面四分之三。主尊五十一面观音位于画面偏下位置，上身着石绿色双领垂肩短袖天衣，胸前饰项圈，上臂佩臂钏，腕部戴腕钏，身前四臂结不同手印。主尊头部由上下叠置的十层组成，共计五十一首，最顶层头部上方绘一座七重宝塔，宝塔顶部自下而上依次绘化佛、承露盘和兜率天宫，这一部分位于整幅经变画纵向轴线上。轴线两侧以左右对称形式绘制人物（含佛教和世俗人物）、动物、植物、建筑、交通工具、生产工具、乐器、量器、宝物宝器、兵器以及其他各种法物、法器等，[1]充填主尊周身，构成画面的主体内容。在圆角矩形轮廓的两侧，分别绘八双观音手，各持净瓶倾倒海水，海水上方与象征天际的部分相接，下方与呈"凸"字形莲台相隔，莲台区域内左、右各绘三身不同形象，左为女性世俗人物、金刚和功德天各一身，右为男性世俗人物、金刚和婆薮仙各一身，世俗人物头部亦有从主体部分伸出的若干观音手臂护持。

关于该经变画所绘乐器图像的研究，见郑汝中《榆林窟三窟千手观音经变乐器图》一文，其中对乐器辨识如下：

---

[1] 该经变画所绘内容在刘玉权《榆林窟第3窟〈千手经变〉研究》中有详细统计和整理："该图颇有意思的是千手中的特别众多的诸般法器、法物，并取左右两侧相同和对称的形式。按类可分为人物（含佛教和世俗人物）、动物、植物、建筑、交通工具、生产工具、乐器、量器、宝物宝器、兵器以及其它各种法物、法器。具体有：华盖、旌旗、幡、拂尘、胡瓶、五色云、日精月精摩尼宝珠、宝莲花、宝镜、珍珠、玛瑙、珊瑚、宝箧、宝螺、宝铎、宝印、宝钵、宝经、数珠、骷髅杖、玉环、矛、盾、宝剑、宝戟、斧钺、弓箭、刀、锡杖、宝轮、金刚杵、羂索、宝扇、大伞盖、笏板；锯、钉钯（耙）、锄、墨斗、箭刀、曲尺、熨斗、斗（或斛）；龙、象、麒麟、牛、鸡、狗、鸭、鹅；筝、笙、排箫、箜篌、阮咸、琵琶、手鼓、腰鼓、拨郎鼓、钟、拍板；佛塔、庙宇、宫殿、楼阁；船；杨柳枝、荷叶、宝树、棉花、芭蕉、葡萄、瓜果、香花等等。最有意思的是还有工农商艺诸行业活动的场面。如踏碓图、犁耕图、酿酒图、锻铁图、商旅图、舞蹈图等等三教九流，五花八门，包罗万象。在由手组成的椭圆形法光的有限空间里，试图将一个十分复杂的社会浓缩进来。"刘玉权《榆林窟第3窟〈千手经变〉研究》，《敦煌研究》1987年第4期，第16页。

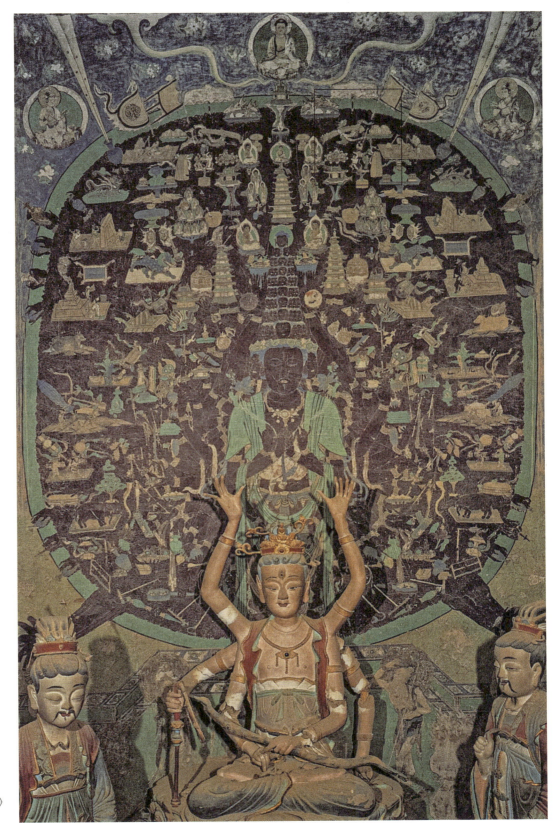

［图2］
第3窟主室东壁南部
《五十一面千手观音经变》
（敦煌研究院供图）

[图3]

第3窟主室东壁南部《五十一面千手观音经变》不鼓自鸣乐器线描图

（图像采自《敦煌壁画乐舞研究》，第130页）

本图共绘乐器16种，自上而下排列于观音像之两侧，左右相同而对称，计有：筝、拍板、笙、钹、方响、琵琶、钟、金刚铃、排箫、筚篥、胡琴、鼗鼓、阮、锣、扁鼓、腰鼓。❶

此外，文中还将各乐器在经变画中的具体分布以线描图加以呈现[图3]。但通过多次核对原壁画，我们发现郑文对部分乐器的辨识与经变画实际所绘不符，这一问题主要集中在钟、金刚铃和锣这三种乐器上，也就是在图3中以黑色框线标出部分所绘乐器。可以明显看出，经变画中乐器的器身多有飘带缠绕，这也明确了其不鼓自鸣乐器的属性，但上述三种乐器中钟和金刚铃器身是无飘带的，这在线描图中也有反映，说明这两种乐器并非不鼓自鸣乐器。其次，这两种乐器其实分别是由主尊手托或手持的，只是由于主尊手臂与背景同样为深褐色，才被误为不鼓自鸣乐器，事实上应为法器类乐器，属于观音手印范畴。第三，与右侧金刚铃对应的左侧为金刚杵并非金刚铃，这也是由于金刚杵和金刚铃上半部分形制相似又加之壁面模糊而引起的误读。钟和金刚铃在东壁北部的《十一面千手观音经变》中也有绘制，同样由观音手托和手持，也是钟二、金刚铃一、金刚杵一的对应式排列，这将在后文中继续讨论，我们也可以通过经变画局部特写的图像做进一步核对。[图4、5]

图3黑色框线最下方的两件乐器在郑文中称锣，且为不鼓自鸣乐器。首先可以确定，此器依然由观音手持，其表面按壁画呈现应该是光滑的水平面，这与锣通常的弧形表面有区别，而且此器是以背面类似钮和绳带的装置持于观音手的[图6]，这与锣以边框穿绳固定的方式不同，所以此器应该是刘玉权《榆林窟第3窟〈千手经

---

❶ 郑汝中《榆林窟三窟千手观音经变乐器图》，《敦煌壁画乐舞研究》，兰州：甘肃教育出版社，2002年，第131页。

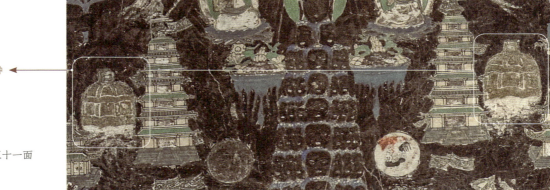

钟

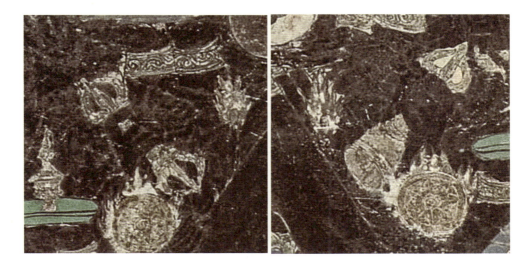

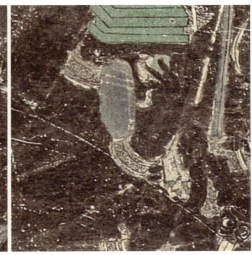

[图7]
"观世音菩萨四十二手印"之跋折罗手、宝镜手、宝铎手和宝螺手
（图像采自李鼎霞、白化文编《佛教造像手印》，北京：北京燕山出版社，2000年，图27之5、20、27、30）

变〉研究》中所言的"宝镜"，而非锣。上述器物除钟外，都能够与"观世音菩萨四十二手印"所对应，如金刚杵对应跋折罗手、宝镜对应宝镜手、金刚铃对应宝铎手[图7]。另，按刘玉权统计，经变画观音手持宝物还包括宝螺，❶即图7中的宝螺手，但由于部分壁面已漫漶，经仔细辨认未见此器图像。综上，《五十一面千手观音经变》中出现的法器类乐器共计两种三件，分别是钟二、金刚铃一。

除法器类乐器外，经变画共出现不鼓自鸣乐器十三种二十六件，这些乐器器身皆绘有飘带，以对称形式沿纵向轴线依次自上而下排列，分别为筝二、拍板二、笙二、铜钹二、方响二、曲项琵琶二、排箫二、竖箜篌二、嵇琴二、鼗鼓二、阮咸二、扁鼓二、腰鼓二（具体分布见图3）。上述乐器细部刻画较为细致，如筝的筝码，笙的笙管，方响的音板，曲项琵琶的弦轴、捍拨和覆手，排箫的音管、腰带，嵇琴琴筒的纹饰，阮咸的琴码，鼗鼓鼓身的纹饰，扁鼓的鼓钉，腰鼓的鼓绳等，上述部件均能够在画面中清晰辨别。上述乐器中，有三种具一定的特殊性，需单独做一交代。

经变画对乐器的细节都做了详细绘制，唯独竖箜篌的琴弦及绦轸等部件未在图像中见到。按敦煌石窟壁画通常的表现方式，竖箜篌最重要的三个组成部分即共鸣箱、横肘和琴弦，甚至绦轸都会完整出现在壁画上，但在本铺经变画中，仅见竖箜篌的共鸣箱和横肘，且两件都是如此，另外该竖箜篌上出现了少见的用于持握的手柄[图8]。至于未见琴弦的原因，可能有二：第一，最初经变画是绘有琴弦的，只是画面以深褐色绘制无数观音手作为背景，再加上时间过长，导致现存壁面已看不到琴弦；第二，经变画在绘制时，考虑到背景颜色过深无法凸显琴弦，因此有意将其

---

❶《佛说造像量度经解》曰："……右旋白螺。身质右旋，其衦则反回左转。按螺虫骨身，通是左旋，而衦回右转。今番僧寺庙为乐器用者即是。谓之凡螺，谓逆转螺，不为贵。传云：螺身辄转生螺，连转五次者，即变右旋螺，谓之仙螺，亦谓顺运螺，在处大有吉祥，世间甚为罕有。"载大藏经学术用语研究会编《大正新修大藏经》第二十一册，台北：新文丰出版公司影印，1992年，第946页。

[图8]

第3窟主室东壁南部《五十一面千手观音经变》中的竖箜篌

（敦煌研究院供图）

[图9]

第3窟主室东壁南部《五十一面千手观音经变》中的嵇琴

（敦煌研究院供图）

省略。但可以肯定的是，该经变画绘制次序应该是包括乐器在内的器物等内容在前，作为观音手的背景在后，否则就不会出现类似图8竖箜篌局部沾染的深褐色和轮廓处略显生硬的过渡。

在左右两竖箜篌下方，即犁耕图的正上方绘有两件嵇琴，该乐器明显具备拉弦乐器的特征，只是由于该乐器以不鼓自鸣形式出现，故在画面中未交代弓杆，但同为西夏时期的榆林窟第10窟主室窟顶所绘嵇琴是由飞天乐伎手持弓杆演奏的。根据图像，该乐器由琴头、琴身和琴筒三个基本部件组成，两件嵇琴均未见弦轴。左侧嵇琴琴筒上有凸起的蒙皮并绘有团花纹饰，右侧嵇琴琴筒蒙皮上绘有琴码且可以清晰看到两根琴弦[图9]。现存榆林窟壁画中出现此类乐器共计四件，除本窟所绘的两件外，其余两件绘于第10窟主室窟顶，此外还有一件出现在东千佛洞第7窟主室东壁《药师经变》。对于敦煌石窟壁画仅有的五件拉弦乐器图像，先后有郑汝中、庄壮、孙星群及笔者与博士生导师郑炳林先生做过深入研究，[1]以下对研究结论做一简述。首先，关于该乐器的定名问题。拉弦乐器在音乐史中先后被称为胡琴、奚琴和嵇琴，[2]但由于西夏时期文献现编号为Дх02822《蒙学字书》或Дх2822《杂字》的"音乐部第九"中出现了"嵇琴"的记载，[3]而五件拉弦乐器所在壁画的时代也是西夏，因此将敦煌石窟壁画中的此类乐器以嵇琴称之。其次，嵇琴图像之于敦煌乐舞和敦煌石窟研究的价值。嵇琴的出现标志着敦煌石窟所绘乐器图像囊括了吹奏、拉弦、弹拨、打击的传统民族乐器门类，使敦煌石窟成为中国传统乐器图像的"资料库"。由于嵇琴图像仅在榆林窟和东千佛洞的西夏时期洞窟中出现，而莫高窟包括西夏时期在内的洞窟均未见该图像，其原因可能是不同政治势力控制瓜、沙两地造成的，即西夏流行的嵇琴作为经变画元素被绘制在了西夏掌控的榆林窟和东千佛洞壁画上，而与此同时，莫高窟所在的沙州由沙州回鹘实际控制，那么石窟壁画的新风格自然无法在莫高窟中出现，这是从乐器图像角度对石窟营建史和社会政治史的管窥。第三，敦煌石窟壁画嵇琴图像作为现存最早的拉弦乐器图像之一，为拉弦乐器史的梳理和西夏音乐史的研究提供了珍贵的图像资料，尤其是西夏时期的嵇琴记载和图像均与敦煌石窟相关，也再次说明敦煌石窟之于今日音乐史研究的重要价值。

两件扁鼓绘于两侧商旅图的正下方，该鼓鼓身与鼓面等大，外观扁圆，双排鼓钉说明此鼓为双面蒙皮，而且鼓身处绘有可以穿绳固定的环扣。由于此鼓同样是不鼓自鸣形式，所以演奏方式难以确定[图10]。此鼓与前述五代第14、第35和第38窟壁画出现的扁鼓外观近似，区别在于五代时期的扁鼓均为单面蒙皮，不同于该鼓的双面蒙皮。由于西夏时期文献记载中未发现与壁画所绘相类的鼓，[4]而且通过前文

---

❶ 郑汝中《榆林窟三窟千手观音经变乐器图》，《敦煌壁画乐舞研究》，兰州：甘肃教育出版社，2002年，第131页；孙星群《西夏辽金音乐史稿》，北京：中国青年出版社，1997年，第106~107页；庄壮《西夏的胡琴和花盆鼓》，《敦煌研究》1997年第4期，第45~48页；庄壮《榆林窟、东千佛洞壁画上的拉弦乐器》，《交响：西安音乐学院学报》2004年第2期，第10~12页；郑炳林、朱晓峰《榆林窟和东千佛洞壁画上的拉弦乐器研究》，《敦煌学辑刊》2014年第2期，第48~59页；郑炳林、朱晓峰《壁画音乐图像与社会文化变迁——榆林窟和东千佛洞壁画上的拉弦乐器再研究》，《东北师大学报：哲学社会科学版》2016年第1期，第1~6页。

❷ 关于历史上胡琴、奚琴和嵇琴名称的梳理，参见项阳《中国弓弦乐器史》，北京：国际文化出版公司，1999年，第168~178页。

❸ 该文献被同时编入《俄藏敦煌文献》和《俄藏黑水城文献》中，实为同一写本。参见俄罗斯科学院东方研究所圣彼得堡分所、俄罗斯科学出版社东方文学部、上海古籍出版社编《俄藏敦煌文献》第十册，上海：上海古籍出版社，1998年，第62页；参见俄罗斯科学院东方研究所圣彼得堡分所、俄罗斯科学出版社东方文学部、上海古籍出版社编《俄藏黑水城文献》第六册（汉文部分），上海：上海古籍出版社，2000年，第141页。

❹ 西夏时期有乐器记载的文献包括《西夏书事》《番汉合时掌中珠》《文海》以及Дх02822《蒙学字书》或Дх2822《杂字》等，孙星群对此进行过详细梳理和考证。参见孙星群《西夏辽金音乐史稿》，北京：中国青年出版社，1997年，第90~126页。

[图10]

第3窟主室东壁南部《五十一面千手观音经变》中的扁鼓

（敦煌研究院供图）

研究可知，西夏以外的文献记载中依然没有与此鼓相关的证据，因此本书将依郑汝中最初的定名，将此鼓称为扁鼓。

通过以上的梳理，《五十一面千手观音经变》共出现乐器二十九件，是现存敦煌石窟密教题材壁画中所绘乐器数量最多的图像，[1]其中包括三件法器类乐器和二十六件不鼓自鸣乐器。同时，也是现存敦煌石窟壁画乐器种类最为齐全的图像，我们可以将其中出现的乐器做分类如下：

吹奏乐器：笙二、排箫二

拉弦乐器：嵇琴二

弹拨乐器：筝二、曲项琵琶二、竖箜篌二、阮咸二、

打击乐器：拍板二、铜钹二、方响二、鼗鼓二、扁鼓二、腰鼓二、钟二、金刚铃一

事实上，不鼓自鸣乐器是西夏时期佛教绘画的常见元素，除本书讨论的石窟经变画外，在尊像形式的绢帛画中，也可以看到大量的不鼓自鸣乐器。本书此处列举现藏俄罗斯冬宫博物馆编号分别为X-2411[图11]、X-2412[图13]、X-2419[图14]的黑水城出土卷轴予以说明。X-2411中的不鼓自鸣乐器位于画面左上方象征净土天际的位置，每件乐器同样以飘带缠绕，自上而下依次为曲项琵琶、横笛、笙、拍板、法

---

❶ 据笔者调查，现存敦煌石窟中，不鼓自鸣乐器数量较多的经变画如莫高窟初唐第321窟主室北壁所绘《阿弥陀经变》，其中绘有不鼓自鸣乐器共计三十八件，莫高窟初唐第341窟主室南壁所绘《阿弥陀经变》，其中绘有不鼓自鸣乐器共计四十件。

不鼓自鸣乐器 ←

[图11]

黑水城出土X-2411《阿弥陀佛》
亚麻制卷轴

（图像采自邱孟冬等编《丝路上消
失的王国——西夏黑水城的佛教
艺术》，台北：台北历史博物馆，
1996年，图版41）

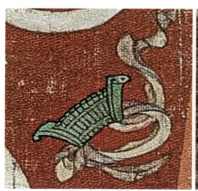

[图12]

三件排箫图像对比

（图像采自《丝路上消失的王国——西夏黑水城的佛教艺术》，图版41；敦煌研究院供图）

不鼓自鸣乐器

[图13]
黑水城出土 X-2412《阿弥陀佛》丝制卷轴
(图像采自《丝路上消失的王国——西夏黑水城的佛教艺术》,图版42)

螺、手鼓、大钹、小钹、排箫。乐器绘制的方式与《五十一面千手观音经变》极其相近,我们选取排箫图像做一对比,X-2411 与《五十一面千手观音经变》中的排箫均以吹口向下倒置方式出现,有腰带且两侧均有宽大的用于固定管体的木制部件,而通常在敦煌石窟壁画中出现的应该如同榆林窟五代第16窟主室窟顶北披飞天乐伎演奏的排箫,即图12最右侧图像所示,该排箫用于固定管体的木制部件与管体等大。❶

　　X-2412 所绘不鼓自鸣乐器位置与 X-2411 一致,但数量明显少于 X-2411,现仅能分辨四件,分别是筝、横笛(疑似)、笙和曲项琵琶。X-2419 中的不鼓自鸣乐器分别位于主尊阿弥陀佛身光两侧,左侧自上而下依次为曲项琵琶、铛铛、笙、凤头笛(疑似),右侧依次为筝、扁鼓、排箫和嵇琴。其中出现的嵇琴图像是继敦煌石窟壁画后又一新的图像,只是所绘时代目前难以确定,冬宫博物馆给出的时限为

---

❶ 参见第三章第一节排箫考证的相关内容。

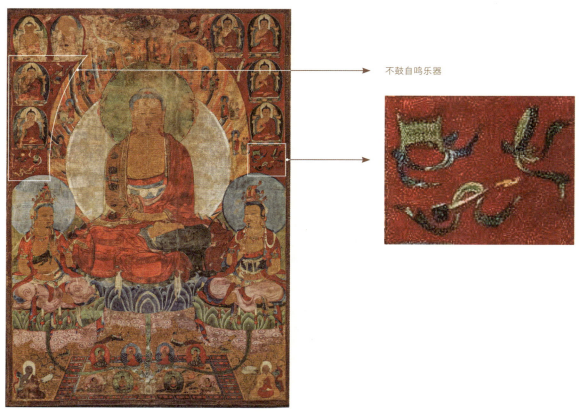

不鼓自鸣乐器

[图14]
黑水城出土X-2419《阿弥陀佛》棉制卷轴
（图像采自《丝路上消失的王国——西夏黑水城的佛教艺术》，图版43）

[图15]
第3窟主室东壁南部《五十一面千手观音经变》中的舞伎
（敦煌研究院供图）

[图16]
榆林窟第33窟主室南壁西部所绘牛头山
瑞像中的世俗乐、舞伎
（敦煌研究院供图）

[图17]
黑水城出土X-2439《水月观音》（局部）丝制卷轴中的世俗乐、舞伎
（图像采自《丝路上消失的王国——西夏黑水城的佛教艺术》，图版46）

12世纪初至14世纪。[1]从嵇琴外观来看，其与前述经变画所绘嵇琴一致。除上述三件卷轴外，编号X-2349的《阿弥陀佛》唐卡中也绘有不鼓自鸣乐器三件及共命鸟两身，该图像将在下一节第10窟壁画乐舞图像研究中加以讨论。

除乐器外，《五十一面千手观音经变》中还绘有两组各三身的男性舞伎[图15]，两组舞伎同样沿纵向轴线对称方式排列，位于主尊观音头部正上方的七重宝塔左、右两侧，即筝的下方、拍板内侧位置。每组三身舞伎呈"品"字形站立于类似树的枝杈上，枝杈上有托盘，枝杈下端为三角形底座。舞伎皆头戴黑色幞头，上身分别着蓝、绿、黄、白等色的长袖袍衫，下穿长裤，足蹬布履。每身舞伎皆一臂高举头顶，另一臂水平置于胸前。下方四身舞伎双腿前后分开并屈腿站立，上方两身舞伎似交叉腿站立。从画面来看，六身舞伎的姿态既类似舞蹈动作，又与戏曲中某些亮相动作形似。由于经变画中绘有大量世俗生活的场景，因此将其归入世俗舞伎的范畴。值得注意的是，此处所绘舞伎服饰与榆林窟壁画所绘的男性世俗舞伎较接近，即中原汉地风格，如榆林窟五代第33窟主室南壁西部所绘牛头山瑞像中的世俗舞伎[图16]，却与西夏乐舞中出现的服饰风格相异，如现藏俄罗斯冬宫博物馆编号X-2439的黑水城出土12世纪《水月观音》丝质卷轴所绘世俗舞伎[图17]，该舞伎发式为髡发，着窄袖袍衫，足蹬短皮靴，属于典型的西夏式造型。

由于本铺经变画的乐舞均以零散排列的方式出现，无法直接通过乐器演奏、乐队编制等进行研究，只能间接从乐器、服饰等方面探查西夏时期壁画的乐舞特征。

---

[1] 邱孟冬等编《丝路上消失的王国——西夏黑水城的佛教艺术》，台北：台北历史博物馆，1996年，第190页。

但总体来看，《五十一面千手观音经变》作为密教经变画，其中乐舞图像既延续了前代乐舞图像的部分特征，如不鼓自鸣乐器的绘入以及与五代时期石窟壁画风格接近的舞伎形象，同时又有突出西夏自身审美特征的表现，如不同于之前形制的排箫图像以及前代石窟壁画未见的嵇琴图像等。前文曾提到，西夏时期石窟壁画乐舞图像代表了一种全新风格。从《五十一面千手观音经变》中可以看到，这种所谓新风格的形成也并非一蹴而就，应该是在吸收和继承前代传统基础上通过逐渐融入自身特色的一种方式或过程。

2. 北部

主室东壁北部西夏绘《十一面千手观音经变》一铺[图18]，与南部《五十一面千手观音》南北呼应。经变画前有六臂观音坐像一身和男、女胁侍人物立像各一身。整铺经变画为纵向方形，画面布局与《五十一面千手观音》一致，同样由上、中、下三部分组成，上部以青金绘出象征天际的部分，左、中、右各绘一身化佛，其间绘鲜花。中部即画面主体部分，其外缘轮廓呈椭圆形，内部纵向轴线上绘主尊观音，观音头部上下分五层叠置，共计十一面。观音造型、配饰与五十一面千手观音基本相近。在观音周身绘千手并围绕主尊呈放射状排列，每手均持或托各类法器，与南部经变画不同的是，这一部分画面仅表现观音的千手和法器，除此之外的内容和场景并未出现。经变画左下部、右下部同样绘海水与上部天际相接，由于受常年光照的侵害，此部分壁面脱色较严重，目前仅能看到以墨线勾勒的水面波纹。下部的主体部分绘"凸"字形莲台，其中左、右侧各绘三身不同形象，左上方为玄奘一身，左下方为天王一身，右上方为猴行者一身，右下方为天王一身，其余内容因壁面脱色不明。

本铺经变画未见不鼓自鸣乐器，所绘乐器均以观音手持或手托的法器形式出现，集中在画面中上部位置[图19]，其中除金刚铃与金刚杵对称排列仅有一件外，其余乐器均为左右对称的两件，自上而下依次为拍板二、钟二、曲项琵琶二、铜钹二和鼗鼓二。乐器外观与形制与《五十一面千手观音经变》基本相同，如拍板外观上圆下方并由六块板组成，钟表面绘条块状纹样，曲项琵琶弦轴为四，面板上有覆手、捍拨和凤眼，铜钹外观扁圆且在画面上分别呈现出一钹片的内侧和另一钹片外侧，鼗鼓形制为一柄叠三鼓，鼓身有用于击打鼓面小型球状物。在观音手所托宝钵的下方为手持宝镜的图像，这在该经变画中较清晰，也再次印证了前述《五十一面千手观音

[图18]
第3窟主室东壁北部《十一面千手观音经变》
（敦煌研究院供图）

拍板
钟
曲项琵琶
金刚杵
铜钹

鼗鼓

拍板
钟
曲项琵琶
金刚铃
铜钹

鼗鼓

[图19]
第3窟主室东壁北部《十一面千手观音经变》（局部）
（敦煌研究院供图）

经变》中观音所持法器之一为宝镜。另外，经仔细辨识该经变，同样未见法器宝螺。

第3窟主室东壁南、北部所绘经变画均是以千手观音作为主尊的，因此本书拟通过寻找与千手观音相关的佛教经典来考察经变画中出现不鼓自鸣乐器和法器类乐器具有的功能。根据刘玉权的观点，《五十一面千手观音经变》是根据作为《千手经》流通本的唐伽梵达摩译《千手千眼观世音菩萨广大圆满无碍大悲心陀罗尼经》而绘制的，[1]而对于《十一面千手观音经变》的依据经典，学界尚无准确结论。[2]《大正新修大藏经》中收录有与千手观音相关的经典共计十余部，通过查阅，《千手千眼观世音菩萨广大圆满无碍大悲心陀罗尼经》《千手千眼大悲心观世音菩萨陀罗尼》《千光眼观自在菩萨秘密法经》等经典中有对"观世音菩萨四十二手印"的介绍以及各手印功能的阐释，大致相类，[3]本书以《千手千眼观世音菩萨广大圆满无碍大悲心陀罗尼经》为例说明：

佛告阿难：若为富饶，种种珍宝资具者，当于如意珠手。若为种种不安求安隐者，当于羂索手。若为腹中诸病，当于宝钵手。若为降伏一切魍魉鬼神者，当于宝

[1] 刘玉权《榆林窟第3窟〈千手经变〉研究》，《敦煌研究》1987年第4期，第13页。
[2] 彭金章《千眼照见 千手护持——敦煌密教研究之三》，《敦煌研究》1996年第1期，第11~26页；贾维维《榆林窟第3窟壁画研究》，首都师范大学博士学位论文，2014年，第154~172页。
[3] 关于密教经典对"观世音菩萨四十二手印"记载的异同，彭金章在《千眼照见 千手护持——敦煌密教研究之三》中进行了对比研究。参见彭金章《千眼照见 千手护持——敦煌密教研究之三》，《敦煌研究》1996年第1期，第15~18页。

剑手。若为降伏一切天魔神者，当于跋折罗手。若为摧伏一切怨敌者，当于金刚杵手。若为一切处怖畏不安者，当于施无畏手。若为眼暗无光明者，当于日精摩尼手。若为热毒病求清凉者，当于月精摩尼手。若为荣官益职者，当于宝弓手。若为诸善朋友早相逢者，当于宝箭手。若为身上种种病者，当于杨枝手。若为除身上恶障难者，当于白拂手。若为一切善和眷属者，当于胡瓶手。若为辟除一切虎狼豺豹诸恶兽者，当于旁牌手。若为一切时处好离官难者，当于斧钺手。若为男女仆使者，当于玉环手。若为种种功德者，当于白莲华手。若为欲得往生十方净土者，当于青莲华手。若为大智慧者，当于宝镜手。若为面见十方一切诸佛者，当于紫莲华手。若为地中伏藏者，当于宝箧手。若为仙道者，当于五色云手。若为生梵天者，当于军迟手。若为往生诸天宫者，当于红莲华手。若为辟除他方逆贼者，当于宝戟手。若为召呼一切诸天善神者，当于宝螺手。若为使令一切鬼神者，当于髑髅杖手。若为十方诸佛速来授手者，当于数珠手。若为成就一切上妙梵音声者，当于宝铎手。若为口业辞辩巧妙者，当于宝印手。若为善神龙王常来拥护者，当于俱尸铁钩手。若为慈悲覆护一切众生者，当于锡杖手。若为一切众生常相恭敬爱念者，当于合掌手。若为生生之处不离诸佛边者，当于化佛手。若为生生世世常在佛宫殿中，不处胎藏中受身者，当于化宫殿手。若为多闻广学者，当于宝经手。若为从今身至佛身，菩提心常不退转者，当于不退金轮手。若为十方诸佛速来摩顶授记者，当于顶上化佛手。若为果蓏诸谷稼者，当于蒲萄手。如是可求之法，有其千条，今粗略说少耳。❶

　　上引记载中与经变画相关的法器类乐器为"宝铎手"，即本书中的金刚铃，其功能为"为成就一切上妙梵音声"，即发出象征佛法的美妙乐音，这与不鼓自鸣乐器的功能是一致的。"宝螺手"在经变画中未见到，但作为敦煌石窟壁画常见的法器类乐器，其功能"为召呼一切诸天善神"，亦可作为参考，即对佛教神通力的一种展现，但就经典中的表述分析，上述功能也是法器类乐器在发声这一基本功能的基础上实现的。纵观上述诸手印的解释，大多是通过诵念修持的手段来达成消灾避祸，提升自我的目的，从这个角度讲，经变画所绘法器类乐器功能是一致的，即通过乐器发声的方式实现佛教语境下种种美好的景愿。

❶ 大藏经学术用语研究会编《大正新修大藏经》第二十册，台北：新文丰出版公司影印，1992年，第111页。

上述密教经典中未见不鼓自鸣乐器的记载，不过，在其他密教类经典中有相关记载或描述，如唐不空译《金刚恐怖集会方广轨仪观自在菩萨三世最胜心明王经》，其《序品第一》曰：

观自在菩萨才说三世胜等大心真言，三千大千世界六种震动，诸天从空雨微妙华，一切寒水地狱皆得温适，乃至阿鼻地狱诸热地狱皆得清凉。光明照曜上至阿迦尼吒天，在于空中百千音乐不鼓自鸣，天龙药叉紧那罗等咸皆赞叹如来及观自在菩萨，诸魔障者毘那夜迦等战掉号哭，诸天同音以伽他赞扬曰……❶

唐菩提流支译《如意轮陀罗尼经·序品第一》言：

尔时诸天各持天诸种种殊胜安悉牛头栴檀，沈水、末香、涂香、烧香，奇妙天花，众宝璎珞，钗、珰、环、钏、宝盖、头冠，天诸衣服一切饰具，于虚空中缤纷散雨，供养如来及会大众。满虚空际起种种色云，于其云中无量天乐不鼓自鸣，出不思议和雅音声供养如来，见闻听者住慈忍力，如斯神变皆是观自在菩萨摩诃萨秘密如意轮陀罗尼呪神力所致。❷

引文对不鼓自鸣乐器的描述与显教经典是相同的，如《佛说观无量寿经变》中乐器"悬处虚空，如天宝幢，不鼓自鸣"，但密教经典中的不鼓自鸣乐器主要突出乐器的装饰属性和对佛的供养，显教经典中的不鼓自鸣乐器则多有"演说苦、空、无常、无我之音"和"皆说念佛、念法、念比丘僧"❸的明确功能指向。

三、主室南壁

1．东部

主室南壁东部绘《曼荼罗》一铺，关于该壁画具体名称，除本书第一节梳理的几种，如《曼荼罗》《曼荼罗八臂母塔》《观音曼荼罗》《六臂观音曼荼罗》《顶髻尊胜佛母五尊曼荼罗》等。除此之外，刘永增称其为《尊胜佛母曼荼罗》，❹罗伯特·林

❶ 大藏经学术用语研究会编《大正新修大藏经》第二十册，台北：新文丰出版公司影印，1992年，第9页。
❷ 大藏经学术用语研究会编《大正新修大藏经》第二十册，台北：新文丰出版公司影印，1992年，第189页。
❸ 参见大藏经学术用语研究会编《大正新修大藏经》第十二册，台北：新文丰出版公司影印，1992年，第341～342页。
❹ 参见刘永增《敦煌石窟尊胜佛母曼荼罗图像解说》，《故宫博物院院刊》2013年第4期，第35～38页。

瑞宾（Rob Linrothe）认为壁画主尊为顶髻尊胜佛母，[1]即《顶髻尊胜佛母曼荼罗》。可见，定名的差异主要来自对壁画所绘主尊的认识不同，由于本书主要讨论的内容是主体画面下方所绘的密教乐、舞伎，故沿用前述《安西榆林窟内容总录》的说法，将其概称为《曼荼罗》。整铺壁画为纵向构图[图20]，分为上、中、下三个部分，最上方横向绘五方佛一组，中间以方形内切圆又内接方形的形式绘曼荼罗，曼荼罗中心位置绘佛塔，塔内绘主尊一身，佛塔外上、下、左、右分别绘象征西、东、南、北四方的四门。曼荼罗下方区域横向绘五身一组密教乐、舞伎，除中间一身持剑呈舞蹈姿态，另一身因壁面剥落难以辨识外，其余三身均持乐器演奏，因此本书以画面展现的动作分别称之为密教乐、舞伎，以下本书将进行详细分析。

根据图像，五身乐、舞伎服饰和造型大致相近[图21]，均头部戴冠，有头光，额间有白毫，胸前饰项圈，上臂套臂钏，手腕佩腕钏。上身赤裸，仅有帔巾缠绕周身，下身着腰裙，脚腕戴腕钏，赤足。每身皆以不同颜色涂绘，按壁画现存状况，东起第一身身体局部有群青色残留，第二身局部为灰白色，第三身腿部呈暗金色，第四身通体赭石色，第五身通体石绿色。东起第一身横抱曲项琵琶作领首之姿，其左手按弦，右手持椒，左腿高抬用于固定琵琶，右腿微屈站立。琵琶外观清晰，四弦、琴头、琴身、音箱、捍拨明显。第二身所在壁面剥落严重，现仅存头光、头冠和右腿。按对称原则，很有可能也是在演奏某件乐器。第三身左腿向外抬起，右腿站立，右手执剑举过头顶，左手似托一盘状物，整个身体呈侧曲状，具舞蹈动态。第四身左腿微屈站立，右腿呈吸腿之势，双手持拍板，拍板通体深红色，由五块上圆下方的板组成，拍板上方右侧垂以流苏装饰。第五身同样左腿微屈站立，右腿向内抬起夹于腰鼓下方鼓面，左手位于上方鼓面做拍击状，右手则持一细长鼓杖。腰鼓广首纤腹，上下鼓面间以鼓绳连接。可以看出，三身持乐器演奏的乐伎体态呈明显的舞蹈姿态，加之其中还绘有一身持剑起舞的舞伎，因此总体给观者一种边奏乐边起舞的动态感，这在之前壁画中未见到。

在密教类单幅尊像画下方绘类似上述的乐伎或舞伎，在西夏时期的壁画或其他绘画作品中较常见，而且其数量多以五身为主，应该是与画面中所绘五方佛相呼应，如东千佛洞西夏第2窟主室东、南、北壁的各类尊像画下方均绘有与本铺壁画相似的乐、舞伎，主室南、北壁西部壁面前有塑像遮挡[图22、23]，目前仅见四身。

---

[1] 参见贾维维《榆林窟第3窟壁画研究》，首都师范大学博士学位论文，2014年，第188、190页。

［图20］
第3窟主室南壁东部《曼荼罗》
（敦煌研究院供图）

［图21］
第3窟主室南壁东部《曼荼罗》下方绘密教乐、舞伎（自上而下，从左至右依次为东起第一至五身）
（敦煌研究院供图）

［图22］
东千佛洞西夏第2窟主室南壁所绘密教乐、舞伎
（敦煌研究院供图）

［图23］
东千佛洞西夏第2窟主室北壁所绘密教乐、舞伎
（敦煌研究院供图）

由于所在位置壁面较漫漶，每身具体是奏乐或起舞难以确定，可以看到每身均以赭石、群青、石绿、深褐等颜色涂绘，周身有帔巾缠绕，就整体风格而言，与前述乐、舞伎基本一致。

除壁画外，在黑水城出土现藏俄罗斯冬宫博物馆的唐卡、木板刻画中也有类似形象出现，如编号为X-2409《胜乐轮威仪曼荼罗》唐卡断片[图24]、X-2374《不动明王》唐卡和X-2537《大黑天》木板刻画[图25]。X-2409上部分残缺，因此是否有五方佛不明，下方有四臂乐、舞伎形象共七身。X-2374和X-2537均为五方佛与五身乐、舞伎上下呼应的构图，这与第3窟主室南壁东部《曼荼罗》一致。每身形象皆以不同颜色涂绘以及一腿微屈站立，另一腿呈吸腿之势的近舞蹈姿态也与《曼荼罗》相似。X-2409中左起第二身吹奏铜角，其余均手持供养物或难以辨明。另外，按前述本窟《曼荼罗》定名为《尊胜佛母曼荼罗》或《顶髻尊胜佛母曼荼罗》，在黑水城出土绘画品中也有两件《佛顶尊胜曼荼罗》木板绘画作品，但两件作品仅有主体的曼荼罗图像，[1]未见类似本窟《曼荼罗》上方的五方佛和下方乐、舞伎。

在《丝路上消失的王国——西夏黑水城的佛教艺术》中，将这一部分形象推测为"空行母"或"女舞者"，以下摘引部分表述文字：

X-2409《胜乐轮威仪曼荼罗》：

底部，有一平行的带状雕刻饰带，上有七位一边跳舞一边弹奏乐器的空行母。……

X-2374《不动明王》：

底部有五持供品的女舞者，以花布为背景，供品有花、柱香、灯、贝壳和果盘。（注：她们可能是西夏的女神或空行母，空行母由印度教传入西藏的密教神话后，在金刚乘信徒的瑜伽行中开始扮演一重要的角色。被认为具有唤起修禅者的潜能的力量。密教含有五高级空行母，此五高级空行母和禅定佛一起象征阴阳。）[2]
……

---

[1] 邱孟冬等编《丝路上消失的王国——西夏黑水城的佛教艺术》，台北：台北历史博物馆，1996年，图版20、21。
[2] 邱孟冬等编《丝路上消失的王国——西夏黑水城的佛教艺术》，台北：台北历史博物馆，第162、172页。

[图24]

黑水城出土 X-2409《胜乐轮威仪曼荼罗》唐卡断片

（图像采自《丝路上消失的王国——西夏黑水城的佛教艺术》，图版28）

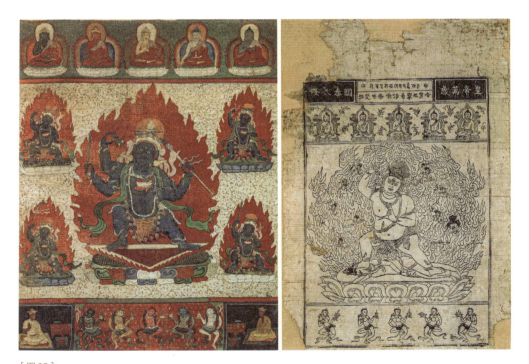

[图25]

黑水城出土 X-2374《不动明王》唐卡和 X-2537《大黑天》木板刻画

（图像采自《丝路上消失的王国——西夏黑水城的佛教艺术》，图版32、30）

X-2537《大黑天——除障者》：

底部有五个空行母，手持花束、蜡烛、灯、贝、山等供具。[1]

再来看《佛教大辞典》中"空行母"词条的解释：

空行母，藏文mkhav-vgro-ma，亦称"佛母""明妃"。藏传佛教密宗所奉明
王的伴侣。主要有五位，称"五部空行母"，即佛陀空行母（居中央）、金刚空行母
（居东方）、珍宝空行母（居南方）、业空行母（居北方）、莲花空行母（居西方）。
其肤色各有不同，分别为青绿、淡黄、鲜红、墨绿、洁白。皆为一面三目二臂，面
带怒相，手中法器各有不同，均以舞姿立于莲台之上。亦泛指各种单体佛母、天女
以及有成就的瑜伽行女。[2]

根据上引空行母的记载可知，空行母通常由五身组成，象征五个方位，其身以
不同颜色作为肤色，通常持供养物、法器或乐器，身形姿态呈舞蹈状，包括单体佛
母、天女以及有成就的瑜伽行女。这些特征大多与本窟主室南壁东部《曼荼罗》所绘
乐、舞伎相符合。其中有一关键因素值得注意，不论黑水城出土绘画作品还是对空
行母的文字解释，都突出其"母"的刻画和说明，如X-2374和X-2537中均能明显看
到凸起的双乳，披于脑后的长发等女性特征，但本窟《曼荼罗》中的乐、舞伎并无明
确的性别指向，因此也就不能完全确言其为空行母，暂以密教乐、舞伎称之。

另外就密教乐舞的功能而言，其除了具有显教乐舞的供养、赞颂等普遍功能外，
还包括部分乐器兼以法器出现时具有的相应功能，以及密教舞蹈与部分仪轨结合时
具有的功能。法器的功能在前文《五十一面千手观音经变》和《十一面千手观音经
变》研究中已作梳理，此处结合《曼荼罗》出现的乐、舞伎加以说明。如《佛说一切
如来真实摄大乘现证三昧大教王经》卷第八《金刚事业曼拏罗广大仪轨分第四》曰：

坚固菩提心出生，我此观想于诸佛。
歌音妙乐供养故，由普供养得妙爱。
坚固菩提心出生，我此观想于诸佛。
我以旋舞供养故，尚得诸佛为供养。

---

❶ 邱孟冬等编《丝路上消失的王国——西夏黑水城的佛教艺术》，台北：台北历史博物馆，1996年，第168页。
❷ 任继愈主编《佛教大辞典》，南京：江苏古籍出版社，2002年，第868页。

《忿怒秘密印曼拏罗广大仪轨分第七》曰：

复次此金刚部秘密曼拏罗中入等仪轨，即彼如是所有法用，皆如降三世大曼拏罗引入法仪，金刚阿阇梨如是入已，即以金刚秘密金刚部三昧印、对印、小印、智印，作彼现前执金刚供养事。所谓旋舞等诸作用，即彼如是旋舞、对舞、小舞、智舞，是为作用印智，谓先以彼金刚界摄受心明及金刚歌，歌咏称赞一切如来，作已然后金刚阿阇梨应当开示萨埵金刚印，后以应用入印所应入者，现前引入。

当依金刚旋舞法，即以二手忿怒指。

依法当于自心间，结彼降三世大印。

然后旋舞如仪轨，以彼金刚忿怒钩。

……❶

由此可知，密教仪轨中的舞与印是相互结合和对应的，而最终依然是指向供养和歌赞，这在经文表述中非常明确。

2. 中部

主室南壁中部绘《观无量寿经变》一铺[图26]。该经变画构图不同于以往敦煌石窟所绘《观无量寿经变》，由于其打破了固有的以净土三尊为核心、种种庄严相向心围绕的模式，尤其是对"十六观""未生怨"的安排以及建筑风格、菩萨形象和乐舞场景迥异于前代，因此施萍婷称之为敦煌石窟《观无量寿经变》的新面目和新风貌。❷经变画整体为纵向构图，画面主体为通常的净土世界佛说法场景，最下部裸露白灰，壁面已漫漶的部分为横幅式分格的"十六观"和"未生怨"。主体画面自上而下为两进式佛寺布局，萧默认为该部分是对应现实寺院后部中轴线一带的建筑。❸主体宫殿为三间横向重檐歇山顶建筑，上部左、右各绘两组化佛，正中的宫殿内绘阿弥陀佛、观世音和大势至菩萨，宫殿间左、右廊庑内各绘六身菩萨。主体宫殿前部左、右各绘一重檐攒尖方亭，两方亭内侧左、右各绘一身迦陵频伽，未持乐器。方亭前部又各绘一重檐歇山顶的楼阁于水池上，方亭与楼阁位于三体画面中间位置并形成类似"X"形的区域，该区域内绘菩萨、听法部众及孔雀、鹤

❶ 大藏经学术用语研究会编《大正新修大藏经》第十八册，台北：新文丰出版公司影印，1992年，第367、382页。
❷ 施萍婷《敦煌石窟全集·阿弥陀经画卷》，敦煌研究院编《敦煌石窟全集》，香港：商务印书馆，2002年，第239～240页。
❸ 萧默《敦煌建筑研究》，北京：机械工业出版社，2003年，第79页。

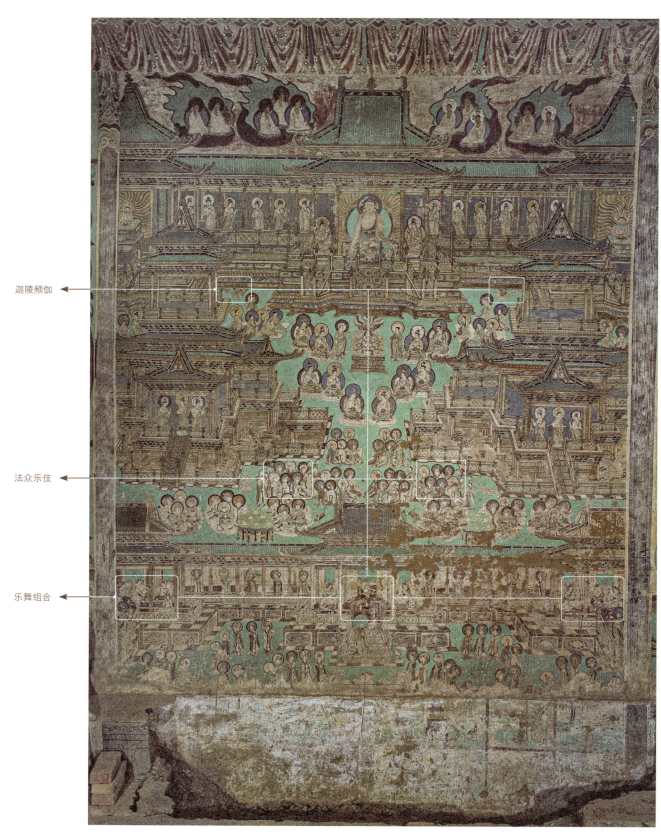

迦陵频伽

法众乐伎

乐舞组合

[图26]
第3窟主室南壁中部《观无量寿经变》
（敦煌研究院供图）

等奇妙杂色之鸟。这一部分前部为三间
与主体宫殿相同结构的横向建筑，唯一
的区别是此三间无殿墙，类似门屋，在
左、中、右三间门屋内，各绘有一组
"2+1+2"形式的乐舞组合。门屋间同样
以廊庑连接，门屋前部绘听法部众。经
变画所绘宫殿均为重檐建筑，这种重檐
的方式在敦煌壁画中仅见于西夏晚期。[1]

[图27]
第3窟主室南壁中部《观无量寿经变》中的迦陵频伽
（敦煌研究院供图）

　　根据上文整体描述可知，本铺经变
画乐舞图像共有两类，即迦陵频伽和乐
舞组合，其中迦陵频伽绘于重檐攒尖方
亭左、右内侧，迦陵频伽头部与主体宫
殿两侧须弥座齐平，其胸部以上部分与
经变画中所绘菩萨一致，双手合十，朝
向主尊呈礼拜状，迦陵频伽的翅、腿、
跗蹠和爪均绘制清晰，尤其是尾羽，修
长舒展，极具动态[图27]。迦陵频伽在显教经典中常以"出和雅音"和"法音宣流"[2]
的方式出现，这在前文中多次提及。在密教经典中，按《如意轮陀罗尼经》序品第
一的记载，同样是"美妙梵声"[3]的代名词，因此，即便经变画所绘迦陵频伽未演奏
乐器，我们依然将其归入乐舞图像的范畴。另外，从现存榆林窟西夏时期壁画来
看，迦陵频伽的绘制应该是常见形式，因为目前能够确定的榆林窟西夏时期洞窟中
皆有此类图像，如本铺经变画及其对应的北壁经变画，第10窟主室窟顶南、北披下
沿[图28]以及第29窟主室东壁北部《药师经变》主尊说法场景前部的平台[图29]，上
述石窟壁画中的迦陵频伽大多未演奏乐器，似乎是对佛教经典中"出和雅音"的直
观反映。

　　另外，现藏俄罗斯冬宫博物馆编号为X-2349的黑水城出土的13世纪初唐卡
[图30]中也出现迦陵频伽图像，其中一身完整，另一身仅存右翅。X-2349表现的是

❶ 萧默《敦煌建筑研究》，北京：机械工业出版社，2003年，第79页。
❷ 大藏经学术用语研究会编《大正新修大藏经》第十二册，台北：新文丰出版公司影印，1992年，第347页。
❸ 大藏经学术用语研究会编《大正新修大藏经》第二十册，台北：新文丰出版公司影印，1992年，第189页。

[图28]

第10窟主室南披下沿西部和北披下沿东部所绘迦陵频伽

（敦煌研究院供图）

[图29]

第29窟主室东壁北部《药师经变》中的迦陵频伽

（敦煌研究院供图）

[图30]

黑水城出土X-2349《阿弥陀佛》唐卡（局部）

（图像采自《丝路上消失的王国——西夏黑水城的佛教艺术》，图版44）

净土世界的场景，其中在阿弥陀佛身前的区域，以对称形式绘有奇妙杂色之鸟，[1]包括迦陵频伽、鹦鹉和鹤。严格来说，X-2349左侧所绘为一身双首的共命鸟，而且该共命鸟身前鹦鹉同样以一身双首形式绘制。至于右侧仅存右翅的是单首的迦陵频伽还是双首的共命鸟，现已无法确定。如按照左右对称的方式判断，右侧应同绘共命鸟。但如果依照鹦鹉左双首、右单首的形式，右侧所绘应该为迦陵频伽。不过，左侧的共命鸟依然同上述经变画所绘，双手合十，未演奏乐器。考古发掘同样可以佐证这一点，宁夏银川西夏三号陵园遗址的门

［图31］
西夏陵区三号陵园出土红陶迦陵频伽造像
（图像采自夏文物考古研究所、银川西夏陵区管理处编著《西夏三号陵：地面遗迹发掘报告》，北京：科学出版社，2007年，彩版23）

址、角阙、陵塔、献殿、鹊台、角台等处发掘出土了一批西夏时期作为装饰性建筑构件的迦陵频伽造像［图31］，质地包括灰陶、红陶和琉璃，[2]迦陵频伽外形与上述图像基本一致，均双手合十呈礼拜状，未演奏乐器。

在前述"X"形听法部众所在区域的下方，横向排列四组法众，法众身后各有两身侍从持长柄羽扇站立［图32、33］。其中内侧两组法众均为六身，踞坐于方毯之上，每身头戴通天冠，有头光，着右衽交领长衫，阔袖，双手合十呈礼拜状。外侧两组同为六身，同样踞坐于方毯上，每身戴狮头帽，披发于脑后，有头光，上身同样着右衽交领长衫，阔袖，其中位于左侧内向的两身分别持竖箜篌和曲项琵琶，但可以明显看出仅是持乐器，并未演奏，因为持竖箜篌者的动作近似肩搭竖箜篌，持琵琶者竖抱琵琶，右手置于琵琶捍拨处。右侧内向有三身持乐器者，分别持拍板、曲项琵琶和竖箜篌，拍板由于前部头光遮挡仅露出上方三分之一的部分，持琵琶的姿势同于左侧，竖箜篌则是被斜握于共鸣箱下侧位置，按画面呈现也是未演奏乐

❶《佛说阿弥陀经》曰："彼国常有种种奇妙杂色之鸟：白鹄、孔雀、鹦鹉、舍利、迦陵频伽、共命之鸟。是诸众鸟，昼夜六时出和雅音，其音演畅五根、五力、七菩提分、八圣道分如是等法。其土众生闻是音已，皆悉念佛、念法、念僧……是诸众鸟皆是阿弥陀佛欲令法音宣流变化所作。"参见大藏经学术用语研究会编《大正新修大藏经》第十二册，台北：新文丰出版公司影印，1992年，第347页。
❷ 宁夏回族自治区文物考古研究所、银川市西夏陵区管理处《宁夏银川市西夏3号陵园遗址发掘简报》，《考古》2002年第8期，第36页。

[图32]
第3窟主室南壁中部《观无量寿经变》中的法众
（敦煌研究院供图）

[图33]
第3窟主室南壁中部《观无量寿经变》中持乐器的法众
（敦煌研究院供图）

器。按经变画的对称原则看，左侧内上应该也有一身持拍板，只是在绘制时考虑到头光遮挡的缘故而被省略。此处壁面有局部剥落痕迹，因此不排除还有其他乐器被绘入的可能，不过目前能够辨认的仅有左侧两身，右侧三身。

此类持乐器形象在其他敦煌石窟经变画中未见到，首先需要对其身份进行探讨，才能够确定其作为音乐图像在经变画中的功能。首先从外形来看，其中最明显的特征是戴狮头帽，帽上有类似长发的线条以表现狮子的鬃毛。值得注意的是，该帽饰不同于敦煌壁画中力士所戴呈斑纹状的虎头帽，如榆林窟唐代第15窟前室北

［图34］
榆林窟第15窟前室北壁力士和第25窟主室北
壁《弥勒经变》中的天龙八部神将
（敦煌研究院供图）

［图35］
榆林窟第33窟主室西壁《说法图》中的天王
（敦煌研究院供图）

壁天王图像中的力士[图34]，但戴狮头帽的形象在敦煌壁画
中多有绘制，如榆林窟第25窟主室北壁弥勒经变中的天龙
八部神将[图34]，榆林窟第33窟主室西壁说法图所绘两身天
王[图35]及第34窟主室西壁说法图所绘一身天王[图36]，而
且第33、34窟天王均手持琵琶以椒拨奏。由于第33窟说法
图左侧天王是有题名的，所以该题名可以为确定其身份提供
直接证据，根据现存壁面的实际情况，题名现仅存五字，按
长度原题名应多于五字，字迹经辨认为："南无乱闉婆□□
（□）"，即南无乾达婆，所以此处完整的题名很可能就是
《佛说佛名经》卷五记载的"南无乾达婆王佛"或《五千五百
佛名神咒除障灭罪经》卷一记载的"南无乾闼婆王如来"。❶

［图36］
榆林窟第34窟主室西壁《说法图》中
的天王
（敦煌研究院供图）

乾达婆作为天龙八部之一，在佛教经典中较多见，通常
是佛国世界音乐的象征，如《佛说长阿含经》卷十八《阎浮提州品第一》曰：

佛告比丘：雪山右面有城，名毗舍离，其城北有七黑山，七黑山北有香山，其
山常有歌唱伎乐音乐之声。山有二窟，一名为昼，二名善昼，天七宝成，柔濡香

❶ 大藏经学术用语研究会编《大正新修大藏经》第十四册，台北：新文丰出版公司影印，1992年，第137、332页。

洁，犹如天衣，妙音乾达婆王从五百乾达婆在其中止。❶

《妙法莲华经》卷第一《序品第一》曰：

尔时释提桓因，与其眷属二万天子俱。复有名月天子、普香天子、宝光天子、四大天王，与其眷属万天子俱……有四紧那罗王——法紧那罗王、妙法紧那罗王、大法紧那罗王、持法紧那罗王，各与若干百千眷属俱。有四乾达婆王——乐乾达婆王、乐音乾达婆王、美乾达婆王、美音乾达婆王，各与若干百千眷属俱。❷

除狮头帽外，经变画法众形象的另一明显特征是仅手持乐器并未演奏，这种形象在西夏时期其他图像中也有绘制，如莫高窟第61窟甬道南、北壁炽盛光佛中各有一身女性形象，其中南壁的女性抱持被织物包裹或置入琴袋的琵琶[图37-1]。黑水城出土现藏俄罗斯冬宫博物馆编号为X-2424的丝质卷轴，其中所绘一身女性形象同样手持琵琶出现在画面中[图37-2]，宁夏贺兰县宏佛塔出土绢画《炽盛光佛像》中也绘有与莫高窟第61窟南壁相同的形象[图37-3]。❸

通过对比，尽管图37-1和37-2中仅见琵琶的轮廓，但按琴头造型应该是曲项琵琶，图37-2中明显为曲项琵琶，而且该琵琶图像比之《观无量寿经变》更为精细，绘出了琵琶的品柱、凤眼，女性手持椷位于琵琶捍拨处，经变画中则无椷。除琵琶形制外，最大的区别集中在持琵琶者的形象上，以上三处均为象征十一曜中金星的女性形象，这体现了西夏时期对星宿文化的崇拜，❹而经变画中的形象为头戴狮头帽，身着长衫的男性形象，这与女性星宿形象明显不合，而且根据密教经典《梵天火罗九曜》中的记载和附图[图37-4]，金星形象也是持椷演奏曲项琵琶的女性，其载曰：

行年至那颉，是太白星，西方金精也。其星一名太白，一名长庚，一名那颉。其星周回一百里，属秦国之分野。若临人年本命，至有哭泣刀兵。形如女人，头戴酉冠，白练衣，弹弦。❺

---

❶ 大藏经学术用语研究会编《大正新修大藏经》第一册，台北：新文丰出版公司影印，1992年，第117页。
❷ 大藏经学术用语研究会编《大正新修大藏经》第九册，台北：新文丰出版公司影印，1992年，第2页。
❸ 宁夏回族自治区文物管理委员会办公室、贺兰县文化局《宁夏贺兰县宏佛塔清理简报》，《文物》1991年第8期，第4页。
❹ 邱孟冬等编《丝路上消失的王国——西夏黑水城的佛教艺术》，台北：台北历史博物馆，1996年，第228页；[俄] 萨莫秀克著，谢继胜译《西夏王国的星宿崇拜——圣彼得堡艾尔米塔什博物馆黑水城藏品分析》，《敦煌研究》2004年第4期，第63～70页。
❺ 根据记载，金星形象的特征之一为"弹弦"，而且《梵天火罗九曜》中金星的插图也是持椷弹奏琵琶的女性形象，但前引图37-1、37-2、37-3中的金星形象皆为抱持不弹奏的状态，鉴于此处是围绕第3窟观无量寿经变中乐伎进行讨论，故关于金星形象的问题不再展开，笔者将另辟专文。大藏经学术用语研究会编《大正新修大藏经》第二十一册，台北：新文丰出版公司影印，1992年，第460页。

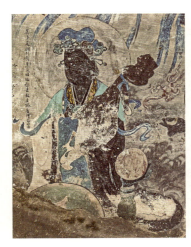

［图37-1］
莫高窟第61窟甬道南壁炽盛光佛中的金星形象
（敦煌研究院供图）

［图37-2］
黑水城出土X-2424《星宿神》丝质卷轴中的金星形象
（图像采自《丝路上消失的王国——西夏黑水城的佛教艺术》，图版57）

［图37-3］
宏佛塔出土绢画《炽盛光佛像》中的金星形象
（图像采自宁夏贺兰县宏佛塔清理简报，彩色插页2）

［图37-4］
《梵天火罗九曜》所附金星形象
（《大正新修大藏经》第二十一册，第460页）

除西夏时期，前文所述榆林窟五代第33窟主室南壁西部所绘牛头山瑞像中也出现了手持琵琶非演奏状态的男性世俗乐伎，但其装束为戴幞头，着襕袍的形象，[1] 同样与经变画所绘有异。

综合以上图像信息，我们发现第3窟主室南壁中部《观无量寿经变》所绘法众形象与乾达婆形象最为接近，唯一的不同在于前者是持乐器非演奏状态，而后者在画面中呈明显的演奏状态，但持乐器非演奏的形象除本窟经变画外，目前仅见女性星宿形象和男性世俗乐伎形象，这同样与经变画有差距。依目前有限的资料，揣论也仅能到此，至于经变画所绘的形象究竟如何确定，只能暂时存疑。当然，也不排除此类形象与西夏当时存在的某种乐部或演奏形式相关的可能性，但按照此类形象在经变画中被安排在主尊身前的位置和同组其他形象双手合十的动作推断，该部分音乐图像在经变画中的功能应该以音乐供养为主，因此暂以"法众乐伎"称之。

本铺经变画乐舞组合分别绘于画面前部左、中、右位置的门屋之内，形式均为"2+1+2"。经变画出现多个乐舞组合的方式在前述榆林窟五代第16窟主室南壁东部《药师经变》和莫高窟中唐第112窟主室南壁所绘《观无量寿经变》中已有涉及，但本铺经变画与上述经变画在乐舞组合的布局和数量上有明显区别。通常的经变画

---

❶ 参见第三章第二节相关内容。

[图38]

第3窟主室南壁中部《观无量寿经变》中的乐舞组合部分
（敦煌研究院供图）

即便出现多个乐舞组合，也都是沿画面纵向轴线左右对称排列的，但本铺经变画三组乐舞组合呈横向排列，每组各自左右对称[图38]。以下，本书分别从左至右按乐舞组合Ⅰ、Ⅱ和Ⅲ进行表述。

每个乐舞组合的排列形式与通常经变画一致，即两侧菩萨乐伎演奏乐器，中间舞伎起舞。乐舞组合Ⅰ[图39]中菩萨乐伎与舞伎配饰和穿着一致，头戴花冠，两侧有赭石色缯带，顶束发髻，额前为螺发；耳部饰耳珰，胸前佩项圈，上臂套臂钏，腕部戴腕钏；上身裸露，肩搭帔巾，双臂同样有正面石绿背面土黄的帔巾环绕，下身配土黄色腰裙和赭石色长裤，赤足。左内侧乐伎似半跏趺坐，手持铜钹呈敲击状；左外侧乐伎被其前部一身法众头光遮挡，仅绘出头部及吹奏的排箫。右内侧乐伎较为特殊，其双手以左手内，右手外的位置排列，按手指抬按的动作，应该是在演奏某种竖吹的管类乐器，经仔细辨认壁面，其双手并未持任何管类装置的痕迹，但在乐伎左手与口部之间，有一赭石色绘制的埙，埙外观扁圆，有明确吹口，乐伎口部位于埙吹口处呈吹奏状。埙在敦煌石窟壁画所绘数量稀少，目前依然能够看到的有莫高窟初唐第220窟主室南壁《西方净土变》菩萨乐伎所奏。[图40]通过对比，可以确定本铺经变画乐伎手持的就是埙，而乐伎演奏手型的差异应该是壁画绘制过程中出现的。右外侧乐伎半跏趺坐于门屋内，双手各持一件鼗鼓播奏，鼗鼓均为一

[图39]
第3窟主室南壁中部《观无量寿经变》中的乐舞组合 I
（敦煌研究院供图）

[图40]
榆林窟第3窟主室南壁《观无量寿经变》和莫高窟第220窟南壁《西方净土变》所绘埙
（敦煌研究院供图；《敦煌石窟全集·音乐画卷》，图版163）

柄叠三鼓形制。除埙外，经变画所绘其他三件乐器图像的外观与前述《十一面千手观音经变》和《五十一面千手观音经变》近似，如铜钹均以赭石色绘制，排箫音管两侧均有用于加固的装置，鼗鼓均为一柄叠三鼓的形制。乐舞组合Ⅰ中间舞伎左腿单腿微屈站立，右腿呈吸腿动作，左臂平置，右臂上举，双手持长巾呈舞蹈姿态［图39、40］。

乐舞组合Ⅱ［图41］中左内侧乐伎演奏贝，贝通体以赭石色绘制，乐伎口部位于贝的壳顶处吹奏。左外侧乐伎横抱曲项琵琶，右手持㨤拨奏，琵琶通体为土红色，以白底赭石色纹样绘出捍拨。右内侧乐伎演奏一竖吹管乐器，该乐器管身较通常壁画所绘筚篥稍长，但乐器吹口处细节不甚明显，结合前文梳理的榆林窟壁画所绘竖吹管类乐器特征，❶暂以尺八称之。右外侧乐伎手持拍板演奏，拍板以土红色绘制，由上圆下方的五块板组成。中间舞伎同样双手持长巾起舞，身形姿态皆与乐舞组合Ⅰ舞伎一致，说明为同一舞种的展示。

乐舞组合Ⅲ［图42］右内侧乐伎呈半跏趺坐，其双腿上部横置一琴，琴头处依稀可见岳山，琴尾处冠角清晰可辨，外侧边以圆点标有三个徽位，其余未见。乐伎左手位于琴面上，食指上翘做按弦取音状，右手被左外侧乐伎头部遮挡，具体动作不明。琴的图像在敦煌石窟壁画中数量较少，但本窟除该图像外，在北壁中部经变画中也绘有琴的图像。左外侧乐器横抱一弹拨乐器，为典型的盘圆柄直造型，乐伎持㨤拨奏，其余细节如是否有品柱，琴头造型均因壁面漫漶而模糊不清，本文暂称为阮咸。右内侧乐伎演奏腰鼓，鼓面向上置于乐伎胸前，乐伎双手位于鼓面上做击打状，腰鼓为广首纤腹，上下鼓面间绘有赭石色的鼓绳。腰鼓鼓面向上的固定方式在敦煌石窟壁画中不多见，但在本窟壁画中却非特例，前述同壁东部《曼荼罗》中所绘乐伎同样是以此种方式持腰鼓演奏的。右外侧乐伎同样被身前一身法众头光遮挡，仅露出乐伎头部和土红色拍板的上端部分。中间舞伎的身体呈左腿吸右腿立的动作，与乐舞组合Ⅱ舞伎相互对称。

梳理完经变画乐舞组合的内容后，我们将三个组合的乐队编制和舞伎做统计如下，根据统计来看，尽管单个乐舞组合是按照通常的经变画模式排列的，但由于乐伎数量仅有四身，难以得出有效的乐队编制结论。如果将三个组合的用乐做一整合，其体现的信息与敦煌壁画经变画乐舞组合是有一定关联的，这主要表现在该经

---

❶ 参见第二章第二节"尺八"考证的相关内容。

[图41]
第3窟主室南壁中部《观无量寿经变》中的乐舞组合Ⅱ
（敦煌研究院供图）

[图42]
第3窟主室南壁中部《观无量寿经变》中的乐舞组合Ⅲ
（敦煌研究院供图）

变画乐舞组合整体上突出对打击乐器的使用，六件打击乐器中有三件是鼓类乐器，而且数量依次是打击乐器最多，吹管乐器次之，弹拨乐器最少，该特征与莫高窟五代和榆林窟唐、五代时期经变画乐舞编制侧重吹管乐器、极少使用鼓类乐器的特征不同，但与莫高窟唐代经变画乐舞编制特征一致。因此，我们需要分析作为西夏时期经变画乐舞编制的这种特征从何而来，与现实的西夏用乐特征间是否存在联系。

表2 《观无量寿经变》乐舞组合乐舞编制统计

	乐舞组合Ⅰ	乐舞组合Ⅱ	乐舞组合Ⅱ	总计（件、身）
吹奏乐器	排箫、埙	贝、尺八	—	4件
弹拨乐器	—	曲项琵琶	琴[1]、阮咸	3件
打击乐器	钹、羯鼓	拍板	腰鼓、拍板	6件
舞伎及舞种	一身、持长巾起舞	一身、持长巾起舞	一身、持长巾起舞	3身

西夏时期音乐的沿革，在《西夏书事》《西夏纪》等文献中有大致记载，本书引《西夏书事》卷十二如下：

景祐四年、契丹重熙六年、元昊大庆元年（1037年）春正月，始制蕃书，改元。……

秋七月，更定礼乐。

夏州沿党项蕃俗，自赤辞臣唐，始习尊卑跽拜诸仪。而其音乐，尚以琵琶，击缶为节。禧宗时，赐思恭鼓吹全部，部有三驾：大驾用一千五百三十人，法驾七百八十一人，小驾八百一十六人：俱以金钲、节鼓、捆（抲）鼓、大鼓、小鼓、铙鼓、羽葆鼓、中鸣、大横吹、小横吹、觱栗、桃皮、笳（茄）、笛为器。历五代入宋，年隔百余，而其音节悠扬，声容清厉，犹有唐代遗风。迨德明内附，其礼文

---

[1] 从严格意义上，琴并不属于弹拨乐器，但由于敦煌壁画出现的琴的图像较少，因此在统计中采用与筝同样的归类方式，将其纳入弹拨乐器类进行统计。

仪节，律度声音，无不遵依宋制。元昊久视中国为不足法，谓野利仁荣曰："王者制礼作乐，道在宜民。蕃俗以忠实为先，战斗为务，若唐宋之缛节繁音，吾无取焉。"于是，于吉凶、嘉宾、宗祀、燕（亨）享，裁礼之九拜为三拜（沈括《笔谈》云，元昊令国中悉用胡礼，即此），革乐之五音为一音（王巩《闻见近录》云，增五音为六，与《夏台事迹》异），令于国中，有不遵者，族。

按：书西夏礼乐始此。[1]

可知，西夏音乐的记载最早可追溯至党项羌拓跋赤辞时期，时间应该在唐贞观年间（627～649年），[2]但乐器仅言琵琶与缶，可见早在党项羌时代，其音乐中就存在外来因素而且可能相对单一。至唐禧宗朝（862～888年），也就是夏州政权时期，唐政府曾赐拓跋思恭鼓吹部三架，这种有组织、有规模的中原政府给赐行为，无疑极大丰富和推动了党项民族的音乐。根据记载推测，中原赐乐应该不止一次，而且一直持续到德明时期（1004～1031年）。正因如此，记载中才会有"犹有唐代遗风""无不遵依宋制"的说法，这也促使元昊于大庆元年（1037年）更定礼乐，礼乐的制定以务实为先，推行则以强制为准。之后，西夏音乐历时一百多年去"中国化"的发展，至仁孝人庆二年（1145年），西夏政府对之前的音乐又进行第二次改革，在前代基础上融合中原音乐的元素，并在人庆五年（1148年）正式完成重制。

《西夏书事》卷三十六载曰：

绍兴十八年、夏人庆五年（1148年）春正月，使贺金正旦及万寿节。

……

夏五月，新律成。

西夏音乐，经元昊更张，久非唐末遗音。仁孝使乐宫李元儒采中国乐书，参本国制度，历三年始成，赐名"新律"，进元儒等官。[3]

以上就是根据有限的文献梳理的西夏音乐历史，[4]记载既包括元昊和仁孝时期乐改的礼乐，也包括鼓吹等其他音乐。我们发现，在首次制乐的大庆元年（1037年）

❶（清）吴广成撰，龚世俊等校证《西夏书事校证》，兰州：甘肃文化出版社，1995年，143～146页；戴锡章编撰，罗矛昆点校《西夏纪》，银川：宁夏人民出版社，1988年，第157～160页。
❷ 吴天墀《西夏史稿》，桂林：广西师范大学出版社，2006年，第6～7页。
❸（清）吴广成撰，龚世俊等校证《西夏书事校证》，兰州：甘肃文化出版社，1995年，417～418页；戴锡章编撰，罗矛昆点校《西夏纪》，银川：宁夏人民出版社，1988年，第573～574页。
❹ 关于西夏音乐发展历程的详细梳理，参见孙星群《西夏辽金音乐史稿》，北京：中国青年出版社，1997年，第151～161页。

至二次制乐的人庆二年（1145年）之间，西夏音乐应该是朝着简约务实、突出本民族特征的方向发展，尽管如此，西夏音乐一直没有脱离中原音乐的窠臼。我们以西夏二次制乐为例说明，记载明言“仁孝使乐宫李元儒采中国乐书”，那么此“中国”对应的应该是高宗时期的南宋政府，所以二次制乐吸收的中原音乐也当与宋代音乐有关，即宋代的雅乐、燕乐等。敦煌石窟壁画是自唐代开始大量出现乐队的，通常这些乐队编制与唐代燕乐系统有关联。[1]第3窟营建的时间按前述大致在1140～1227年之间，这与西夏二次制乐完成的1148年接近，假设榆林窟第3窟《观无量寿经变》乐舞组合的乐队编制与西夏时期真实用乐有关，那该真实用乐中就应当包含吸收自宋代的音乐，具体应该是宋代的燕乐系统。

《宋史》卷一百四十二《志第九十五·乐十七》记载：

燕乐

古者，燕乐自周以来用之。唐贞观增隋九部为十部，以张文收所制歌名燕乐，而被之管弦。厥后至坐部伎琵琶曲，盛流于时，匪直汉氏上林乐府、缦乐不应经法而已。宋初置教坊，得江南乐，已汰其坐部不用。自后因旧曲创新声，转加流丽。政和间，诏以大晟雅乐施于燕飨，御殿按试，补徵、角二调，播之教坊，颁之天下……绍兴中，始蠲省教坊乐，凡燕礼，屏坐伎。乾道继志述事，间用杂攒以充教坊之号，取具临时，而廷绅祝颂，务在严恭，亦明以更不用女乐，颁示子孙守之，以为家法。于是中兴燕乐，比前代犹简，而有关乎君德者良多。

……

教坊

自唐武德以来，置署在禁门内。开元后，其人浸多，凡祭祀、大朝会则用太常雅乐，岁时宴享则用教坊诸部乐。前代有宴乐、清乐、散乐，本隶太常，后稍归教坊，有立、坐二部。宋初循旧制，置教坊，凡四部……乐用琵琶、箜篌、五弦琴、筝、笙、觱栗、笛、方响、羯鼓、杖鼓、拍板。

法曲部，其曲二，一曰道调宫《望瀛》，二曰小石调《献仙音》。乐用琵琶、箜篌、五弦、筝、笙、觱栗、方响、拍板。龟兹部，其曲二，皆双调，一曰《宇宙清》，二曰《感皇恩》。乐用觱栗、笛、羯鼓、腰鼓、揩鼓、鸡楼鼓、鼗鼓、拍板。

---

[1] 朱晓峰《唐代莫高窟壁画音乐图像研究》，兰州：甘肃教育出版社，2020年，第213～226页。

鼓笛部，乐用三色笛、杖鼓、拍板。

……

云韶部者，黄门乐也。开宝中平岭表，择广州内臣之聪警者，得八十人，令于教坊习乐艺，赐名箫韶部。雍熙初，改曰云韶。每上元观灯，上巳、端午观水嬉，皆命作乐于宫中。遇南至、元正、清明、春秋分社之节，亲王内中宴射，则亦用之……乐用琵琶、筝、笙、觱栗、笛、方响、杖鼓、羯鼓、大鼓、拍板。杂剧用傀儡，后不复补。❶

根据记载，宋代燕乐机构包含教坊、云韶部、钧容直、东西班乐、四夷乐等，其中教坊又包含大曲部、法曲部、龟兹部和鼓笛部，❷教坊可能还包括由小儿队和女弟子队组成的队舞和百戏。燕乐所用二十八调和各部乐曲皆有明确记载，如教坊十八调四十大曲、法曲部二曲、龟兹部二曲等。如果将乐曲作为对比参照，问题可能就迎刃而解，但敦煌壁画中的乐舞组合作为佛教语境下乐舞的呈现，缺失的恰恰是乐曲。西夏时期则由于史料匮乏，目前所见现实音乐的乐队编制正是基于敦煌石窟壁画所绘的乐舞组合而来，❸因此在既无西夏时期乐队编制信息可以参考，也无法提供燕乐乐曲作为对比的前提下，只能根据宋代有记载的燕乐乐队编制信息与西夏第3窟《观无量寿经变》乐舞组合的乐队编制进行对比。

表3　宋代燕乐系统与西夏第3窟《观无量寿经变》乐舞组合乐舞编制对比

	宋代燕乐系统			西夏第3窟《观无量寿经变》乐舞组合
	教坊四部	法曲部	云韶部	
吹奏乐器	笙一、觱篥一、笛一	觱篥一、笛一	觱篥一、笛一	排箫一、埙一、贝一、尺八一
弹拨乐器	琵琶一、箜篌一、五弦琴一、筝一	—	琵琶一、筝一、笙一	曲项琵琶一、琴一、阮咸一
打击乐器	方响一、羯鼓一、杖鼓一、拍板一	羯鼓一、腰鼓一、揩鼓一、鸡娄鼓一、鼗鼓一、拍板一	方响一、杖鼓一、羯鼓一、大鼓一、拍板一	钹一、鼗鼓二、拍板二、腰鼓一

❶ （元）脱脱等撰《宋史》，北京：中华书局，1977年，第3345～3360页。
❷ 杨荫浏《中国古代音乐史稿》上册，北京：人民音乐出版社，1981年，第414页。
❸ 孙星群《西夏辽金音乐史稿》，北京：中国青年出版社，1997年，第61～77页。

通过对比，以上乐队编制除教坊四部所用打击乐器与弹拨乐器数量相当外，其余均突出打击乐器的数量，而且突出了对鼓类乐器的使用，这种方式也与唐代莫高窟经变画乐舞组合特征一致，而唐代莫高窟经变画乐舞组合编制多来自唐代的燕乐系统，这说明从唐代到宋代燕乐乐队的编制，从唐代莫高窟到西夏榆林窟经变画乐舞组合编制，都具有相同的特征。

再来看西夏二次制乐后出现的乐器，编著于西夏乾祐二十一年（1190年）《番汉合时掌中珠》作为西夏文与汉文对音对意的辞书，记载有一部分乐器名称，根据此文献在当时的实用性，我们认为其中出现的乐器应该是西夏社会普遍使用的，这样才符合西夏文的创制和流行。乐器名称出现在该书的"人事下"，其中与佛教相关的乐器在供养物和法器部分罗列，其余乐器单独罗列，具体如下：

磬钟 铙钹 铜鼓 净瓶 法鼓 海螺 金刚杵 铃
……
三弦 六弦 琵琶 琴 筝 箜篌 管 笛 箫 笙 筚篥 七星吹笛 击鼓 大鼓 丈鼓 拍板。❶

前述编号为Дx02822《蒙学字书》或Дx2822《杂字》的"音乐部第九"也出现了部分乐器名称，如：

龙笛 凤管 篆筝 琵琶 弦管 声律 双韵 嵇琴 筚篥 云箫 箜篌 七星 影戏 杂剧 傀儡 舞绾 柘枝 宫商 丈鼓 水盏 相扑 曲破 把色 笙簧 散唱 遏云 合格 角徵 欣悦 和众 雅奏 八俏 拍板 三弦 六弦 勒波 笛子。❷

除上述外，在"礼乐部第十五"中有"礼乐"，"司分部十八"中有"教坊"词条，❸Дx02822的年代孙星群考订大致为1144～1145年，❹其考证依据的正是前述西夏二次制乐，在此处不具备参考价值。但不能否认的是，上述文献中出现的乐器是可以与宋代燕乐和榆林窟第3窟《观无量寿经变》乐舞组合中的乐器做到基本对应的，而且如"礼乐""傀儡""教坊"这些词汇在《宋史》《杂字》的出现也能够说明

❶（西夏）骨勒茂才著，黄振华等整理《番汉合时掌中珠》，银川：宁夏人民出版社，1989年，第115、137～138页。
❷ 俄罗斯科学院东方研究所圣彼得堡分所、俄罗斯科学出版社东方文学部、上海古籍出版社编《俄藏敦煌文献》第十册，上海：上海古籍出版社，1998年，第62页；参见俄罗斯科学院东方研究所圣彼得堡分所、俄罗斯科学出版社东方文学部、上海古籍出版社编《俄藏黑水城文献》第六册（汉文部分），上海：上海古籍出版社，2000年，第141页。
❸ 俄罗斯科学院东方研究所圣彼得堡分所、俄罗斯科学出版社东方文学部、上海古籍出版社编《俄藏敦煌文献》第十册，上海：上海古籍出版社，1998年，第65～66页；参见俄罗斯科学院东方研究所圣彼得堡分所、俄罗斯科学出版社东方文学部、上海古籍出版社编《俄藏黑水城文献》第六册（汉文部分），上海：上海古籍出版社，2000年，第144～145页。
❹ 孙星群《西夏汉文本〈杂字〉"音乐部"之剖析》，《音乐研究》1991年第4期，第95页。

西夏时期音乐对宋代的借鉴和效仿。综合以上，假设西夏吸收南宋音乐并完成制乐，之后再将燕乐的用乐编制以某种方式传播至瓜州地区，最后被绘制在榆林窟第3窟内，这在逻辑上是连贯的。但这也仅仅是依有限史料的推测，如果推测成立，第3窟的营建时间就应该在西夏二次制乐完成的1148年之后，因为在此之前，西夏音乐中可能没有太多的中原燕乐因素。

四、主室北壁

1. 东部

主室北壁东部绘《曼荼罗》一铺，与南壁东部《曼荼罗》相互对应，关于该壁画具体名称，前文已作列举，此处统称以《曼荼罗》。该壁画同样为上、中、下三部分构图[图43]，上方绘横向绘五方佛，中间绘曼荼罗，下方横向绘五身近似舞伎的密教形象。该五身形象的配饰与南壁东部《曼荼罗》基本一致，均头戴冠，有头光，佩戴项圈、臂钏、腕钏，上身赤裸，下身着腰裙，赤足。西起第一身通体石绿色，第二身为赭石，第三身灰白，第四身呈暗金色，第五身通体群青色，与南壁所绘五身正好相互对应。

北壁五身舞伎与南壁的区别在于舞伎身形姿态的差异以及未演奏乐器[图44]。其中西起第一身侧身以左腿站立，右腿向前抬起，左臂前伸，右臂自头顶前伸，双手似托一供养物。第二身右腿微屈站立，左腿高抬至身前，手臂动作与第一身相同，左手托宝螺。第三身右腿微屈站立，左腿呈吸腿之姿，双手置于胸前似持一供养物，由于壁面漫漶，该供养物不明。第四身壁面剥落严重，仅余头光、头冠和下身。第五身左腿微屈站立，右腿呈吸腿状，右手中指与拇指相捻作香印，[1]左手似托一碗状物。按前文考证，此类形象有可能是空行母，但文中暂时以密教舞伎称之，与此相类的近舞蹈性姿态的形象在北壁西部的《曼荼罗》中亦有绘制[图45]，[2]本书不再单独展开讨论。总体来看，此五身形象尽管持供养物，但体态呈现明显的舞蹈动态，即表现出密教仪轨中舞、印结合的特征，这在目前所见榆林窟壁画以及其他

---

❶《佛说持明藏瑜伽大教尊那菩萨大明成就仪轨经》卷第四，尊那持诵法分第六之二："次结香印。以右手中指与拇指相捻成印，以此印献烧香诵香大明曰。"大藏经学术用语研究会编《大正新修大藏经》第二十册，台北：新文丰出版公司影印，1992年，第689页。

❷ 与第3窟主室北壁西部《曼荼罗》出现舞伎相似的形象还出现在东千佛洞第2窟主室左、右甬道南、北壁，不过东千佛洞是以单体尊像画的形式出现的，《安西东千佛洞内容总录》称为"菩提树观音"。王惠民整理《安西东千佛洞内容总录》，敦煌研究院编《敦煌石窟内容总录》，北京：文物出版社，1996年，第222页。

［图 43］

第 3 窟主室北壁东部《曼荼罗》

（敦煌研究院供图）

［图44］

第3窟主室北壁东部《曼荼罗》下方绘密教乐、舞伎

（自上而下，从左至右依次为西起第一至五身）

（敦煌研究院供图）

密教类图像中均有体现，尽管如此，我们依然不能简单地以其近舞蹈性的动作就将其纳入舞伎范畴，还需结合此类形象所在壁画的内容，依据佛经的记载以及同类图像间的对比做进一步研究，以确定其在壁画中的真实身份及功能。

2. 中部

主室北壁中部绘《净土变》一铺［图46］，该经变画与南壁中部所绘《观无量寿经变》均为纵向构图，主体画面内容也与《观无量寿经变》相近。经变画最下部同样为横幅式分格部分，上下共计十六格，但此部分壁面漫漶程度严重，已无法辨认内容，故《安西榆林窟内容总录》以"净土变"称之。[1]画面上部绘主体宫殿，形制为重檐歇山顶式，两侧以廊庑连接，但经变画此处仅中部绘宫殿，两侧未绘宫殿。廊庑顶部左、右各绘两组化佛，在内侧两组化佛与宫殿顶部之间绘有两件不鼓自鸣乐器。主体宫殿及廊庑内，绘一佛二菩萨及听法菩萨。两侧廊庑前部左、右各绘一重檐攒尖方亭，两方亭内侧各绘一身迦陵频伽，同样未持乐器。方亭前部又各绘一重檐式楼阁于水池上，方亭与楼阁间呈"X"形的区域内绘菩萨、听法部众及孔雀、鹤等众鸟，其中下部左、右各九身的两组法众内侧各有三身持乐器。主体画面下部中间绘单层重檐歇山顶式宫殿，歇山面向前，宫殿前部有平桥与廊台，上有一组"2+1+2"的乐舞组合。其两侧为重檐攒尖方亭，以木台相互连通。左、

---

❶ 霍熙亮整理《安西榆林窟内容总录》，敦煌研究院编《敦煌石窟内容总录》，北京：文物出版社，1996年，第204页。

［图 45］
第 3 窟主室北壁西部《曼荼罗》
（敦煌研究院供图）

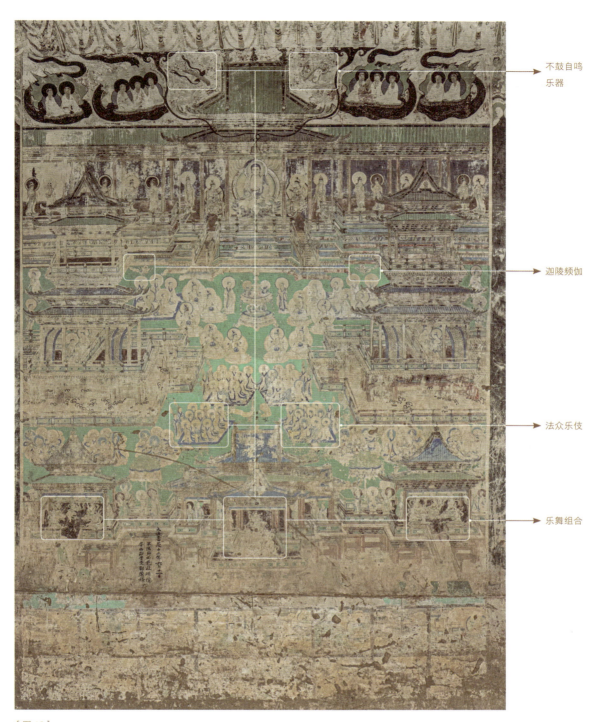

不鼓自鸣
乐器

迦陵频伽

法众乐伎

乐舞组合

［图46］
第3窟主室北壁中部《净土变》
（敦煌研究院供图）

右方亭内各绘一组"2+1+2"的乐舞组合。值得注意的是，这一部分不同于南壁《观无量寿经变》中门屋的样式，此外经变画所绘乐舞图像种类也明显多于前者，以下将详细进行梳理。

不鼓自鸣乐器在本铺经变画共绘有两件，位于主体宫殿顶左、右两侧，左侧为琴，右侧为曲项四弦琵琶，与化佛共同组成净土天际部分[图47]。琴以琴头在右、琴尾在左的方式斜向横置，琴身背面系有飘带，方形琴额、弧形冠角、面板、琴弦都比较明显，在琴的外侧边以黑色圆圈标有六个徽位，该图像为敦煌石窟壁画所绘为数不多较为清晰的琴的图像。曲项琵琶以斜向竖置的方式绘制，飘带同样系于琵琶背面，琴头明显为曲项造型，弦数为四，但未见弦轴，另在琵琶面板上绘有捍拨、覆手和凤眼。关于不鼓自鸣乐器在经变画中的功能，前文中已有结论，此处不再重复。主体宫殿两侧廊庑前部绘重檐攒尖方亭于左、右两侧，两方亭内侧与主体宫殿两侧须弥座齐平位置各绘一身迦陵频伽[图48]，其头部均绘头光，其余外形特征与南壁《观无量寿经变》以及其他西夏时期的迦陵频伽图像类似，姿态也都是双手合十于胸前，未持乐器。

画面中部"X"区域的下方，也就是前述南壁中部《观无量寿经变》相同位置，同样绘四组法众形象，只是此部分为上、下各两组排列，不同于《观无量寿经变》横向四组并置排列[图49、50]。法众均跽坐于方毯上，每块方毯均为九身，每组身后皆有两身侍从持长柄羽扇站立。上方两组形象均戴通天冠，有头光，着右衽交领长衫，阔袖，双手合十呈礼拜状。下方两组戴狮头帽，披发于脑后，有头光，上身同样着右衽交领长衫，阔袖，其中两内侧六身分别手持乐器，其余均双手合十呈礼拜状。所持乐器呈左右对应，为竖箜篌、曲项琵琶和拍板，与南壁出现的乐器基本一致，而且同样为持乐器的非演奏状态。对于此类形象的认识前文已进行探讨，但囿于记载匮乏无法确言，故同样以法众乐伎暂称之。

经变画下部绘单层重檐歇山顶式宫殿，两侧为重檐攒尖方亭，此部分同样出现横向排列的三组乐舞组合[图51]。按前文南壁《观无量寿经变》乐舞组合的表述方式，从左至右分别为乐舞组合Ⅰ、Ⅱ和Ⅲ，其中乐舞组合Ⅰ、Ⅲ位于方亭内部，乐舞组合Ⅱ位于宫殿前部延伸出的平台上，乐舞组合均为"2+1+2"的形式，但组合Ⅱ和Ⅲ由于壁面漫漶，已无法确认菩萨乐伎所奏乐器。乐舞组合Ⅰ部分内容[图52]可以分辨，其中乐伎和舞伎的服饰与前述南壁中部《观无量寿经变》一致，此处不再重复描述。左内侧乐伎演奏乐器为笙，笙的笙管和乐伎捧持吹奏的动作较为明

［图47］
第3窟主室北壁中部《净土变》中的不鼓自鸣乐器
（敦煌研究院供图）

［图48］
第3窟主室北壁中部《净土变》中的迦陵频伽
（敦煌研究院供图）

［图49］
第3窟主室北壁中部《净土变》中的法众
（敦煌研究院供图）

[图 50]

第 3 窟主室北壁中部《净土变》中持乐器的法众

（敦煌研究院供图）

乐舞组合Ⅰ　　　　　　　　　　乐舞组合Ⅱ　　　　　　　　　　乐舞组合Ⅲ

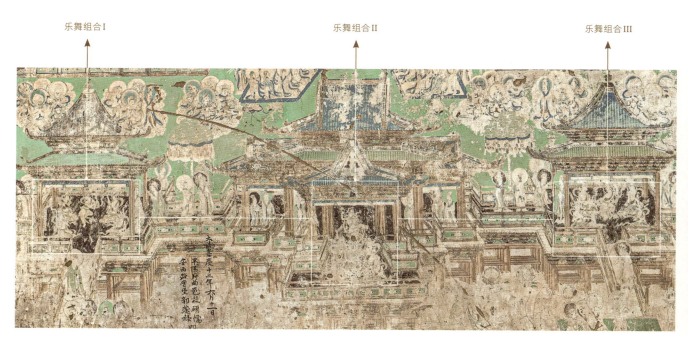

[图 51]

第 3 窟主室北壁中部《净土变》乐舞组合部分

（敦煌研究院供图）

显。右内侧乐伎所演奏乐器与
《观无量寿经变》以及本铺经
变画所绘不鼓自鸣的琴外观接
近，而且乐伎的动作应该是左
手位于琴尾处按弦取音，右手
位于琴头处弹弦，因此同样将
其确定为琴。舞伎右腿单腿微
屈站立，左腿呈吸腿之势，右
臂前伸左臂上举，呈现舞蹈动
态。乐舞组合Ⅱ舞伎呈左腿立
右腿吸，左臂前伸右臂上举的
动作，与乐舞组合Ⅲ的舞伎互
为对称[图53、54]。关于类似乐
舞组合的编制问题，已在前述
《观无量寿经变》乐舞组合中
加以分析，由于本铺经变画此
处壁面漫漶难以辨识乐器，导
致无法进行两铺经变画间编制
的对比和讨论。相对而言，本
铺经变画比之南壁经变画多出
两件不鼓自鸣乐器，乐舞图像
种类也就更加丰富，这些图像
自上而下穿插出现在经变画不
同位置，同样象征着净土世界
中乐舞无处不在的景象。

[图52]
第3窟主室北壁中部《净土变》乐舞组合Ⅰ
（敦煌研究院供图）

[图53]
第3窟主室北壁中部《净土变》乐舞组合Ⅱ
（敦煌研究院供图）

[图54]
第3窟主室北壁中部《净土变》乐舞组合Ⅲ
（敦煌研究院供图）

榆林窟第 10 窟
乐舞图像

一、洞窟基本情况

　　榆林窟第 10 窟位于东侧崖面第二层南侧，与第 11 窟毗邻。该窟开凿于西夏时期，元、清代有重修，现仅存甬道和主室两部分。甬道顶绘花鸟连泉纹图案，中心位置绘双凤。南壁东部元代绘佛传故事一铺，西部元代绘《六臂金刚》一铺。北壁东部元代绘《大日如来》一铺，南部元代绘《六臂观音》，现均仅存局部。主室为覆斗形顶，设中心佛坛，四壁壁画现已不存，仅窟顶藻井和四披有西夏时期所绘完整内容 [图55]，藻井绘《阿弥陀九品曼荼罗》，井心周围为图案边饰组成的帐形华盖，边饰共绘回纹、联珠纹、卷草花卉鸟兽纹等共计十四条，❶最外侧为垂幔，垂幔下端绘铃。窟顶东披下沿绘五佛赴会四组以及不鼓自鸣乐器十九件，南披下沿东、西分别绘供养飞天和迦陵频伽各一身，北披下沿东部绘迦陵频伽一身，西披下沿绘飞天乐伎九身，四披除上述内容外均以摩尼宝珠、象牙、祥云和鲜花作为填充。以下本书对主室四披下沿所绘乐舞图像做逐一梳理和研究。

---

❶ 参见《中国石窟·安西榆林窟》图版说明部分，敦煌研究院编《中国石窟·安西榆林窟》，北京：文物出版社，1989 年，第 240～241 页。

[图55]
第10窟主室窟顶
（敦煌研究院供图）

二、主室窟顶东披

主室窟顶东披下沿绘不鼓自鸣乐器，共计十九件，乐器由北向南依次为铜钹、手鼓、嵇琴、笙、曲项琵琶、凤头笛、铜角、筝、拍板、铜钹、腰鼓、笛、铜角、排箫、鼗鼓、贝、铜钹、铜钹、手鼓[图56]。按壁面绘制情况看，其绘制方式与第3窟主室东壁南部《五十一面千手观音经变》相同，即包括不鼓自鸣乐器在内的内容绘制在前，墨黑色背景填涂在后，导致乐器及飘带边缘与背景的过渡较生硬。以上乐器中，嵇琴图像仅绘出琴头、琴身和音筒，未见琴弓。铜钹、笙、曲项琵琶、拍板、腰鼓、排箫、鼗鼓、贝等乐器的外观、形制与前述西夏时期壁画中出现的乐器图像一致，此处不再重复。

铜角在东披中共出现两件，其外观为细长的筒形，而且其中一件还绘出了位于管体上三分之一处的球形结构，这些特征都与《三才图会·器用三卷》的铜角图版一致[图57]。前述黑水城出土X-2409《胜乐轮威仪曼荼罗》唐卡中也绘有一件铜角，外观同样为细长筒形。

[图56]

第10窟主室窟顶东披下沿所绘不鼓自鸣乐器

（敦煌研究院供图）

《三才图会》记载铜角曰：

古角以木为之，今以铜，即古角之变体也。其本细，其末钜。本常纳于腹中，用即出之，为军中之乐。❶

此铜角应该与前引《西夏书事》卷十二记载唐僖宗时期赐西夏鼓吹三部中的中鸣是同类乐器。❷孙星群在考证西夏时期的中鸣、长鸣时，认为其符合西夏的审美习惯和战争生活需求，❸当是，而且根据记载可以推定西夏时期的铜角主要用于军乐和鼓吹仪仗。

东披所绘的乐器中有两件图像较为模糊[图58]，左侧乐器整个琴身呈弯曲状，面板上绘有琴弦，两侧头、尾部分均呈方形，未见琴徽，因此按外观将其称为筝。右侧乐器在壁面上仅呈现出竖长的管体，其余细节不明。按通常壁画所绘吹奏类不鼓自鸣乐器的位置朝向与演奏方式直接相关的特点，该乐器应为竖吹管乐器；如果

❶ （明）王圻、王思义编集《三才图会》，上海：上海古籍出版社，1988年，第1133页。

❷ "禧宗时，赐思恭鼓吹全部，部有三驾：大驾用一千五百三十人，法驾七百八十一人，小驾八百一十六人：俱以金钲、节鼓、捆（抈）鼓、大鼓、小鼓、铙鼓、羽葆鼓、中鸣、大横吹、小横吹、觱栗、桃皮、笳（茄）、笛为器。"（清）吴广成撰，龚世俊等校证《西夏书事校证》，兰州：甘肃文化出版社，1995年，143~146页；戴锡章编撰，罗矛昆点校《西夏纪》，银川：宁夏人民出版社，1988年，第157~160页。

❸ 孙星群《西夏辽金音乐史稿》，北京：中国青年出版社，1997年，第95页。

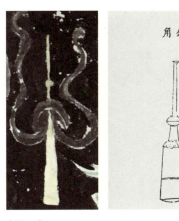

[图57]

第10窟主室窟顶东披下沿所绘铜角与《三才图会》所
附铜角图像

（敦煌研究院供图；《三才图会》，第1133页）

[图58]

第10窟主室窟顶东披下沿所绘筝和笛

（敦煌研究院供图）

是横吹类管乐器，通常在壁画中是横向绘制的。而且该乐器管体较长且未见管哨等
装置，与筚篥差距较大。因此推测其应该是《番汉合时掌中珠》中记载的笛或箫类
乐器，[1]故暂以笛称之。

　　除上述外，东披不鼓自鸣乐器中还出现两种较为特殊的乐器，分别为手鼓和凤
头笛，这两种乐器同样出现在西披飞天乐伎所奏乐器之列，鉴于飞天乐伎所持乐器
图像较清晰，故将在下文中加以讨论。

三、主室窟顶南、北披

　　南披下沿西部和北披下沿东侧各绘迦陵频伽一身[图59]，其中南披下沿迦陵频
伽身体所在壁面已裸露出地仗层，仅有头部、双翅和爪能够分辨，按其身形及所在
位置为窟顶披面披判断，应该呈飞翔的姿态。北披下沿的迦陵频伽较清晰，头部为
典型的菩萨造型，有头光，戴头冠，头冠两侧有"S"形缯带，额间点白毫，脖颈
处绘三道。双翅展开，可以明显看到飞羽、覆羽及小覆羽，双腿和双爪向后腾空，
同样为飞翔姿态。迦陵频伽右手持一盘状物于胸前，内盛鲜花，左手则在身前，手

----

❶《番汉合时掌中珠》中记载的管类乐器包括：管、笛、箫、笙、筚篥和七星。参见（西夏）骨勒茂才著，黄振华等整理《番汉合时
　掌中珠》，银川：宁夏人民出版社，1989年，第137～138页。

[图59]

第10窟主室南披下沿西部和北披下沿东部所绘迦陵频伽
（敦煌研究院供图）

持一伞盖。如按照对称关系，南披下沿所绘迦陵频伽应该也是持某种供养物。因此，此处所绘两身迦陵频伽应该具"法音宣流"和持物供养的双重功能。

　　榆林窟壁画所绘包括西夏在内的迦陵频伽乐伎在前文已作梳理，可以发现迦陵频伽自唐代榆林窟壁画开始，在外形上并无较大改观，到西夏时期，迦陵频伽主要以双手合十的礼拜造型或持供养物的方式出现而且多为站立姿态，只有本窟所绘两身迦陵频伽以翔于天际的姿态入画。当然，这应该与迦陵频伽被绘制在窟顶披面的位置有直接的关系，这同样说明对于石窟壁画中乐舞图像的研究，必须回归到洞窟本身，才能对其有更加准确的认识。

四、主室窟顶西披

　　窟顶西披下沿绘飞天乐伎共计九身[图60]，乐伎造型与前述西夏时期菩萨乐伎以及五代、宋时期的飞天乐伎大致相近，如白毫、三道、项圈、臂钏、腕钏皆全，上身均以帔巾缠绕，下身着腰裙与裤装，最明显的区别在于飞天乐伎头顶部高束环状发髻，发髻前戴冠，发髻均以群青绘制，极具特点。乐伎身姿多为上身侧倾，下身向一侧自然伸展。演奏乐器由南向北依次为凤头笛、拍板、笙、腰鼓、手鼓、笛、嵇琴、筝和曲项琵琶。

[图60]
第10窟主室西披下沿所绘飞天乐伎
（敦煌研究院供图）

[图61]
第10窟主室东披和西披下沿所绘凤头笛
（敦煌研究院供图）

以上由飞天乐伎演奏的乐器中，竖吹笛类乐器吹口及乐伎面部所在壁面漫漶，难以确定其吹口具体的形制，故同样依照前文将其称为笛。嵇琴音筒上的琴码以及筝面板上"∧"形筝码均清晰可辨，其余乐器在前文中均有交代，此处重点分析凤头笛和手鼓。凤头笛在本窟窟顶东披以不鼓自鸣形式绘制，但外观与西披飞天乐伎所奏一致，该乐器除靠近吹孔一侧的管身末端为凤头造型外，外观及演奏方式与横笛一致。在图61两件乐器中，均可以明显看到凤头顶端有冠羽造型。

［图62］
现藏美国芝加哥美术馆绢本《合乐图》卷
（图像采自http://blog.sina.com.cn/s/blog_dbc0d1df0102y5n4.html）

凤头笛在文献中缺乏记载，目前仅见清代姚际恒《好古堂家藏书画记》卷下，其中记载有其家藏周文矩仕女画作绘有该乐器，其曰：

> 方幅杂画二册，共三十六帧。上册……一为周文矩横笛士女，作凤头笛二，已持其一，神思闲雅，其一侍女持之。❶

引文提到的画作现已无迹可寻，但现藏美国芝加哥美术馆传由周文矩所绘绢本《合乐图》卷［图62］中，也有女性乐工演奏该乐器的图像。

结合记载和画作，大致能够确定周文矩所在的五代南唐时期，就已出现有凤头造型的横笛，而且该乐器与第10窟所绘一致，至少说明这件乐器在西夏时期也曾

---

❶（清）姚际恒《好古堂家藏书画记》卷下，卢辅圣主编《中国书画全书》（修订本）第十二册，上海：上海书画出版社，2009年。

出现，但无法确定此器真正的名称是否就是"凤头笛"，因为"凤头笛"一词除姚际恒的描述外，文献中是不见记载的。不过，与其相类的"龙颈笛"或"龙头笛"在文献记载中较为多见。

如《乐书》卷一百三十《乐图论·胡部·八音》"竹之属"有龙颈笛的记载和附图[图63]：

龙颈笛

横吹出自北国，梁栋（横）吹曲曰：下马吹横笛是也。今教坊用横笛八孔鼓吹，世俗号为龙颈笛焉。[2]

[图63]

《乐书》所附龙颈笛图像[1]

（图像采自《乐书》卷一百三十，第585页）

《文献通考》卷一百三十八《乐十一·竹之属·胡部》记载：

龙头笛

横吹自北国，梁横吹曲曰：下马吹笛是也。今教坊用横八孔鼓吹，世俗号为龙颈笛。（笛首为龙头有绶带下垂。）[3]

可见，就称谓而言，龙颈笛为俗称，龙头笛是正式名称。根据两处记载的说法，龙颈、龙头的区别并非十分严格，因为《乐书》本来就是以"龙颈笛"作为条目介绍的。另外，记载中均提到横吹，说明龙头笛应该是在横吹基础上发展演变来的，但这种演变始自何时，不明。照此看来，凤头笛也应该同样源自横吹，但二者在历史上出现的先后，依然无法确言。目前看到最早的图像所绘为五代时期的凤头笛，最早的文字记载则是宋代的龙头笛。至于凤头笛的名称，如按龙头笛推之，理应也有凤头笛和凤颈笛两种名称，故以凤头笛称之。

手鼓在窟顶共出现三件[图64]，其中两件为绘于东披下沿的不鼓自鸣乐器，一件在西披下沿由飞天乐伎手持。根据图像，三件手鼓外观、形制相同，均为扁圆形，鼓面绘以石绿色类似单个毬路纹[4]图案。此图案应该直接取自本窟甬道顶绘制

---

[1] 如果附图中最右侧为吹孔，那么《乐书》龙头位置应同在右端，而不是图中的左端。
[2] （宋）陈旸《乐书》，《文渊阁四库全书》第二一一册，上海：上海古籍出版社，2012年，第585页。
[3] （元）马端临《文献通考》，北京：中华书局，1986年，第1226页。
[4] 该图案在《中国石窟·安西榆林窟》的图版说明中被称作"联泉纹"。参见敦煌研究院编《中国石窟·安西榆林窟》，北京：文物出版社，1989年，第241页。

[图64]
第10窟主室东披和西披下沿所绘手鼓
（敦煌研究院供图）

[图65]
第10窟甬道顶
（敦煌研究院供图）

的毯路纹[图65]，和前述迦陵频伽图像一样，再次说明对乐舞图像的研究是不能脱离其所在洞窟和壁画本身的。

以飞天乐伎手持演奏的形式来看，此鼓以鼓槌敲击。该鼓槌细长，顶端为球形。前文中对榆林窟壁画所绘此类外观扁圆的鼓进行过考证，通过对比，清代宫廷清乐所用手鼓与本窟所绘的图像最为接近。如《御制律吕正义后编》卷六十九《乐器考八》记载：

> 手鼓，以木为匡，冒以革。面径九寸一分零二毫，为倍夷则之度，腰径一尺零二分四厘，为倍蕤宾之度，厚二寸一分六厘，为半南吕之度，顶高二寸，柄并托云共长一尺五寸，鼓面粉油，匡柄朱油绘五彩云龙，绿边镀金钉，顶及托云皆涂金，左手持而右手以槌击之。
>
> 案：手鼓之制不知其所，自起隋唐以来，燕乐鼓名不一，而其制不详。明王圻《三才图会》手鼓制匾而小，今清乐用之。《周礼》小师小乐事鼓辣此，或其遗意欤。[1]

唯一的区别是清乐所用手鼓是有鼓柄的，而本窟所绘的鼓未见手柄。由于按壁画所绘内容此鼓同样由乐伎手持演奏，据此我们仍然称其为手鼓。综上所述，本窟窟顶所绘的乐舞图像包括垂幔下端的铃、不鼓自鸣乐器、迦陵频伽和飞天伎乐，这些图像的功能已在本书其他章节中讨论，此处不再赘述。

---

[1]（清）允禄、张照等撰《御制律吕正义后编》，《文渊阁四库全书》第二一七册，上海：上海古籍出版社，2012年，第175页。

小 结

　　对于西夏时期榆林窟壁画乐舞图像的研究，本章选取时代特征较为明显的第3窟和第10窟加以论述。从内容来讲，西夏时期石窟壁画中出现的乐舞图像较丰富，既囊括了通常的敦煌乐舞图像，如不鼓自鸣乐器、迦陵频伽、菩萨乐伎、飞天乐伎、密教乐伎和密教舞伎，还出现了之前未曾见到的法众乐伎类图像。这些图像均表现出不同与前代的特征，如法器类不鼓自鸣乐器的数量明显增多，迦陵频伽未持乐器，法众乐伎仅持而非演奏乐器等。对于上述特征，通过引入西夏时期其他乐舞图像进行了分析与对比，并结合文献加以考证，但目前得出的成因和结论依然有持续深入的余地。

　　单纯就西夏洞窟中出现的乐器图像而言，嵇琴、琴、铜角、埙、凤头笛、手鼓等均为敦煌石窟壁画稀见的乐器，这也说明西夏时期乐舞图像的特殊性。如果我们将乐器具有的特殊性对应到西夏音乐史中，不难看出西夏在历经大庆、人庆两次制乐后与中原音乐保持的近缘关系。这种关系同样表现在经变画乐舞组合的乐队编制上。通过研究，经变画乐队编制与唐、宋燕乐的用乐编制具有一致性，只是目前西夏时期经变画乐舞组合的数量和西夏音乐史的记载相对缺乏，所以没有更多证据来强化本文的观点，但对于打击乐器的侧重又与西夏时期尚武的审美习惯相合，说明壁画乐舞反映的特征中明显包含西夏真实音乐的因素。

　　西夏时期乐舞图像另一个显著特征是密教乐舞图像，这突出表现在法器类乐器和密教舞伎两类图像上。这些图像又同时指向密教手印和仪轨，在第3窟东壁所绘

《五十一面千手观音经变》和《十一面千手观音经变》中所绘的法器类乐器就是密教手印与乐器统一的最好例证；而以第3窟南、北壁东部《曼荼罗》所绘密教舞伎为代表的西夏时期舞伎图像，则充分体现出密教仪轨中舞、印结合的重要特点。但同时这也为我们确定密教题材壁画中的舞伎带来一定难度，因为仅凭图像，很难分离出类似图像哪些为仪轨展示？哪些为舞蹈刻画？而且其中部分图像又兼具奏乐和起舞的双重性质。根据以往的研究经验，只能将手持舞具如第3窟壁画出现的剑、巾且有舞姿呈现的一类归入密教舞伎，将演奏乐器的形象全部归入密教乐伎，而将手持法器、供养物的形象视作对密教仪轨的呈现。

如果将西夏时期乐舞图像置入榆林窟壁画乐舞图像这个整体之中，可以发现其风格除上述在乐伎、舞伎、乐器以及乐舞组合中具有的自身特点外，还包含对前代乐舞图像的少量继承，其中最突出的表现是在洞窟内部装饰上依然沿用前代的做法，即在主室窟顶四披垂幔下沿绘铃，前述的第3窟和第10窟皆是如此。同时，第10窟主室飞天乐伎绘制的位置也与五代、宋代洞窟一致，但第10窟中未见飞天乐伎出现在窟顶四披，这可能与石窟最初营建时的壁面内容设计有直接关系。假设以飞天乐伎作为参照标准的话，第10窟最初营建的时间可能早于第3窟，因为第10窟现存的乐舞图像更接近西夏之前的绘制风格。总体而言，榆林窟西夏时期壁画乐舞图像不论内容还是形式，均在前代的基础上呈现出契合时代特征的整体风貌，其中既有摆脱前代乐舞图像影响的尝试，同时也能够看到其自身审美特征的展现，当然，这种趋势应该是在不断融合和创新的过程中逐渐成型和固定的，因此我们将西夏时期称为榆林窟壁画乐舞图像的转变阶段。

结 论

CONCLUSION

根据调查和统计，现存榆林窟由元代和清代开凿或重修的洞窟中亦绘有乐舞图像，但由于这部分图像零散分布于不同的洞窟壁画中且数量不足，难以按成章体量进行系统研究，故本书不再另辟章节展开，乐舞图像具体内容可参见《榆林窟壁画乐舞图像内容总录》部分。

全书分《榆林窟壁画乐舞图像内容总录》《榆林窟壁画乐舞图像内容分类统计》和《榆林窟壁画乐舞图像研究》三个部分，对现存榆林窟壁画乐舞图像进行了系统的调查统计，分洞窟陈述和分时代研究，并以文字、表格和图像相结合的方式全面展开，在分时代研究中以洞窟作为整体，在分洞窟研究中突出时代特征，力求乐舞内容与表格、图像相互对应，图像研究与文献记载相互结合，壁画图像与乐舞历史相互观照。研究的目的一方面是要对榆林窟壁画乐舞图像形成深入、系统的认识和把握；另一方面，通过榆林窟来凝练和建立一套新的、全面的调查和研究石窟壁画乐舞图像的系统，为之后敦煌和其他石窟壁画乐舞图像研究做好方法准备和内容铺垫。如果按时代将榆林窟壁画乐舞图像作一划分，本书论述的四个主要时代恰好对应榆林窟壁画乐舞图像的不同阶段，即唐代——起始阶段，五代——鼎盛阶段，宋代——继承阶段，西夏——转变阶段。

一、唐代——榆林窟壁画乐舞的起始阶段

榆林窟唐代壁画乐舞图像现存数量不多，但从类别来看，敦煌石窟壁画主要的乐舞类型基本都有涉及，如不鼓自鸣乐器、飞天乐伎、菩萨乐伎、迦陵频伽乐伎、世俗乐伎和菩萨舞伎。所绘乐器图像也具有一定的典型意义，如出现了敦煌石窟壁画中鲜见的特殊形制的横笛、凤首弯琴和尺八，而且还有刻画细致、特征明显的腰鼓图像，这些都是研究唐代乐器史的重要资料。乐舞图像的整体绘制风格也是基本延续了敦煌石窟尤其是莫高窟初、盛唐壁画乐舞图像风格，而且与莫高窟中唐时期乐舞图像的风格保持一致。尤其是通过研究第25窟主室南壁《观无量寿经变》，我们发现其中所绘乐舞图像与莫高窟第172、第112窟主室南壁《观无量寿经变》具有近似关系，从第172窟到第112窟再到第25窟，《观无量寿经变》中的乐舞图像更像是经历了一个从起始到继承再到发展的过程，这至少表明三者之间一脉相承的性质。与此同时，榆林窟现存唐代壁画乐舞图像也表现出一定的特殊性，如第15窟前室甬道两壁所绘唐装和吐蕃装世俗乐伎，第15窟前室北壁天王图像中的迦陵频

伽乐伎，这些都是值得关注并需要继续深入的。

二、五代——榆林窟壁画乐舞的鼎盛阶段

榆林窟五代时期洞窟中乐舞图像的位置与前代大致相类，在前室、主室甬道和主室均有乐舞图像出现。在主室甬道两侧壁的供养人图像中，也有零星乐舞图像入画，如第16窟主室甬道北壁曹议金夫人身后一身侍女手持由琴袋或丝织物包裹的琴。该图像在榆林窟五代时期的石窟中尽管数量不多，但鉴于供养人画像的纪实性，我们认为这反映了曹氏归义军政权早期对中原礼乐制度的服膺。在主室四披下沿或四壁上沿的垂幔底端绘制或堆塑铃是榆林窟常见的装饰，尤其在五代时期，这种方式在石窟中比比皆是。在铃下方的位置，通常会出现飞天乐伎，根据本书对比研究发现，五代时期洞窟间飞天乐伎的绘制具有一定的相似性，主要表现在飞天乐伎的绘制技法和所持乐器的排列方式两个方面。五代时期榆林窟经变画乐舞图像绘制呈现出一定的规律，其中最明显的是经变画菩萨伎乐乐队的编制明显侧重对吹奏乐器的使用，这与侧重打击乐器的敦煌石窟唐代经变画菩萨伎乐乐队以及唐代音乐史反映的乐队编制均有明显区别。五代时期的榆林窟和莫高窟似乎更像是一个封闭空间，乐舞图像所采用的编制并未受到来自前代石窟经变画乐舞的影响，对于其中成因的全面分析是该研究需要持续关注的。

此外，本书还专门针对五代时期《佛教史迹画》和《佛传故事画》中出现的乐舞图像进了研究。众所周知，敦煌乐舞中绝大多数的图像是以佛教形式存在的，能够与世俗乐舞相对应的图像较少，从现实性来讲，对世俗乐舞的研究可以省略佛教这个中间环节，也更容易与乐舞史做对比研究，这就是佛教史迹画所绘乐舞图像的重要价值。另一方面，在佛传故事画降服魔众中，出现了魔女奏乐，雷公击鼓，魔众击、背鼓的图像，魔女形象是该壁画的典型内容，因此奏乐形式的附加就成了"典型之典型"，如果以此作为分析不同时代同类壁画的参照，就能够为壁画绘制传承关系的梳理增加新的证据，如本书提到的第33窟与莫高窟晚唐第156窟所绘降服魔众图像间就应该存在这种关系。榆林窟五代时期乐舞图像作为整个榆林窟壁画乐舞的主体，在数量、类型和形式上都达到了空前的高度。瓜、沙地区政治上短暂的稳定，归义军政权对开窟活动的热衷以及画行、画院的设立都在客观上促进了这一时期洞窟数量和规模的增大，而来自洞窟壁画的乐舞图像自然也不例外。

三、宋代——榆林窟壁画乐舞的继承阶段

榆林窟现存宋代开凿石窟数量较少，其中出现乐舞图像的石窟仅有第14窟，如将宋代重修时绘入的乐舞图像也算在内，整个榆林窟宋代乐舞图像也不过第6、第14、第15、第17、第21和第22等窟。在研究过程中，本书主要结合已有学术观点对宋代所绘外观扁圆、单面蒙皮的鼓的图像做了相关考证，并将其定名为扁鼓。从现存三类乐舞图像的表现的特征看，宋代乐舞图像基本接近五代时期的风格，除个别乐器如扁鼓在五代时期壁画中未见以外，其他如垂幔在石窟中的位置及其下端铃的形制，飞天伎乐和壸门伎乐在洞窟中的位置以及乐器的形制和外观都是五代时期乐舞图像的延续。当然，这种继承是以乐舞图像的整体式微为前提的。

四、西夏——榆林窟壁画乐舞的转变阶段

西夏时期石窟壁画中出现的乐舞图像较丰富，囊括了通常的敦煌乐舞图像，如不鼓自鸣乐器、迦陵频伽、菩萨乐伎、飞天乐伎、密教乐伎和密教舞伎，而且还出现了之前未曾见到本书称为法众乐伎的一类特殊图像，而这些图像也表现出不同于前代的特征，如法器类不鼓自鸣乐器的数量明显增多，迦陵频伽未持乐器，法众乐伎仅持而非演奏乐器等。对于上述特征，本书通过引入西夏时期其他乐舞图像进行了分析与对比，并结合文献加以考证，但目前得出的成因和结论依然有持续深入的余地。单纯就西夏洞窟中出现的乐器图像而言，嵇琴、琴、铜角、埙、凤头笛、手鼓等均为敦煌石窟壁画稀见的乐器，这也说明西夏时期乐舞图像的特殊性。如果我们将乐器具有的特殊性对应到西夏音乐史中，不难看出西夏在历经大庆、人庆两次制乐后与中原音乐保持的近缘关系，这种关系同样表现在经变画乐舞组合的乐队编制上。通过研究，经变画乐队编制与唐、宋燕乐的用乐编制具有一致性。只是目前西夏时期经变画乐舞组合的数量和西夏音乐史的记载相对缺乏，所以没有更多证据来强化本书的观点，但对于打击乐器的侧重又与西夏时期尚武的审美习惯相合，说明壁画乐舞反映的特征中明显包含西夏真实音乐的因素。

西夏时期乐舞图像另一个显著特征是密教乐舞图像，这突出表现在法器类乐器和密教舞伎两类图像上，这些图像又同时指向密教手印和仪轨，在第3窟东壁所绘《五十一面千手观音经变》和《十一面千手观音经变》中所绘的法器类乐器就是密教

手印与乐器统一的最好例证，而以第3窟南、北壁东部《曼荼罗》所绘密教舞伎为代表的西夏时期舞伎图像，则充分体现出密教仪轨中舞、印结合的重要特点。榆林窟西夏时期壁画乐舞图像不论内容还是形式，均在前代的基础上呈现出契合时代特征的整体风貌，其中既有摆脱前代乐舞图像影响的尝试，同时也能够看到其自身审美特征的展现，但这种趋势应该是在不断融合和创新的过程中逐渐成型和固定的。

至此，综合榆林窟不同时代壁画乐舞图像的特征，我们可以对榆林窟壁画乐舞图像的总体特征做如下归纳：

第一，就榆林窟现存石窟数量而言，其中乐舞图像在数量和内容上均达到一定规模。根据目前的统计，榆林窟壁画共绘有各类乐伎共计572身，舞伎89身，乐器共计三十三种746件，绘有乐舞组合的经变画共计41铺。

第二，榆林窟壁画乐舞图像作为敦煌乐舞的组成部分，既与莫高窟壁画乐舞图像间保持了一定的相似或传承关系，但同时也表现出作为一个石窟群应该具有的独立性和特殊性，这主要表现在部分不同于其他石窟的乐器、乐伎、舞伎图像以及乐舞组合编制呈现的规律。

第三，榆林窟壁画乐舞的绘制与历史上瓜州和沙州地区政治、文化变迁间具有密切的联系。我们发现，当不同政治势力和不同营建风格出现在榆林窟时，乐舞图像均表现出与之相同步的发展与变化趋势。

第四，尽管部分时代的文献记载和图像资料相对缺乏，但在剥离榆林窟壁画的佛教语义后，依然能够清晰看出中国乐舞史在石窟壁面上的更迭历程，如不同时代在乐器使用上的侧重，不同民族文化在乐器、乐伎、舞伎上的体现，不同乐队编制与现实用乐间的关系。

如果我们将乐舞图像比作"毛"，那么壁画自然就是"皮"，相应地，石窟就成了"体"，所谓"皮之不存，毛将安傅"，这说明乐舞图像、壁画和石窟三者之间整体与局部的关系，因此乐舞图像的研究视角不能仅停留在乐舞上，"整体——局部——整体"才是乐舞图像正确的打开和阅读方式。同样的道理，当一个时代、一个地区乐舞文化的生息以千丝万缕的脉络渗透到社会各个角落，作为石窟壁画中的乐舞图像当然概莫能外，我们需要着眼的除了历史上乐舞文化传播的结果这个"整体"外，还应更多关注作为"局部"的传播过程和路径。

图版目录

● 第一章 ═══════ 榆林窟壁画乐舞图像概述

图1　榆林窟外景
图2　榆林窟东崖平面图
图3　榆林窟壁画乐舞图像分类示意图

● 第二章 ═══════ 唐代榆林窟壁画乐舞图像

图1　第15窟前室壁画布局示意图
图2　第15窟主室壁画布局示意图
图3　第15窟前室甬道南壁西部
图4　第15窟前室甬道北壁西部
图5　莫高窟第156窟主室西壁帐门南、北侧《普贤变》与《文殊变》
图6　第15窟前室窟顶南部飞天乐伎及所奏乐器
图7　莫高窟中唐第112窟南壁《观无量寿经变》不鼓自鸣乐器
图8　《乐书》所附义觜笛图像
图9　正仓院所藏竹制横笛与石雕横笛图像
图10　第15窟前室窟顶北部飞天乐伎及所奏乐器
图11　第15窟前室窟顶北部飞天乐伎所奏乐器音箱部件
图12　缅甸桑柯弯琴
图13　Chang
图14　《乐书》所附凤首箜篌图像
图15　榆林窟中唐第25窟南壁《观无量寿经变》共命鸟乐伎
图16　榆林窟第15窟前室北壁《天王像》
图17　榆林窟第15窟前室北壁《天王像》中的迦陵频伽乐伎
图18　第25窟平、剖面示意图
图19　第25窟前室壁画布局示意图
图20　第25窟主室壁画布局示意图
图21　第25窟主室南壁《观无量寿经变》

图22　第25窟主室南壁《观无量寿经变》不鼓自鸣乐器
图23　第25窟主室南壁《观无量寿经变》钟楼
图24　第33窟主室北壁《西方净土变》中的经楼与钟楼
图25-1　第25窟主室南壁《观无量寿经变》左配殿前平台上的迦陵频伽乐伎
图25-2　第25窟主室南壁《观无量寿经变》乐舞平台上的迦陵频伽乐伎
图25-3　第25窟主室南壁《观无量寿经变》右配殿前平台上的迦陵频伽乐伎
图26　第25窟主室南壁《观无量寿经变》乐舞组合
图27　第25窟主室南壁《观无量寿经变》菩萨伎乐乐队（局部）
图28-1　经变画所绘乐器的吹口
图28-2　正仓院所藏尺八的吹口
图28-3　现代洞箫的吹口
图29　第25窟主室南壁《观无量寿经变》舞伎
图30　莫高窟第112窟主室北壁东部《药师经变》和西部《报恩经变》腰鼓
图31　正仓院所藏陶制腰鼓鼓身与鼓皮残件
图32　第25窟主室南壁《观无量寿经变》腰鼓
图33　莫高窟第172窟主室南壁《观无量寿经变》舞伎
图34　美国普利兹克家族收藏的迦陵频伽鎏金银饰片

● 第三章 ═══════ 五代榆林窟壁画乐舞图像

图1　第16窟前室壁画布局示意图
图2　第16窟主室壁画布局示意图
图3　第16窟前室西壁门南侧《梵天赴会》和门北侧《帝释天赴会》中的化生乐伎
图4　第12窟前室西壁门南侧和第40窟前室北壁所绘化生乐、舞伎
图5　第16窟主室甬道南、北壁供养人像

图6-1　榆林窟第16窟主室甬道北壁侍女像

图6-2　莫高窟第61窟甬道南壁金星形象

图6-3　莫高窟第465窟主室窟顶东披供养菩萨像顶东披供养菩萨像

图7　正仓院藏南仓103唐代织锦琵琶袋残件

图8　故宫博物院藏唐周昉《挥扇仕女图卷》（局部）

图9　美国加州大学美术馆藏明陈洪绶《授徒图》（局部）

图10　莫高窟晚唐第156窟《宋国河内郡夫人宋氏出行图》（局部）

图11　第16窟主室窟顶南披

图12　第22窟主室北披及北壁上沿

图13　第15窟主室北披及北壁上沿

图14　第16窟主室窟顶南披垂幔及下端所悬的铃

图15　正仓院所藏中仓195铃铎类第1号藏品

图16　藏经洞出土帏幔MAS.855（Ch.00279）

图17　藏经洞出土帏幔垂带细部

图18　第16窟主室窟顶南披演奏竖箜篌的飞天乐伎

图19　第16窟主室窟顶南披演奏腰鼓的飞天乐伎

图20　第16窟主室窟顶南披演奏曲项琵琶的飞天乐伎

图21　莫高窟隋代第276窟主室窟顶南披飞天乐伎

图22　第16窟主室窟顶北披演奏筝的飞天乐伎

图23　第16窟主室窟顶北披演奏排箫的飞天乐伎

图24　正仓院所藏南仓112甘竹箫及腰带

图25　第16窟主室窟顶北披演奏鼗鼓与鸡娄鼓的飞天乐伎

图26　第12窟主室窟顶南披飞天乐伎

图27　第16窟主室窟顶南披飞天乐伎

图28　第16窟主室东壁《劳度叉斗圣变》

图29　第16窟主室东壁《劳度叉斗圣变》外道击鼓图像

图30　第16窟主室东壁《劳度叉斗圣变》比丘敲钟图像

图31　晚唐第9窟主室南壁《劳度叉斗圣变》外道击鼓图像

图32　藏经洞白描类画稿

图33　敦煌文献P.4524《降魔变图》外道击鼓图像

图34　第16窟主室南壁东部《报恩经变》

图35　第16窟主室南壁东部《报恩经变》乐舞组合

图36　莫高窟晚唐第156窟主室北壁《思议梵天所问经变》舞伎

图37　第19窟主室北壁西部《药师经变》舞伎

图38　第16窟主室南壁西部《药师经变》

图39　第16窟主室南壁西部《药师经变》乐舞组合 I

图40　第16窟主室南壁《报恩经变》与《药师经变》乐舞组合（部分）

图41　第16窟主室南部西部《药师经变》乐舞组合 II

图42　榆林窟五代第16、19窟壁画所绘羯鼓图像

图43　莫高窟盛唐第172窟主室东壁门上和中唐第112窟主室南壁《金

刚经变》所绘羯鼓图像

图44　第16窟主室北壁东部《天请问经变》

图45　第16窟主室北壁东部《天请问经变》菩萨伎乐乐队

图46　第16窟主室北壁东部《天请问经变》舞伎

图47　第16窟主室北壁西部《西方净土变》

图48　第16窟主室北壁西部《西方净土变》经楼与钟楼

图49　第16窟主室北壁西部《西方净土变》不鼓自鸣乐器（局部）

图50　第16窟主室北壁西部《西方净土变》菩萨伎乐乐队

图51　第16窟主室北壁西部《西方净土变》舞伎

图52　第16窟主室西壁门南部《文殊变》和北部《普贤变》及菩萨
　　　伎乐乐队

图53　第35窟主室南壁《普贤变》

图54　第35窟主室北壁《文殊变》

图55　第35窟主室南壁《普贤变》乐舞组合

图56　第35窟主室北壁《文殊变》乐舞组合

图57　第32窟主室东壁南侧《文殊变》乐舞组合

图58　第32窟主室东壁门北侧《普贤变》乐舞组合

图59　第33窟前室壁画布局示意图

图60　第33窟主室壁画布局示意图

图61　榆林窟第33窟主室南壁西部所绘《佛教史迹画》

图62　榆林窟第33窟主室南壁西部所绘《佛教史迹画》中的世俗乐、
　　　舞伎

图63　榆林窟第33窟主室南壁西部所绘《佛教史迹画》中的世俗
　　　乐伎

图64　榆林窟第33窟主室南壁西部所绘《佛教史迹画》中的世俗
　　　乐伎

图65　莫高窟五代第98和宋代第454窟主室甬道顶所绘《佛教史
　　　迹画》（局部）

图66　莫高窟五代第72窟南壁所绘《佛教史迹画》（局部）

图67　第33窟主室北壁西部《佛传故事画》

图68　第33窟主室北壁西部《佛传故事画》中的雷公与魔众

图69　第33窟主室北壁西部《佛传故事画》中的三身魔女

图70　莫高窟北周第428窟主室北壁《佛传故事画》

图71　克孜尔石窟第76窟主室右壁《佛传故事画》

图72　莫高窟第156窟前室顶中部《佛传故事画》

图73　榆林窟第3窟主室东壁中部《八塔变》中的魔女

图74　莫高窟初唐第329窟主室西壁龛顶《佛传故事画》中的雷公

图75　敦煌绢画Stein painting 100.Ch.xxvii.001苦行及尼连禅河沐
　　　浴佛转故事画（部分）

图76　莫高窟五代第61窟主室西壁五台山图（局部）

● 第四章 ———————— 宋代榆林窟壁画乐舞图像

图1　第14窟主室壁画布局示意图
图2　第14窟主室东披披面与壁面
图3　第14窟主室东披飞天乐伎
图4　第14窟主室南披飞天乐伎
图5　第14窟主室北披供养飞天
图6　第14窟主室西披飞天乐伎
图7　第14窟主室西披飞天乐伎演奏的扁鼓和鼗鼓
图8　板鼓实物和《清朝续文献通考》所附班鼓图像
图9　《乐书》所附节鼓图像
图10　榆林窟第38窟主室窟顶北披五代绘飞天乐伎
图11　榆林窟第35窟主室西壁五代绘《观无量寿经变》乐舞组合右侧菩萨乐伎
图12　东千佛洞第7窟主室东壁《药师经变》乐舞组合左侧菩萨乐伎线描图
图13　达卜（手鼓）实物
图14　《三才图会》和《御制律吕正义后编》所附手鼓图像
图15　榆林窟西夏第10窟主室窟顶西披下沿飞天乐伎
图16　榆林窟五代第19窟主室南壁《天请问经变》和第34窟主室南壁《药师经变》菩萨乐伎
图17　南京江宁上坊孙吴晚期墓葬发掘出土的青瓷击鼓俑实物和线描图
图18　榆林窟第14窟和第15窟主室窟顶西披演奏扁鼓飞天乐伎
图19　榆林窟第14窟和第15窟主室窟顶西披演奏鼗鼓飞天乐伎
图20　榆林窟第17窟前室南壁上沿
图21　榆林窟第17窟主室中心柱西向面龛内华盖
图22　榆林窟第17窟主室南壁上沿
图23　榆林窟第17窟主室中心柱西向面龛下南部
图24　榆林窟第17窟主室中心柱西向面龛下北部
图25　榆林窟第20窟主室东壁下部五代绘壶门伎乐
图26　榆林窟第34窟主室西壁下部五代绘壶门供宝

● 第五章 ———————— 西夏榆林窟壁画乐舞图像

图1　第3窟主室壁画布局示意图
图2　第3窟主室东壁南部《五十一面千手观音经变》
图3　第3窟主室东壁南部《五十一面千手观音经变》不鼓自鸣乐器线描图
图4　第3窟主室东壁南部《五十一面千手观音经变》中的钟
图5　第3窟主室东壁南部《五十一面千手观音经变》中的金刚杵和金刚铃
图6　第3窟主室东壁南部《五十一面千手观音经变》中的宝镜
图7　"观世音菩萨四十二手印"之跋折罗手、宝镜手、宝铎手和宝螺手
图8　第3窟主室东壁南部《五十一面千手观音经变》中的竖箜篌
图9　第3窟主室东壁南部《五十一面千手观音经变》中的秕琴
图10　第3窟主室东壁南部《五十一面千手观音经变》中的扁鼓
图11　黑水城出土X-2411《阿弥陀佛》亚麻制卷轴
图12　三件排箫图像对比
图13　黑水城出土X-2412《阿弥陀佛》丝制卷轴
图14　黑水城出土X-2419《阿弥陀佛》棉制卷轴
图15　第3窟主室东壁南部《五十一面千手观音经变》中的舞伎
图16　榆林窟第33窟主室南壁西部所绘牛头山瑞像中的世俗乐、舞伎
图17　黑水城出土X-2439《水月观音》（局部）丝制卷轴中的世俗乐、舞伎
图18　第3窟主室东壁北部《十一面千手观音经变》
图19　第3窟主室东壁北部《十一面千手观音经变》（局部）
图20　第3窟主室南壁东部《曼荼罗》
图21　第3窟主室南壁东部《曼荼罗》下方绘密教乐、舞伎
图22　东千佛洞西夏第2窟主室南壁所绘密教乐、舞伎
图23　东千佛洞西夏第2窟主室北壁所绘密教乐、舞伎
图24　黑水城出土X-2409《胜乐轮威仪曼荼罗》唐卡断片
图25　黑水城出土X-2374《不动明王》唐卡和X-2537《大黑天》木板刻画
图26　第3窟主室南壁中部《观无量寿经变》
图27　第3窟主室南壁中部《观无量寿经变》中的迦陵频伽
图28　第10窟主室南披下沿西部和北披下沿东部所绘迦陵频伽
图29　第29窟主室东壁北部《药师经变》中的迦陵频伽
图30　黑水城出土X-2349《阿弥陀佛》唐卡（局部）
图31　西夏陵区三号陵园出土红陶迦陵频伽造像
图32　第3窟主室南壁中部《观无量寿经变》中的法众
图33　第3窟主室南壁中部《观无量寿经变》中持乐器的法众
图34　榆林窟第15窟前室北壁力士和第25窟主室北壁《弥勒经变》中的天龙八部神将
图35　榆林窟第33窟主室西壁《说法图》中的天王
图36　榆林窟第34窟主室西壁《说法图》中的天王
图37-1　莫高窟第61窟甬道南壁炽盛光佛中的金星形象
图37-2　黑水城出土X-2424《星宿神》丝质卷轴中的金星形象
图37-3　宏佛塔出土绢画《炽盛光佛像》中的金星形象

图 37-4　《梵天火罗九曜》所附金星形象

图 38　第 3 窟主室南壁中部《观无量寿经变》中的乐舞组合部分

图 39　第 3 窟主室南壁中部《观无量寿经变》中的乐舞组合 I

图 40　榆林窟第 3 窟主室南壁《观无量寿经变》和莫高窟第 220 窟南壁
　　　《西方净土变》所绘埙

图 41　第 3 窟主室南壁中部《观无量寿经变》中的乐舞组合 II

图 42　第 3 窟主室南壁中部《观无量寿经变》中的乐舞组合 III

图 43　第 3 窟主室北壁东部《曼荼罗》

图 44　第 3 窟主室北壁东部《曼荼罗》下方绘密教乐、舞伎

图 45　第 3 窟主室北壁西部《曼荼罗》

图 46　第 3 窟主室北壁中部《净土变》

图 47　第 3 窟主室北壁中部《净土变》中的不鼓自鸣乐器

图 48　第 3 窟主室北壁中部《净土变》中的迦陵频伽

图 49　第 3 窟主室北壁中部《净土变》中的法众

图 50　第 3 窟主室北壁中部《净土变》中持乐器的法众

图 51　第 3 窟主室北壁中部《净土变》乐舞组合部分

图 52　第 3 窟主室北壁中部《净土变》乐舞组合 I

图 53　第 3 窟主室北壁中部《净土变》乐舞组合 II

图 54　第 3 窟主室北壁中部《净土变》乐舞组合 III

图 55　第 10 窟主室窟顶

图 56　第 10 窟主室窟顶东披下沿所绘不鼓自鸣乐器

图 57　第 10 窟主室窟顶东披下沿所绘铜角与《三才图会》所附铜角
　　　图像

图 58　第 10 窟主室窟顶东披下沿所绘筝和笛

图 59　第 10 窟主室南披下沿西部和北披下沿东部所绘迦陵频伽

图 60　第 10 窟主室西披下沿所绘飞天乐伎

图 61　第 10 窟主室东披和西披下沿所绘凤头笛

图 62　现藏美国芝加哥美术馆绢本《合乐图》卷

图 63　《乐书》所附龙颈笛图像

图 64　第 10 窟主室东披和西披下沿所绘手鼓

图 65　第 10 窟甬道顶

参考文献

一、典籍文献

◎ （宋）陈旸《乐书》，《文渊阁四库全书》第二一一册，上海：上海古籍出版社，2012年。

◎ 大藏经学术用语研究会编《大正新修大藏经》第一册，台北：新文丰出版公司影印，1992年。

◎ 大藏经学术用语研究会编《大正新修大藏经》第三册，台北：新文丰出版公司影印，1992年。

◎ 大藏经学术用语研究会编《大正新修大藏经》第九册，台北：新文丰出版公司影印，1992年。

◎ 大藏经学术用语研究会编《大正新修大藏经》第十一册，台北：新文丰出版公司影印，1992年。

◎ 大藏经学术用语研究会编《大正新修大藏经》第十二册，台北：新文丰出版公司影印，1992年。

◎ 大藏经学术用语研究会编《大正新修大藏经》第十三册，台北：新文丰出版公司影印，1992年。

◎ 大藏经学术用语研究会编《大正新修大藏经》第十四册，台北：新文丰出版公司影印，1992年。

◎ 大藏经学术用语研究会编《大正新修大藏经》第十五册，台北：新文丰出版公司影印，1992年。

◎ 大藏经学术用语研究会编《大正新修大藏经》第十八册，台北：新文丰出版公司影印，1992年。

◎ 大藏经学术用语研究会编《大正新修大藏经》第二十册，台北：新文丰出版公司影印，1992年。

◎ 大藏经学术用语研究会编《大正新修大藏经》第二十一册，台北：新文丰出版公司影印，1992年。

◎ 大藏经学术用语研究会编《大正新修大藏经》第二十五册，台北：新文丰出版公司影印，1992年。

◎ 大藏经学术用语研究会编《大正新修大藏经》第三十七册，台北：新文丰出版公司影印，1992年。

◎ 大藏经学术用语研究会编《大正新修大藏经》第四十五册，台北：新文丰出版公司影印，1992年。

◎ 大藏经学术用语研究会编《大正新修大藏经》第四十六册，台北：新文丰出版公司影印，1992年。

◎ 大藏经学术用语研究会编《大正新修大藏经》第五十四册，台北：新文丰出版公司影印，1992年。

◎ 戴锡章编撰，罗矛昆点校《西夏纪》，银川：宁夏人民出版社，1988年。

◎ （唐）杜佑撰，王文锦等点校《通典》，北京：中华书局，1988年。

◎ （唐）段成式撰，方南生点校《酉阳杂俎》，北京：中华书局，1981年。

◎ 方广锠主编《藏外佛教文献》第一册，北京：中国人民大学出版社，1991年。

◎ （宋）李焘《续资治通鉴长编》，北京：中华书局，1985年。

◎ （清）刘锦藻撰《清朝续文献通考》，王云五编《万有文库》，上海：商务印书馆，1936年。

◎ （后晋）刘昫《旧唐书》，北京：中华书局，1975年。

◎ （西夏）骨勒茂才著，黄振华等整理《番汉合时掌中珠》，银川：宁夏人民出版社，1989年。

◎ （元）马端临《文献通考》，北京：中华书局，1986年。

◎ （唐）南卓撰，罗济平点校《羯鼓录》，沈阳：辽宁教育出版社，1998年。

◎ （宋）欧阳修、宋祁《新唐书》，北京：中华书局，1975年。

◎ （宋）欧阳修《新五代史》，北京：中华书局，1974年。

◎ （唐）释道世著，周叔迦、苏晋仁校注《法苑珠林校注》，北京：中华书局，2003年。

◎ （明）宋濂撰《元史》，北京：中华书局，1976年。

◎ 十三经注疏整理委员会《周礼注疏》，北京：北京大学出版社，2000年。

◎ （元）脱脱等撰《辽史》，北京：中华书局，1974年。

◎ （元）脱脱等撰《宋史》，北京：中华书局，1977年。

◎ （清）王昶《金石萃编》卷三十八，北京：中国书店，1985年。

◎ （宋）王溥《五代会要》，上海：上海古籍出版社，1978年。

◎ （明）王圻、王思义编集《三才图会》，上海 上海古籍出版社，1988年。

◎ （清）吴广成撰，龚世俊等校证《西夏书事校证》，兰州：甘肃文化出版社，1995年。

◎ （唐）玄奘、辩机著，季羡林等校注《大唐西域记校注》，北京：中华书局，2000年。

◎ （宋）薛居正等《旧五代史》，北京：中华书局，1976年。

◎ （魏）杨衒之撰，周祖谟校释《洛阳伽蓝记校释》，北京：中华书局，2010年。

◎ （清）允禄、张照等撰《御制律吕正义后编》，《文渊阁四库全书》第二一七册，上海：上海古籍出版社，2012年。

◎ 中国音乐研究所编《信西古乐图》，北京：音乐出版社，1959年。

二、敦煌文献及壁画图录

◎ 敦煌文物研究所编《中国石窟·敦煌莫高窟》第五卷，北京：文物出版社，1987年。

◎ 敦煌研究院编《敦煌石窟内容总录》，北京：文物出版社，1996年。

◎ 敦煌研究院编《中国石窟·安西榆林窟》，北京：文物出版社，1989年。

◎ 俄罗斯科学院东方研究所圣彼得堡分所、俄罗斯科学出版社东方文学部、上海古籍出版社编《俄藏敦煌文献》第十册，上海：上海古籍出版社，1998年。

◎ 俄罗斯科学院东方研究所圣彼得堡分所、俄罗斯科学出版社东方文学部、上海古籍出版社编《俄藏黑水城文献》第六册（汉文部分），上海：上海古籍出版社，2000年。

◎ 樊锦诗《敦煌石窟全集·佛传故事画卷》，敦煌研究院编《敦煌石窟全集》，香港：商务印书馆，2004年。

◎ 贺世哲《敦煌石窟全集·楞伽经画卷》，敦煌研究院编《敦煌石窟全集》，香港：商务印书馆，2003年。

◎ 胡开儒《安西榆林窟》，乌鲁木齐：新疆大学出版社，1997年。

◎ 霍熙亮整理《安西榆林窟内容总录》，敦煌研究院编《敦煌石窟内容总录》，北京：文物出版社，1996年。

◎ 宁夏文物考古研究所、银川西夏陵区管理处编著《西夏三号陵：地面遗迹发掘报告》，北京：科学出版社，2007年。

◎ 彭金章《敦煌石窟全集·密教画卷》，敦煌研究院编《敦煌石窟全集》，香港：商务印书馆，2003年。

◎ 邱孟冬等编《丝路上消失的王国——西夏黑水城的佛教艺术》，台北：台北历史博物馆，1996年。

◎ 饶宗颐《敦煌白画》第三册，巴黎：法国远东学院，1978年。

◎ 上海古籍出版社、法国国家图书馆编《法藏敦煌西域文献》第二十册，上海：上海古籍出版社，2002年。

◎ 上海古籍出版社、法国国家图书馆编《法藏敦煌西域文献》第三十二册，上海：上海古籍出版社，2005年。

◎ 施萍婷《敦煌石窟全集·阿弥陀经画卷》，敦煌研究院编《敦煌石窟全集》，香港：商务印书馆，2002年。

◎ 孙修身《敦煌石窟全集·佛传东传故事画卷》，敦煌研究院编《敦煌石窟全集》，香港：商务印书馆，1999年。

◎ 唐耕耦、陆宏基《敦煌社会经济文献真迹释录》第三辑，北京：全国图书馆文献缩微复制中心，1990年。

◎ 王惠民整理《安西东千佛洞内容总录》，敦煌研究院编《敦煌石窟内容总录》，北京：文物出版社，1996年。

◎ 王克芬《敦煌石窟全集·舞蹈画卷》，敦煌研究院编《敦煌石窟全集》，香港：商务印书馆，2001年。

◎ 吴曼英临摹《经变中的伎乐菩萨形象》，阴法鲁主编《敦煌舞姿》，上海：上海文艺出版社，1981年。

◎ 殷光明《敦煌石窟全集·报恩经画卷》，敦煌研究院编《敦煌石窟全集》，香港：商务印书馆，2002年。

◎ 张伯元《安西榆林窟》，成都：四川教育出版社，1995年。

◎ 赵丰主编《敦煌丝绸艺术全集·英藏卷》，上海：东华大学出版社，2007年。

◎ 郑汝中《敦煌石窟全集·音乐画卷》，敦煌研究院编《敦煌石窟全集》，香港：商务印书馆，2002年。

◎ 中国社会科学院历史研究所等编《英藏敦煌文献》第四卷，成都：四川人民出版社，1991年。

◎ 《中国新疆壁画艺术》编辑委员会编《中国新疆壁画艺术》第一卷（克孜尔石窟1），乌鲁木齐：新疆美术摄影出版社，2009年。

三、工具书

◎ 季羡林主编《敦煌学大辞典》，上海：上海辞书出版社，1998年。

◎ 缪天瑞主编《音乐百科辞典》，北京：人民音乐出版社，1998年。

◎ 任继愈主编《佛教大辞典》，南京：江苏古籍出版社，2002年。

◎ 周汛、高春明编著《中国衣冠服饰大辞典》，上海：上海辞书出版社，1996年。

四、专著

◎ [日]岸边成雄著，王耀华译《古代丝绸之路的音乐》，北京：人民音乐出版社，1988年。

◎ 董锡玖主编《敦煌舞蹈》，乌鲁木齐：新疆美术摄影出版社，1992年。

◎ 傅熹年主编《中国建筑史》第二卷，北京：中国建筑工业出版社，2009年。

◎ 高德祥《敦煌古代乐舞》，北京：人民音乐出版社，2008年。

◎ 高金荣《敦煌石窟舞乐艺术》，兰州：甘肃人民出版社，2000年。

◎ [日]林谦三《东亚乐器考》，北京：音乐出版社，1962年。

◎ 姜伯勤《敦煌礼乐宗教与艺术文明》，北京：中国社会科学出版社，1996年。

◎ 荣新江《归义军史研究——唐宋时代敦煌历史考索》，上海：上海古籍出版社，1996年。

◎ 牛龙菲《敦煌壁画乐史资料总录与研究》，兰州：敦煌文艺出版社，1996年。

◎ 孙星群《西夏辽金音乐史稿》，北京：中国青年出版社，1997年。

◎ 沙武田《榆林窟第25窟：敦煌图像中的唐蕃关系》，北京：商务印书馆，2016年。

◎ 萧默《敦煌建筑研究》，北京：机械工业出版社，2003年。

◎ 吴天墀《西夏史稿》，桂林：广西师范大学出版社，2006年。

◎ 项楚《敦煌变文选注》（增订本），北京：中华书局，2006年。

◎ 项阳《中国弓弦乐器史》，北京：国际文化出版公司，1999年。

◎ 谢稚柳《敦煌艺术叙录》，上海：上海古籍出版社，1996年。

◎ 王克芬、柴剑虹《箫管霓裳：敦煌乐舞》，兰州：甘肃教育出版社，2007年。

◎ 杨荫浏《中国古代音乐史稿》上册，北京：人民音乐出版社，1981年。

◎ 阴法鲁主编《敦煌舞姿》，上海：上海文艺出版社，1981年。

◎ 张小刚《敦煌佛教感通画研究》，兰州：甘肃教育出版社，2015年。

◎ 郑炳林、郑怡楠辑释《敦煌碑铭赞辑释》（增订本），上海：上海古籍出版社，2019年。

◎ 郑汝中《敦煌壁画乐舞研究》，兰州：甘肃教育出版社，2002年。

◎ 庄壮《敦煌石窟音乐》，兰州：甘肃人民出版社，1984年。

◎ 朱晓峰《唐代莫高壁画音乐图像研究》，兰州：甘肃教育出版社，2020年。

五、论文

◎ 安家瑶《中国早期的铜铃》，《中国历史博物馆馆刊》1987年。

◎ [日]岸边成雄著，樊一译《王建墓棺床石刻二十四乐妓》，《四川文物》1988年第4期。

◎ [日]八木春生著，李梅译《敦煌莫高窟第220窟南壁西方净土变相图》，《敦煌研究》2012年第5期。

◎ 陈明《慕容家族与慕容氏出行图》，《敦煌研究》2006年第4期。

◎ 段文杰《莫高窟晚期的艺术》，敦煌文物研究所编《中国石窟·敦煌莫高窟》第五卷，北京：文物出版社，1987年。

◎ 段文杰《榆林窟的壁画艺术》，敦煌研究院编《中国石窟·安西榆林窟》，北京：文物出版社，1989年。

◎ 高德祥、吕殿生《敦煌石窟壁画中的吹奏乐器》，《乐府新声（沈阳音乐学院学报）》1989年第4期。

◎ 高德祥《凤首箜篌考》，《中国音乐》1990年第1期。

◎ 关友惠《敦煌宋西夏石窟壁画装饰风格及其相关的问题》，敦煌研究院编《2004年石窟研究国际学术会议论文集（下）》，上海：上海古籍出版社，2006年。

◎ 贺世哲《从供养人题记看莫高窟部分石窟的营建年代》，敦煌研究院编《敦煌莫高窟供养人题记》，北京：文物出版社，1986年。

◎ 贺世哲《莫高窟第192窟〈发愿功德赞文〉重录及有关问题》，《敦煌研究》1993年第2期。

◎ 霍巍《考察吐蕃时代社会文化"底色"的三个重要维度》，《思想战线》2018年第2期。

◎ 黄征《〈降魔变文〉研究》，《南京师大学报》（社会科学版），2002年第4期。

◎ 贾维维《榆林窟第3窟壁画研究》，首都师范大学博士学位论文，2014年。

◎ 李正宇《归义军乐营的结构与配置》，《敦煌研究》2000年第3期。

◎ 李成渝《篪考》，《音乐研究》1997年第4期。

◎ 刘宏梅、杨富学《敦煌西夏石窟研究的成就及面临的问题》，《西夏研究》2020年第S01期。

◎ 刘永增《"蝉折之笛"与所谓"义觜笛""异形笛"》；《敦煌研究》2000年第4期。

◎ 刘永增《敦煌石窟尊胜佛母曼茶罗图像解说》，《故宫博物院院刊》2013年第4期。

◎ 刘玉权《敦煌莫高窟、安西榆林窟西夏洞窟分期》，敦煌文物研究所编《敦煌研究文集》，兰州：甘肃人民出版社，1982年。

刘玉权《敦煌西夏石窟分期再议》，《敦煌研究》1998年第3期。

刘玉权《榆林窟第3窟〈千手经变〉研究》，《敦煌研究》1987年第4期。

马世长《莫高窟第323窟佛教感应故事画》，《敦煌研究》1982年第1期。

毛贞磊《篪之疑说》，《黄钟（武汉音乐学院学报）》2012年第4期。

宁夏回族自治区文物管理委员会办公室、贺兰县文化局《宁夏贺兰县宏佛塔清理简报》，《文物》1991年第8期。

宁夏回族自治区文物考古研究所、银川市西夏陵区管理处《宁夏银川市西夏3号陵园遗址发掘简报》，《考古》2002年第8期。

彭金章《千眼照见 千手护持——敦煌密教研究之三》，《敦煌研究》1996年第1期。

荣新江《于阗王国与瓜沙曹氏》，《敦煌研究》1994年第2期。

[俄]萨莫秀克著，谢继胜译《西夏王国的星宿崇拜——圣彼得堡艾尔米塔什博物馆黑水城藏品分析》，《敦煌研究》2004年第4期。

沙武田《瓜州榆林窟第15窟吐蕃装唐装组合供养伎乐考》，四川大学中国藏学研究所编《藏学学刊》第18辑，北京：中国藏学出版社，2018年。

施萍婷《敦煌经变画》，《敦煌研究》2011年第5期。

史金波、白滨《莫高窟榆林窟西夏文题记研究》，《考古学报》1982年第3期。

史苇湘《关于莫高窟内容总录》，敦煌研究院编《敦煌石窟内容总录》，北京：文物出版社，1996年。

史苇湘编《敦煌莫高窟大事年表（五）》，敦煌文物研究所编《中国石窟·敦煌莫高窟》第五卷，北京：文物出版社，1987年。

孙星群《西夏汉文本〈杂字〉"音乐部"之剖析》，《音乐研究》1991年第4期。

王惠民《敦煌西夏洞窟分期及存在的问题》，《西夏研究》2011年第1期。

王惠民《曹元德功德窟考》，《敦煌研究》1995年第4期。

王惠民《关于〈天请问经〉和天请问经变的几个问题》，《敦煌研究》1994年第4期。

王惠民《吐蕃长度单位"箭"考》，四川大学中国藏学研究所编《藏学学刊》第7辑，成都：四川大学出版社，2012年。

王惠民《西方净土变形式的形成过程与完成时间》，《敦煌研究》2013年第3期。

向达《莫高、榆林二窟杂考》，《文物参考资料》1951年第5期。

辛德勇《唐代都邑的钟楼与鼓楼——从一个物质文化侧面看佛道两教对中国古代社会的影响》，《文史哲》2011年第4期。

薛艺兵《中国体鸣乐器纵论（下）》，《中央音乐学院学报》1997年第4期。

杨富学、刘璟《榆林窟第3窟为元代西夏遗民窟新证》，《敦煌研究》2022年第6期。

杨富学、刘璟《再论榆林窟第3窟为元代皇家窟而非西夏皇家窟》，《形象史学》2022年第2期。

杨森《莫高窟壁画中的异形笛》，《敦煌研究》1988年第1期。

张磊、周小旭《敦煌本〈大方等大集经〉残卷缀合研究》，《浙江大学学报（哲学社会科学版）》2016年第5期。

张世奇、沙武田《敦煌西夏石窟研究综述》，《西夏研究》2014年第4期。

张炎《英藏敦煌本〈大集经〉残卷缀合研究》，《中国典籍与文化》2017年第1期。

郑炳林、朱晓峰《壁画音乐图像与社会文化变迁——榆林窟和东千佛洞壁画上的拉弦乐器再研究》，《东北师大学报：（哲学社会科学版）》2016年第1期。

郑炳林、朱晓峰《榆林窟和东千佛洞壁画上的拉弦乐器研究》，《敦煌学辑刊》2014年第2期。

郑汝中《敦煌壁画乐器分类考略》，《敦煌研究》1988年第4期。

郑汝中《榆林窟三窟千手观音经变乐器图》，《敦煌壁画乐舞研究》，兰州：甘肃教育出版社，2002年。

朱晓峰《〈张议潮统军出行图〉仪仗乐队乐器考》，《敦煌研究》2015年第4期。

朱晓峰《解读敦煌乐舞——敦煌乐舞研究方法之讨论》，《艺术评论》2020年第1期。

朱晓峰《晚唐敦煌地区鼓类乐器制作考》，袁行霈主编《国学研究》第四十一卷，北京：北京大学出版社，2019年。

庄壮《西夏的胡琴和花盆鼓》，《敦煌研究》1997年第4期。

庄壮《榆林窟、东千佛洞壁画上的拉弦乐器》，《交响：（西安音乐学院学报）》2004年第2期。

庄壮《榆林窟壁画伎乐》，《交响：西安音乐学院学报》1988年第2期。

庄壮《榆林窟壁画中的音乐形象》，《中国音乐》1985年第3期。